HELENE KILB

EINRICHTUNG FÜRS KINDERZIMMER BAUEN

Kleinmöbel, Dekoration und Hacks

CV

Inhalt

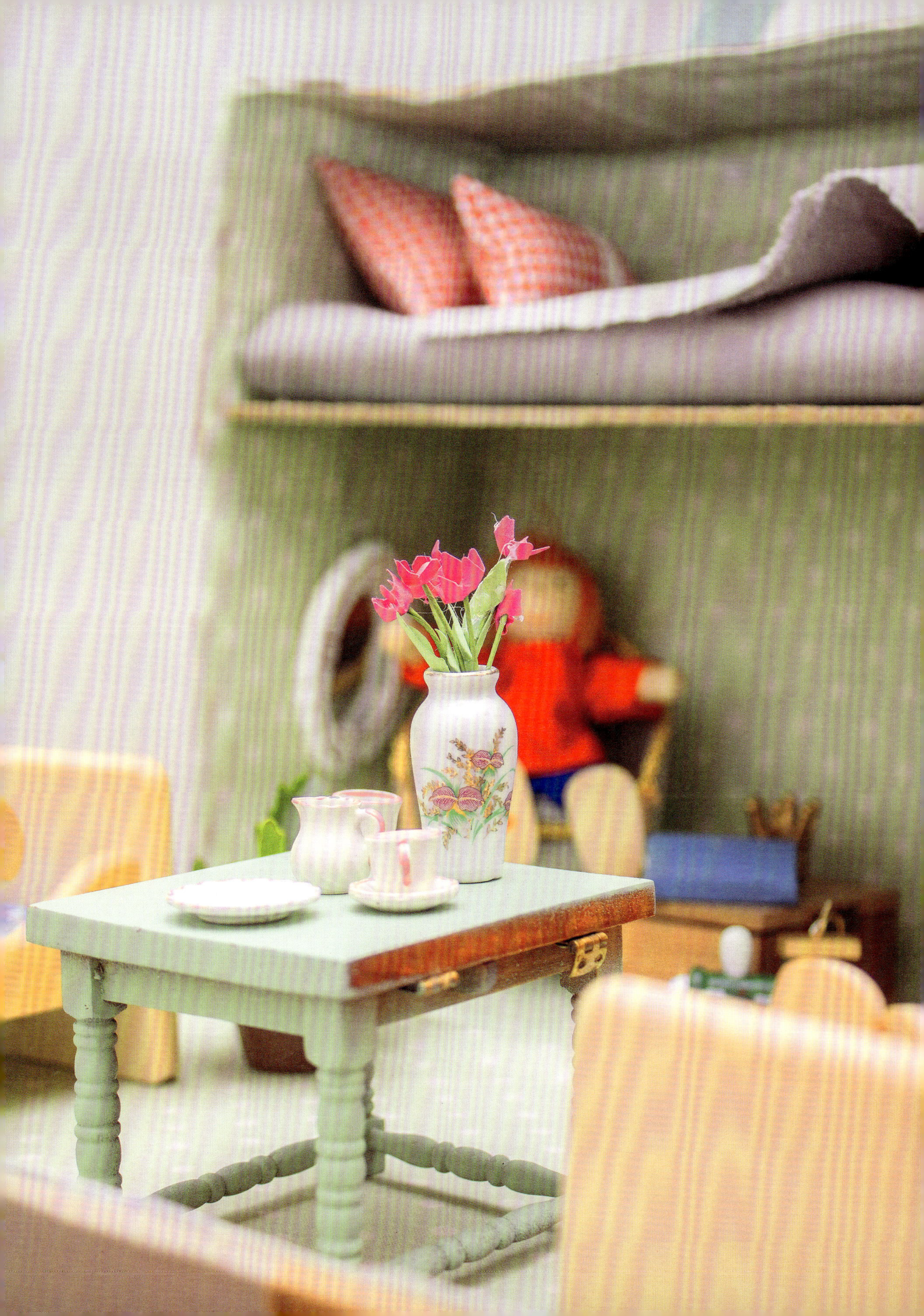

Wohnideen für Kinder

Spätestens, wenn die Kinder alt genug sind für ein eigenes Zimmer, fragen viele Eltern sich: Wie soll es gestaltet sein? Orientierung bietet hier die Wohnpsychologie, die auf Basis der Bedürfnispyramide des amerikanischen Psychologen Abraham Maslow sechs Wohnbedürfnisse definiert. Demnach sollte ein Raum den Wunsch nach Sicherheit, Rückzug, Geselligkeit, Anerkennung, Ästhetik und Selbstausdruck erfüllen.

Diese Erkenntnisse lassen sich umsetzen, indem man das Kinderzimmer in verschiedene Bereiche gliedert: Ein Gefühl von Geborgenheit etwa schenken ein Spielzelt oder eine Leseecke unter einem Baldachin. Auch das richtige Licht trägt zu einer wohnlichen Atmosphäre bei. Neben Tageslicht und einer Deckenlampe braucht es Funktionslichter wie eine Nachttischlampe sowie einige Lichtquellen, die gemütliche Akzente setzen. In anderen Bereichen des Zimmers sollte das Kind frei spielen und Dinge ausprobieren können. Das Bedürfnis nach Ästhetik und Selbstausdruck erfüllt alles, was dem Kind gefällt: vielleicht selbst gemalte Bilder, eigens ausgewählte Dekoobjekte oder die Lieblingsfarben. Bei kleinen Kindern können Eltern zudem darauf achten, einen Yes-Space (zu Deutsch: eine Ja-Umgebung) zu schaffen. Das ist ein Bereich oder ein Raum, der so eingerichtet ist, dass Eltern nicht ständig etwas wegräumen, hochstellen oder verbieten müssen – das sorgt für eine entspannte Atmosphäre.

Eine besonders schöne Möglichkeit, um ein echtes Wohlfühlzimmer zu gestalten, sind selbst gebaute Möbel und Wohnaccessoires. Denn sie lassen sich bei Maßen, Farben oder Motiven leicht an die individuellen Vorlieben des Kindes und die Räumlichkeiten anpassen. Auch in Sachen Nachhaltigkeit sind sie eine gute Alternative zu Gekauftem: So bestehen etwa die hier gezeigten Möbel aus stabilem Holz, andere Einrichtungsgegenstände aus gebrauchten Materialien. Gleichzeitig sind die meisten Projekte und Motive zeitlos genug, um ein Kind viele Jahre lang zu begleiten. Andere lassen sich leicht verändern, so wie etwa der Spielkoffer (Seite 62), die Lightbox (Seite 78), die Girlande (Seite 96) oder die Stickrahmen (Seite 102).

So bietet dieses Buch Mamas und Papas, die selbst gerne an großen und kleinen Projekten werkeln, zahlreiche Inspirationen – und die Gelegenheit, die Freude am Gestalten auch an ihre Kinder weiterzugeben: Schon die Kleinsten können mit anpacken, indem sie Materialien reichen, Teile halten, Holz in ihrer Lieblingsfarbe anmalen oder etwas einräumen. Daneben gibt das Buch immer wieder Tipps rund um die Kinderzimmereinrichtung und ist damit ein nützlicher und inspirierender Helfer für ein DIY-Kinderzimmer. Ich wünsche allen Familien viel Spaß beim Entdecken und Umsetzen!

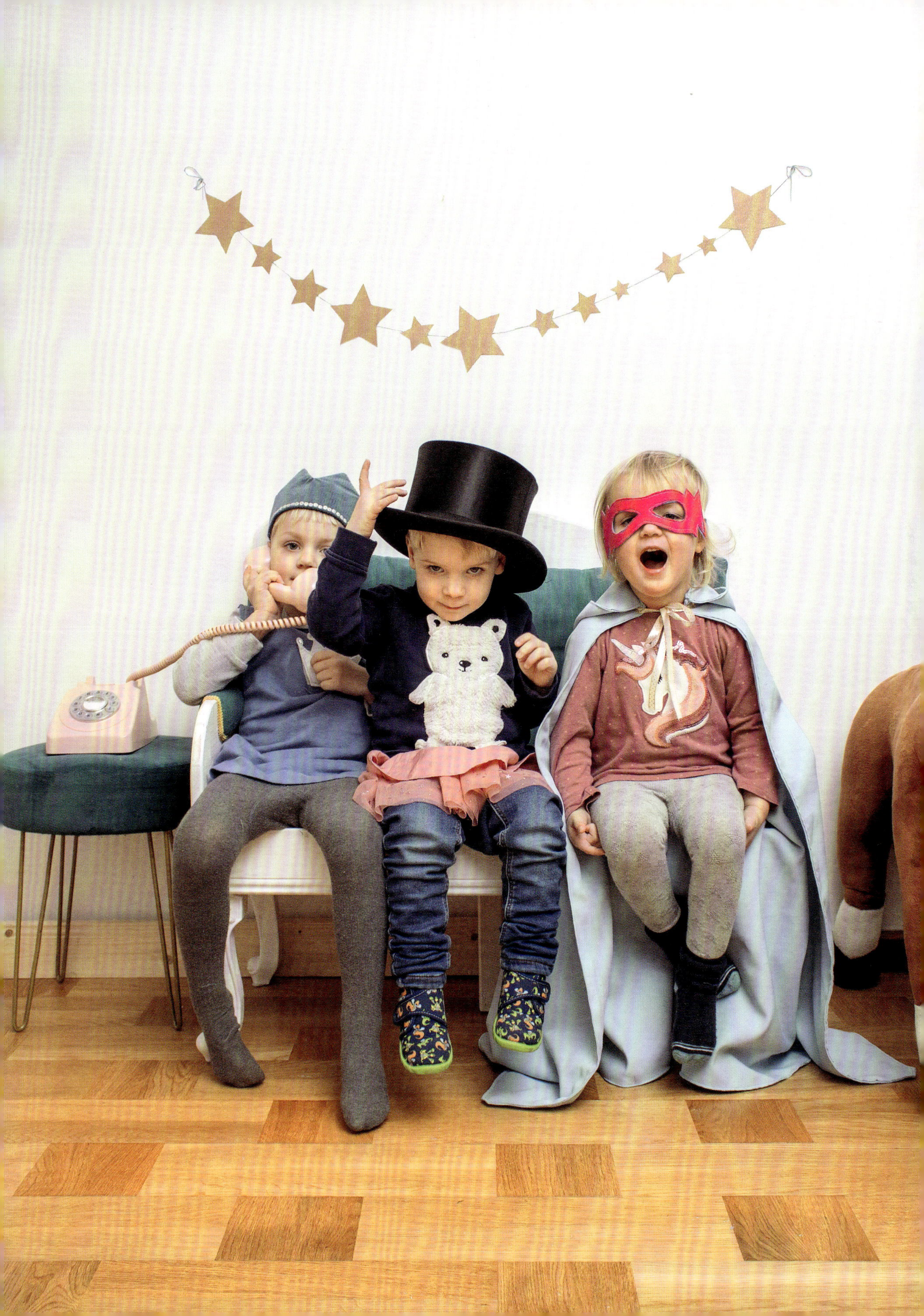

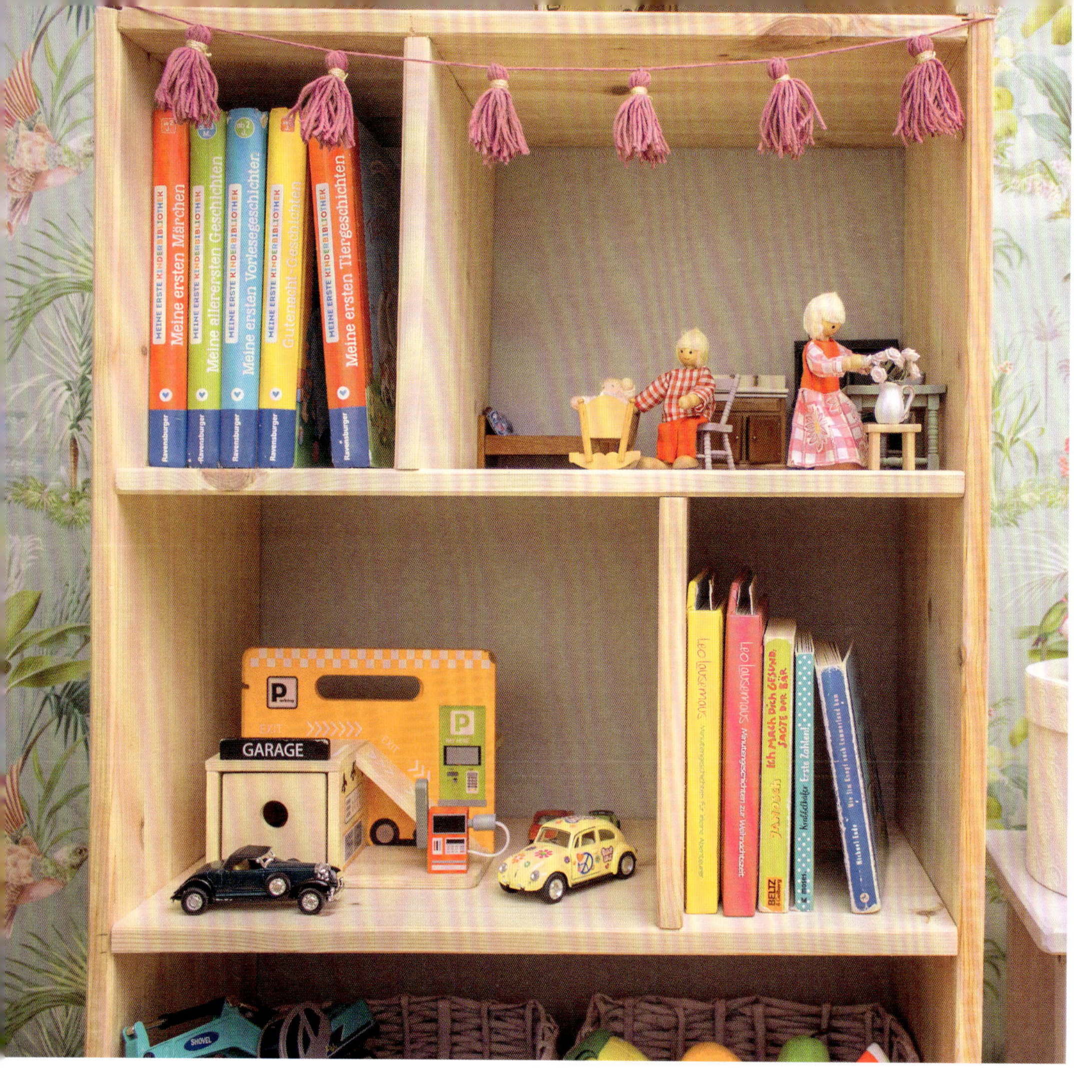
Meine ersten Märchen
Meine allerersten Geschichten
Meine ersten Vorlesegeschichten
Meine ersten Tiergeschichten
GARAGE

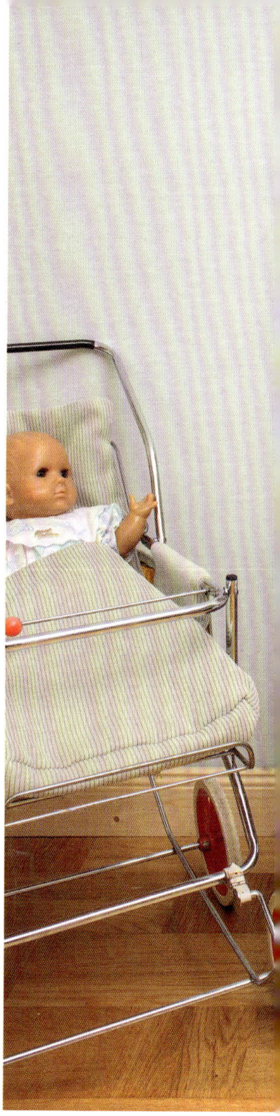

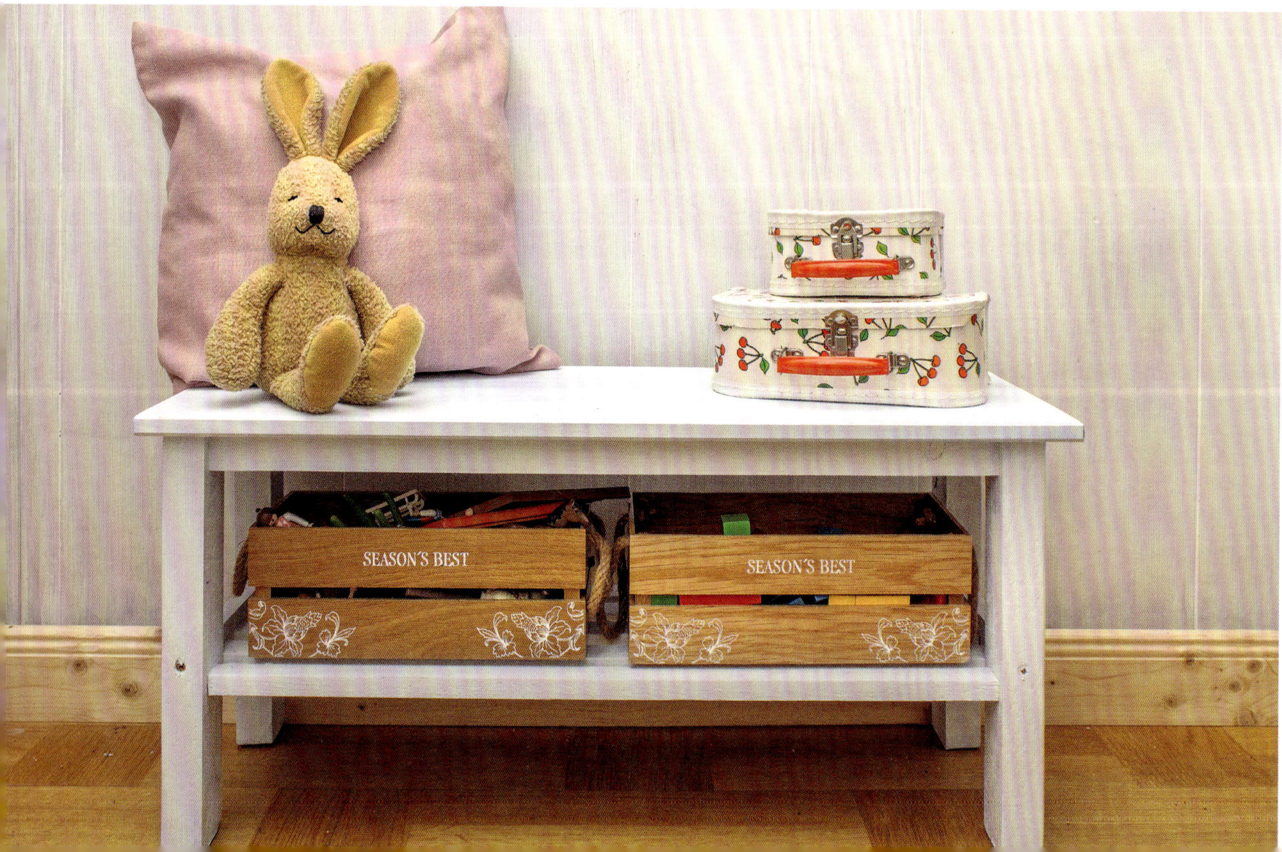
SEASON'S BEST
SEASON'S BEST

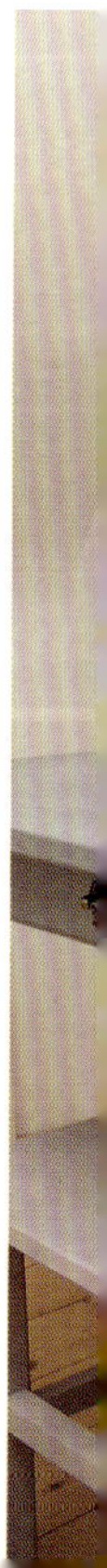

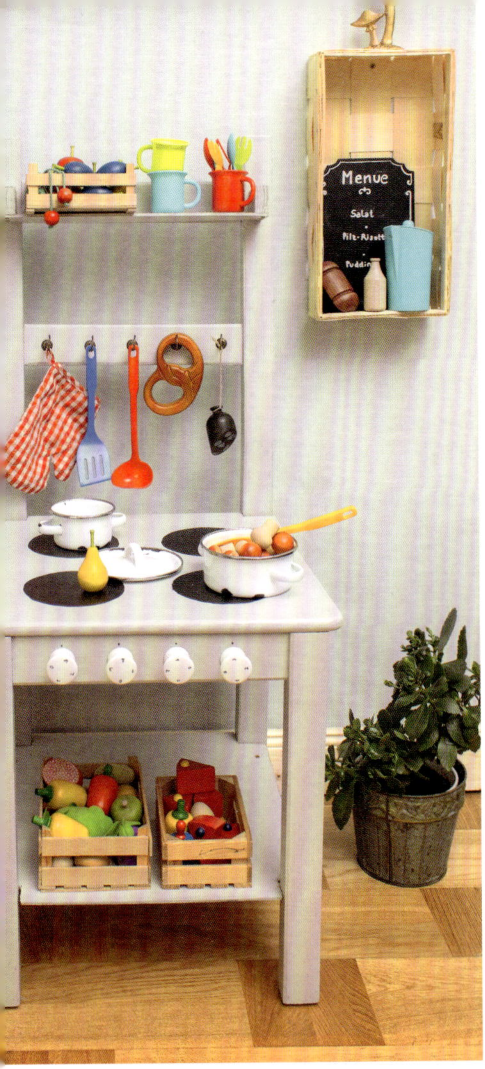

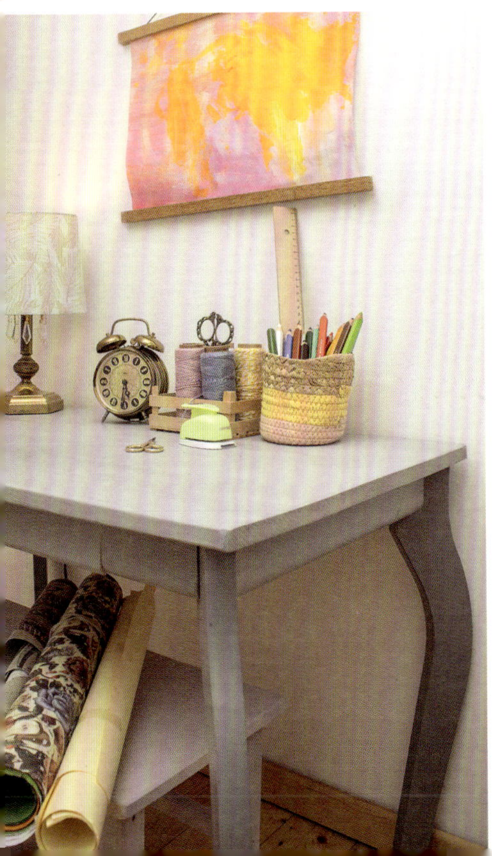

Möbel und Ausstattung

Bitte Platz nehmen!

Auf dem eleganten Sitzmöbel können Kinder prima lesen, sich ausruhen oder Träumereien nachhängen. Auch die Kuscheltiere oder ein Geschwisterchen finden hier immer noch ein freies Plätzchen. Die Polster lassen sich bei Bedarf austauschen oder zum Waschen abnehmen.

MATERIAL

4 Holzbretter, Bohrer, 4 Möbelfüße, Holzdübel, Holzleim, Schrauben, Schraubenzieher, Papier, Bleistift, Schere, Stichsäge, Handkreissäge, Holzleiste, Schleifmaschine, Schaumstoff, Hand- oder Elektrotacker, Stoff, Zierborte, Heißkleber, 4 Kissen

Optional: Möbelfarbe, Pinsel, Kissenhüllen

Tipp

Das Sofa ist ca. 80 Zentimeter breit, 45 Zentimeter tief und 80 Zentimeter hoch. Am einfachsten ist es, zunächst vier identische Sitzkissen zu kaufen und dann entsprechend die Maße des Sofas festzulegen. Übrigens: Wer kein Problem damit hat, eine Kissenhülle zu zerschneiden, kann zu Beginn fünf Hüllen kaufen, mit vier davon die Sitzkissen und mit der fünften die Armlehnenpolster bespannen – das hat den Vorteil, dass alles optisch perfekt zusammenpasst.

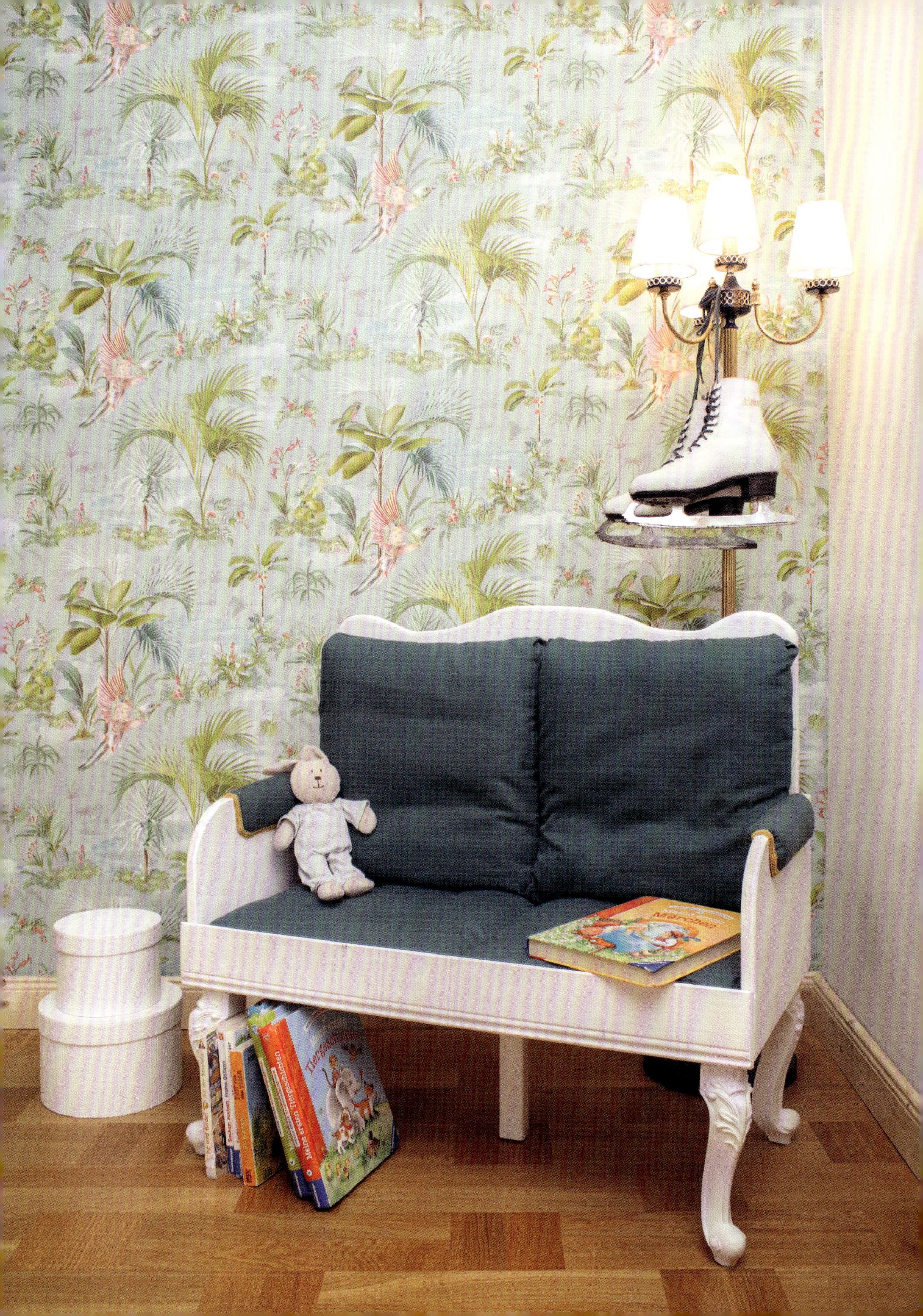
Märchen
Tiergeschichten
Meine ersten Tiergeschichten

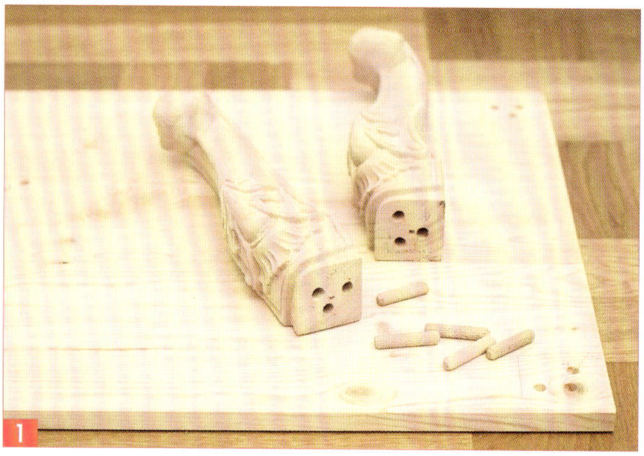

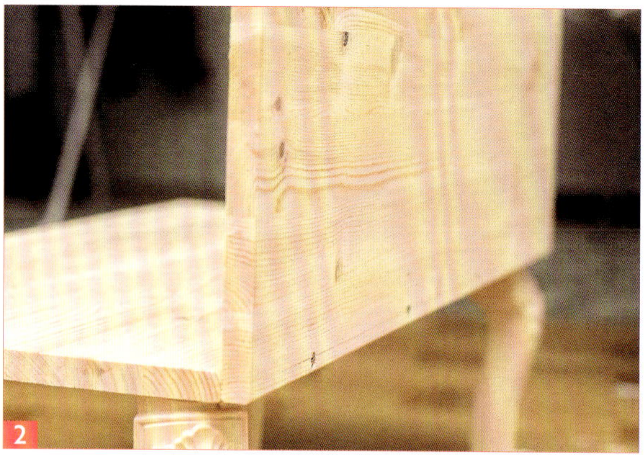

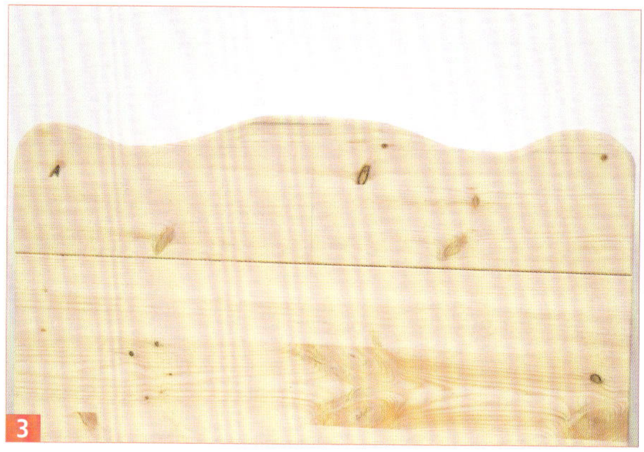

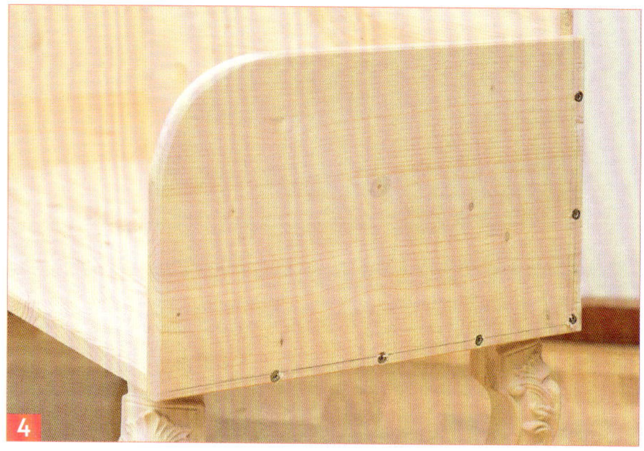

1 In die vier Ecken eines Holzbretts sowie in die Möbelfüße jeweils drei Löcher bohren. Anschließend die Füße mithilfe von Holzdübeln und Leim befestigen.

2 Mehrere Löcher an der unteren Kante eines zweiten Holzbretts bohren. Das Brett – es dient später als Lehne – von hinten an der Sofa-Sitzfläche festschrauben.

3 Für den oberen Teil der Lehne am besten zunächst eine geschwungene Form auf ein Papier zeichnen und ausschneiden. Mithilfe dieser Schablone die Form auf ein Holzbrett übertragen und dieses mit der Stichsäge aussägen. An der unteren Kante und in die bereits vorhandene Lehne einige Löcher hineinbohren, dann das geschwungene Teil mit Holzdübeln und Holzleim an der Lehne befestigen.

4 Aus einem weiteren Holzbrett zwei Armlehnen aussägen, Löcher vorbohren und die Armlehnen am Möbelkorpus festschrauben.

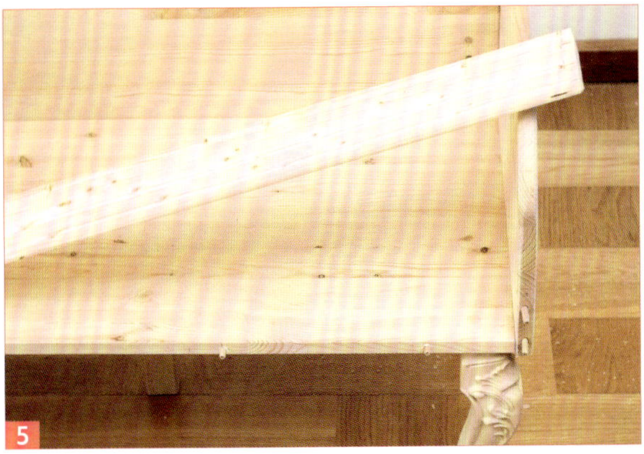

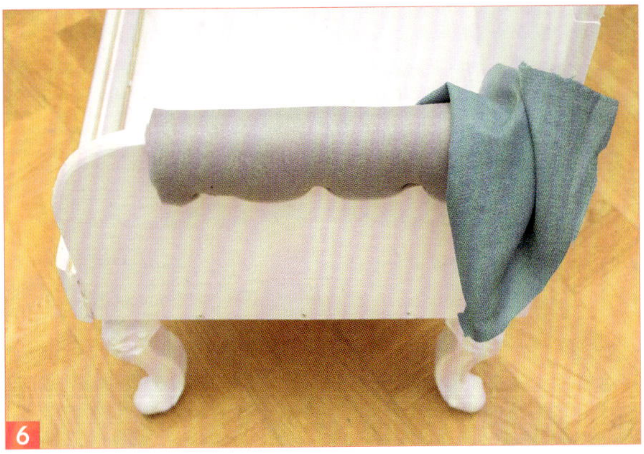

5 An der Vorderseite des Sofas mithilfe von Holzdübeln und Leim eine Holzleiste befestigen. Die Kanten der geschwungenen Lehne und der Armlehnen rund schleifen. Wer gerne ein farbiges Sofa hätte, kann es in diesem Schritt anstreichen.

6 Zwei längliche Rechtecke aus Schaumstoff zuschneiden. Mit einem Hand- oder einem Elektrotacker auf die Armlehnen tackern. Zwei passende Stücke Stoff zurechtschneiden.

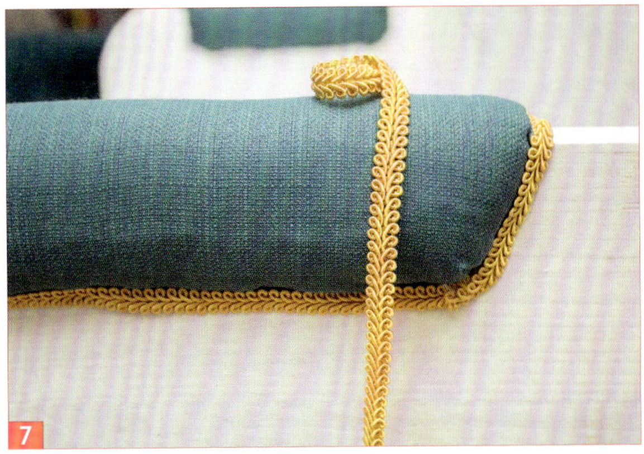

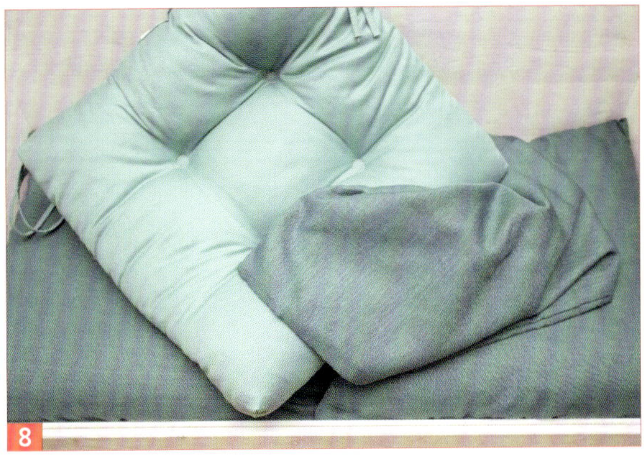

7 Den Schaumstoff mit dem Stoff beziehen: Dafür den Stoff auf den Schaumstoff legen, die Schnittkante einer Längsseite nach innen schlagen und den Stoff an mehreren Stellen fest tackern. Dann den Stoff straff über die Armlehne ziehen und auf der gegenüberliegenden Seite befestigen. Anschließend den Stoff an den beiden Querseiten und den Rundungen fest tackern. Um die Tackernadeln zu kaschieren, mit Heißkleber eine Zierborte aufkleben.

8 Zum Schluss die Sitzkissen einlegen. Kissenhüllen sind optional, aber praktischer zu waschen als Sitzkissen, wenn doch einmal ein Fleck auf dem Polster landet.

Für kleine Kreative

Malen, schneiden, kleben und hinterher alles wieder ordentlich verstauen – dank der integrierten Schublade unter der Tischplatte fällt das Ordnunghalten leicht. Aber auch zum Puzzeln oder um das eben gekochte Gericht aus der Spielküche zu probieren, ist der Tisch perfekt. Und das gerne zu mehreren: Wenn alle zusammenrücken, passen drei oder vier Kinder an den Tisch.

MATERIAL

Holzbrett, 4 Tischbeine, Holzlatte, Handkreissäge, Bohrer, Holzdübel, Holzleim, Schrauben, Schraubenzieher, abgerundete Sockelleiste, Sperrholzplatte (Dicke: 5 mm), Dreikantleiste, MDF-Platte, Möbelgriff, Schleifmaschine

Optional: Möbelfarbe, Pinsel

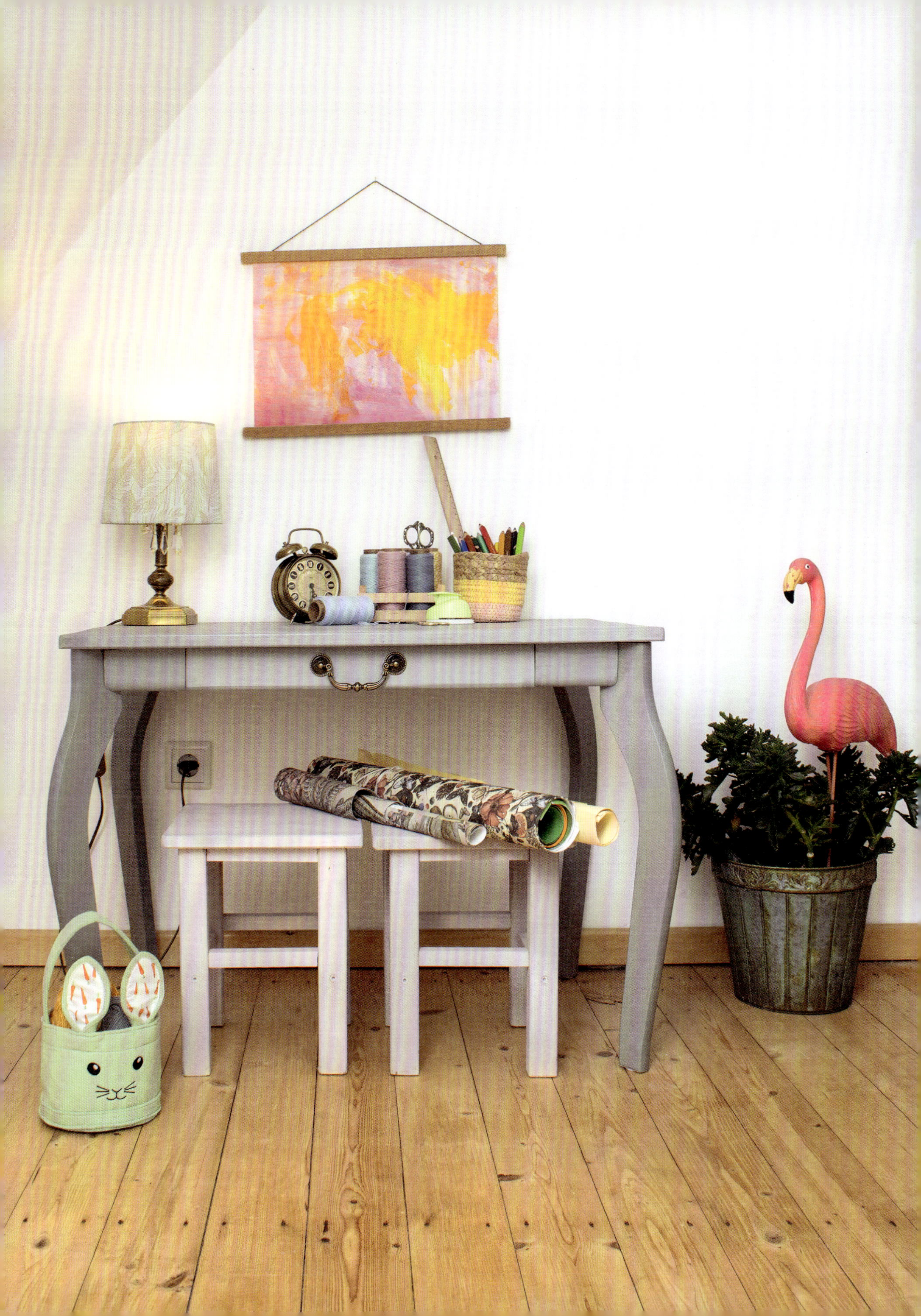

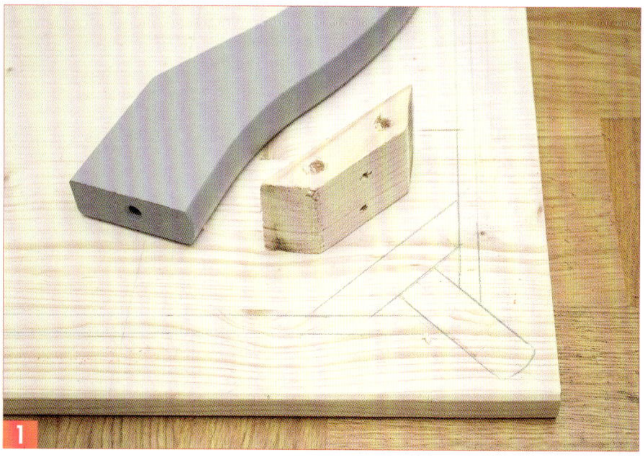

1

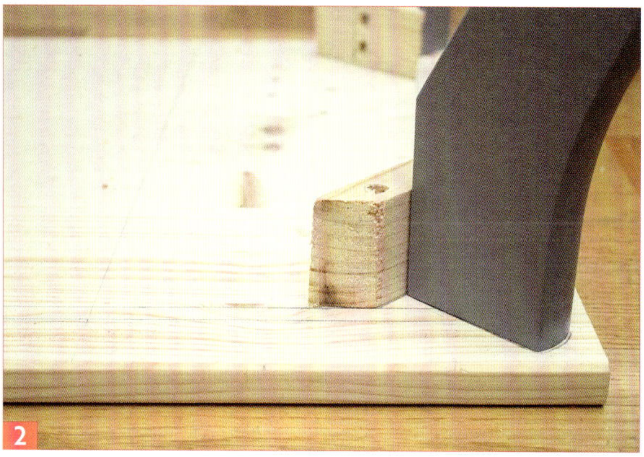

2

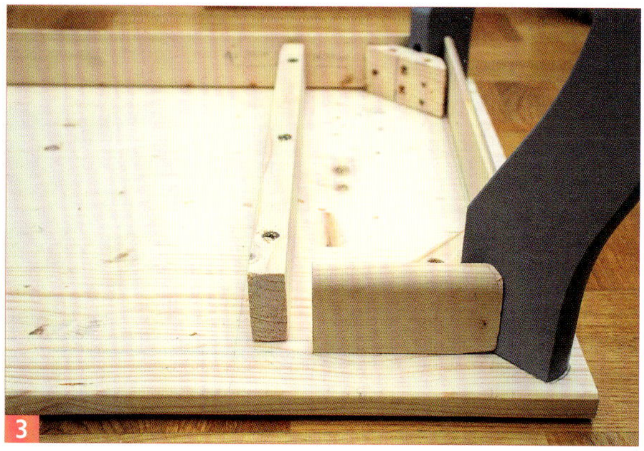

3

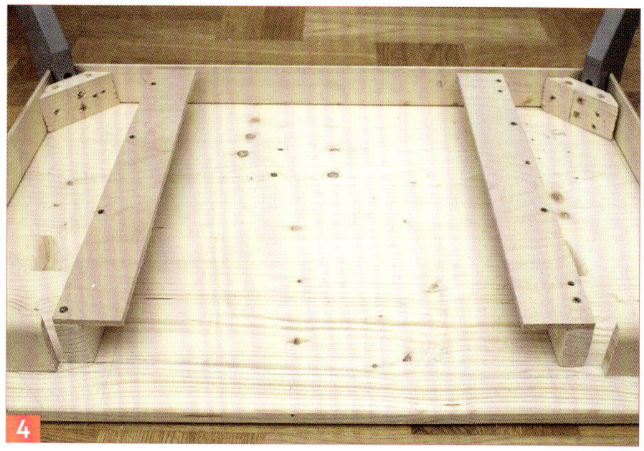

4

1 Auf dem Holzbrett, das später als Tischplatte dient, markieren, wo genau die Tischbeine später befestigt sein sollen. Aus der Latte vier Holzklötze mit schrägen Seiten sägen und vier Löcher vorbohren. Je ein Loch in die Oberseite des Tischbeins und in das Holzbrett bohren.

2 Die Tischbeine mithilfe von Leim und Holzdübeln an der Tischplatte befestigen. An jedes Tischbein innen je ein Holzklötzchen stellen, von oben an die Tischplatte und von hinten ans Tischbein schrauben.

3 Aus der Sockelleiste drei Teile zurechtsägen, die rechts, links und an der Rückseite des Tischs jeweils als Blende zwischen den Tischbeinen dienen. Für die Vorderseite zwei kurze Teile zurechtsägen. Die Blenden von innen an den Holzklötzchen festschrauben, die die Tischbeine halten. Aus dem Reststück der Holzlatte zwei Teile zurechtsägen und diese senkrecht zur Vorderseite an der Tischplatte befestigen: Sie dienen später als Führung für die Schublade.

4 Aus der Sperrholzplatte zwei schmale Teile zurechtsägen und diese von oben auf die beiden Lattenteile schrauben.

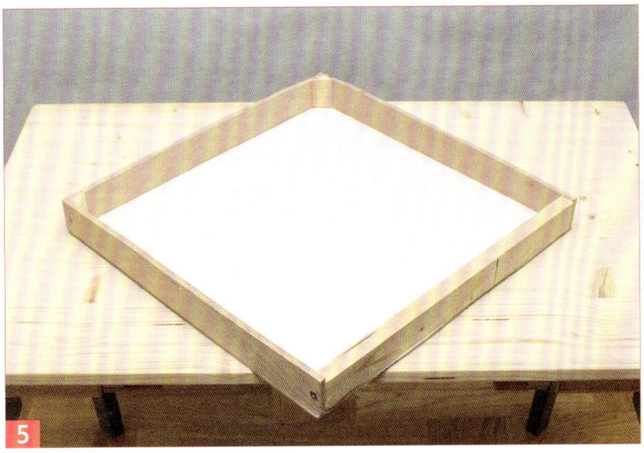

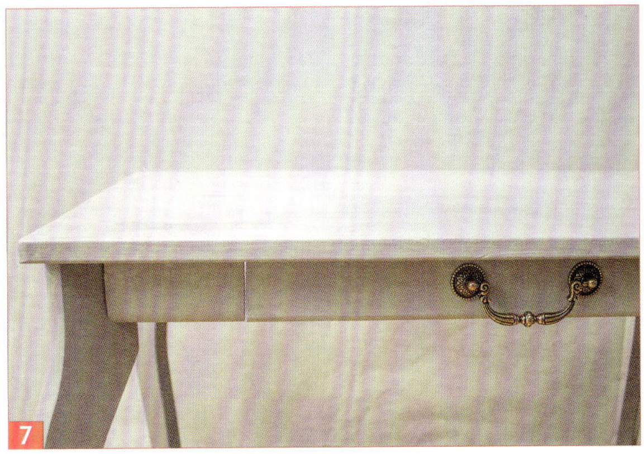

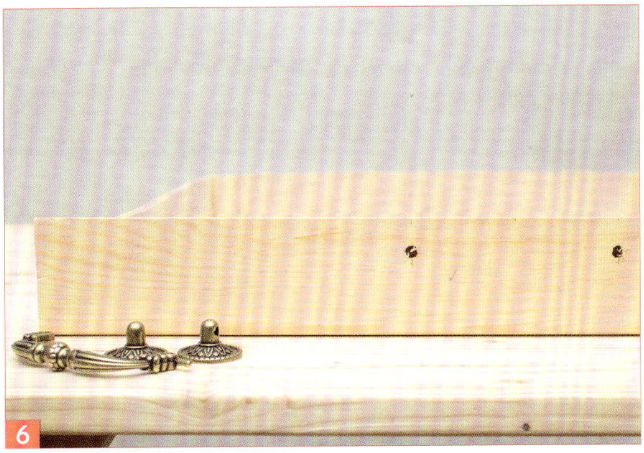

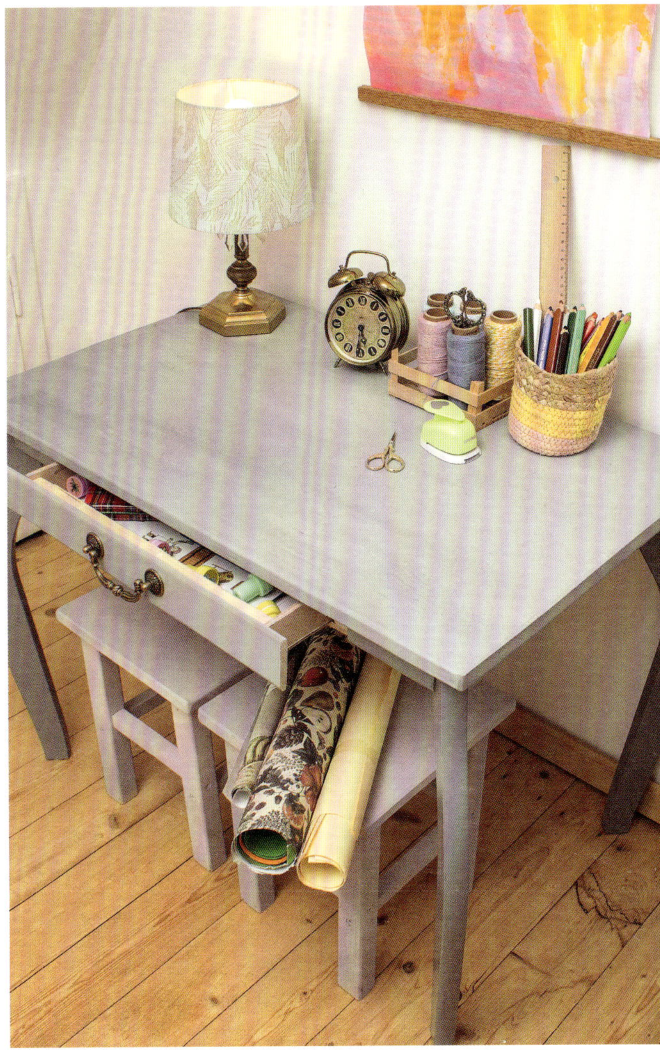

5 Für die Schublade drei Seitenteile aus Sperrholz und einen Boden aus MDF zurechtsägen. Für die Vorderseite ein Stück Holzlatte zurechtsägen. Zwei kleine Teile von der Dreikantleiste absägen. Alle Teile mit Schrauben verbinden.

6 Damit sich die Schubladenfront optisch gut in den Tisch einfügt, ein Stück Sockelleiste als Blende zurechtsägen und vom Inneren der Schublade festschrauben. Löcher für den Möbelgriff hineinbohren.

7 Die Kanten der Tischplatte rund schleifen, auf Wunsch den Tisch anmalen und den Griff an der Schublade befestigen.

Flexibles Sitzmöbel

Hierhin oder dorthin? Den leichten und trotzdem stabilen Hocker können schon kleine Kinder hinstellen, wo sie ihn gerade brauchen. Mal bietet er sich als Ablagefläche an, mal macht er sich so klein, dass er unter dem Tisch verschwinden kann.

MATERIAL

Holzbrett, Kantholz, Quadratleiste, Handkreissäge, Bohrer, Schrauben, Schraubenzieher, Holzdübel, Holzleim, Schleifmaschine

Optional: Möbelfarbe zum Sprühen oder ggf. Pinsel

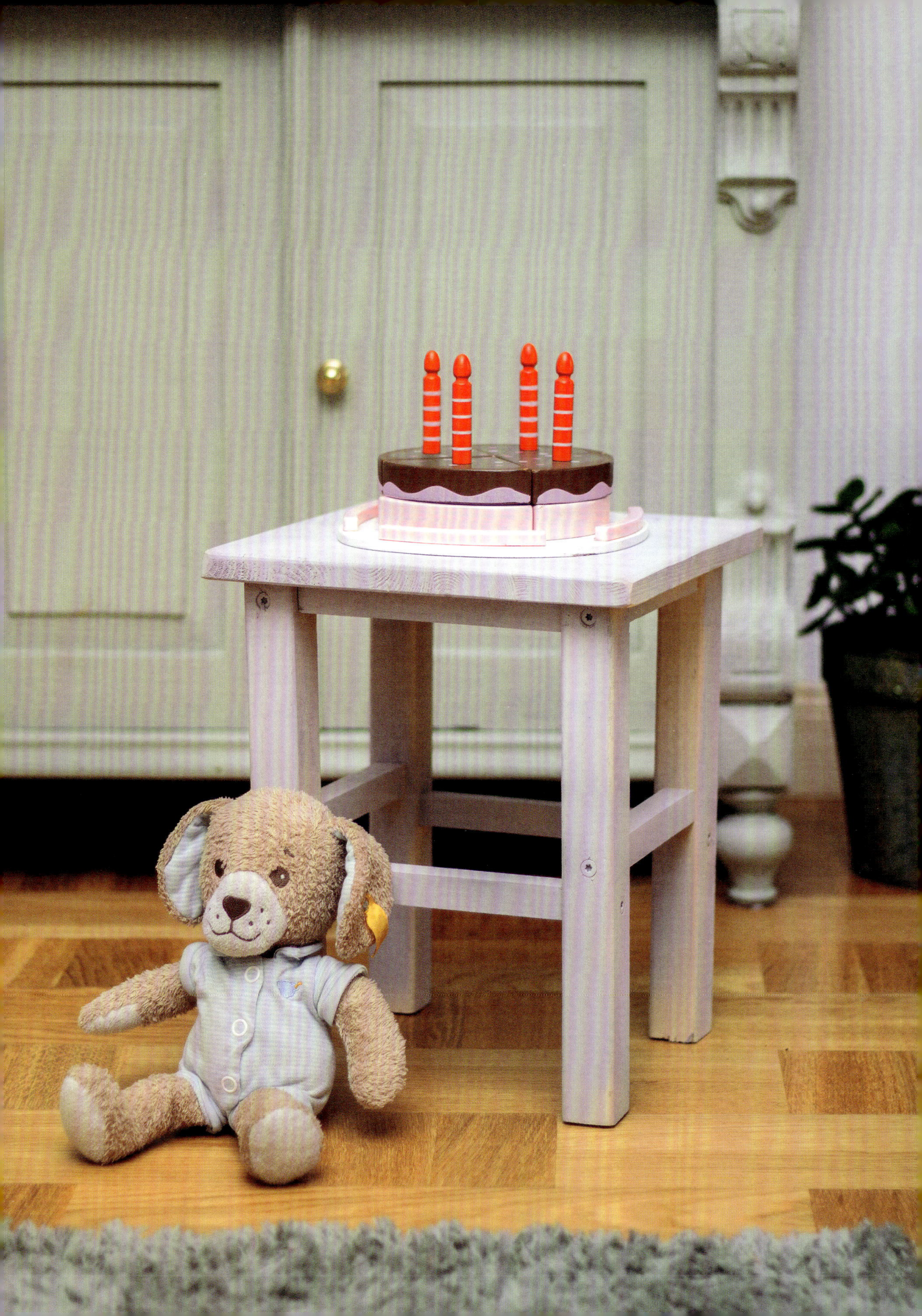

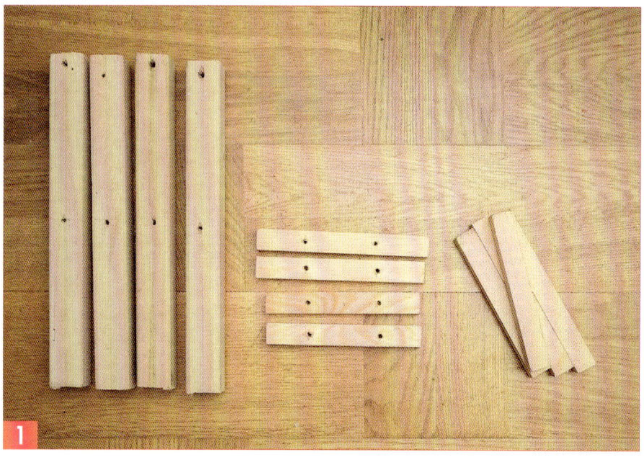

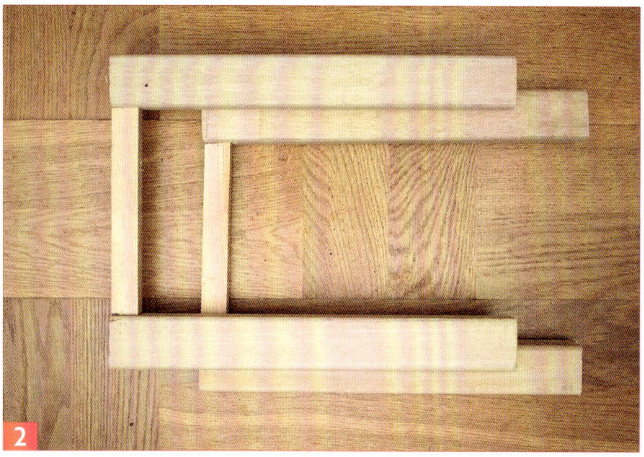

1 Die Teile für den Hocker zurechtsägen. Als Sitzfläche ein quadratisches Brett, als Beine vier gleich lange Kanthölzer nehmen. Für die dazwischenliegenden Teile die Quadratleiste in vier längere und vier kürzere Teile sägen. Bei den Beinen sowie zwei langen und vier kurzen Stücken der Quadratleiste Löcher vorbohren.

2 Jeweils zwei Beine des Hockers an ein Quadratleistenstück schrauben.

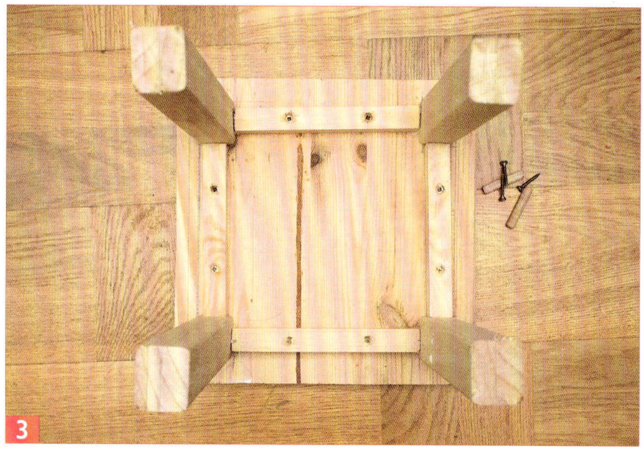

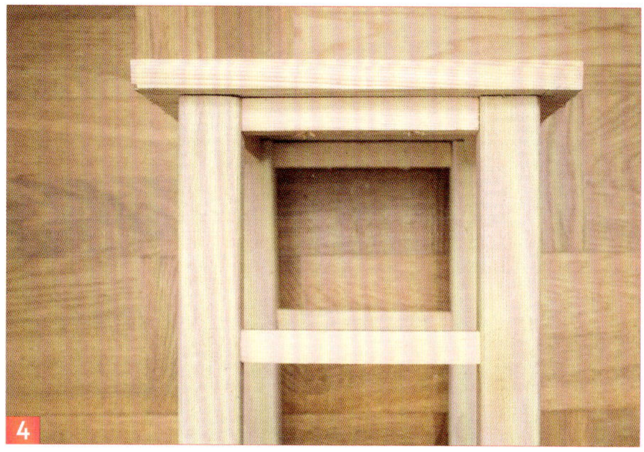

3 Die beiden so entstandenen Konstruktionen mit zwei weiteren Quadratleisten-Teilen, Holzdübeln und Leim verbinden. Das Ganze kopfunter auf die spätere Sitzfläche des Hockers stellen. Durch die vorgebohrten Löcher an der Sitzfläche anschrauben.

4 Je eine Zwischenstrebe zwischen zwei Hockerbeine schrauben.

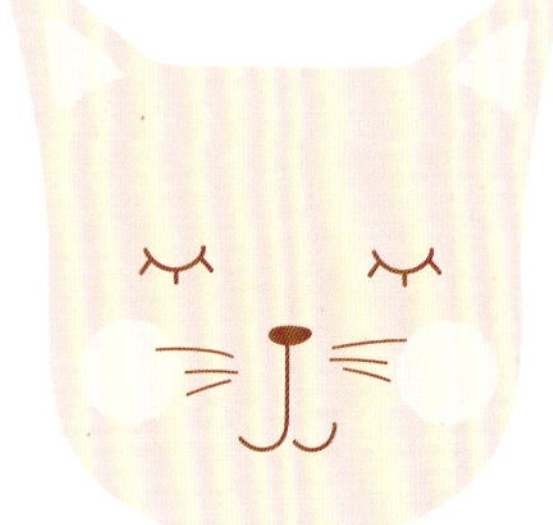

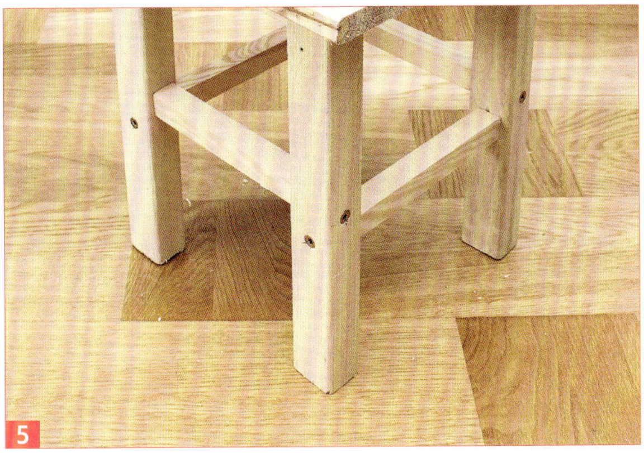

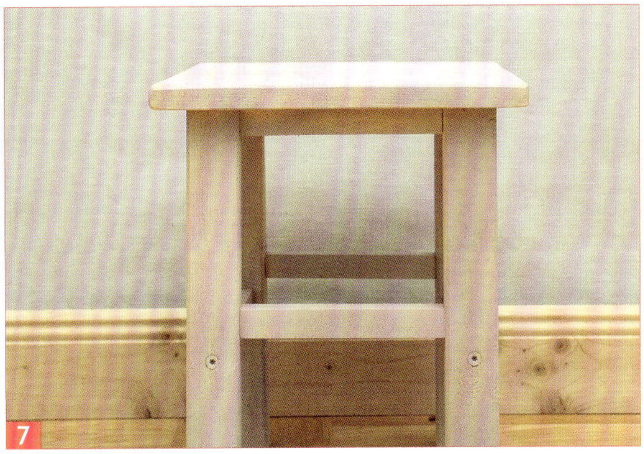

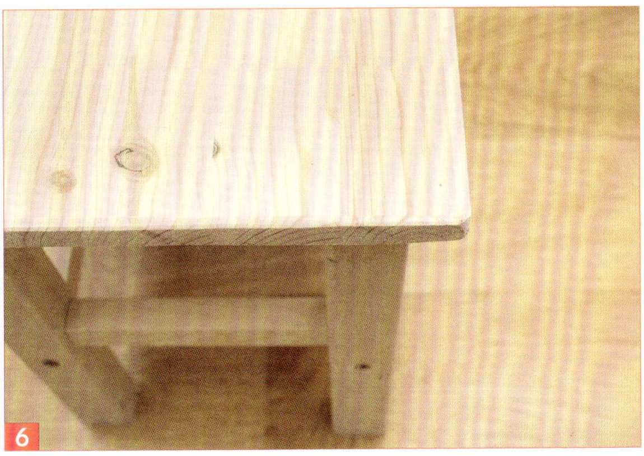

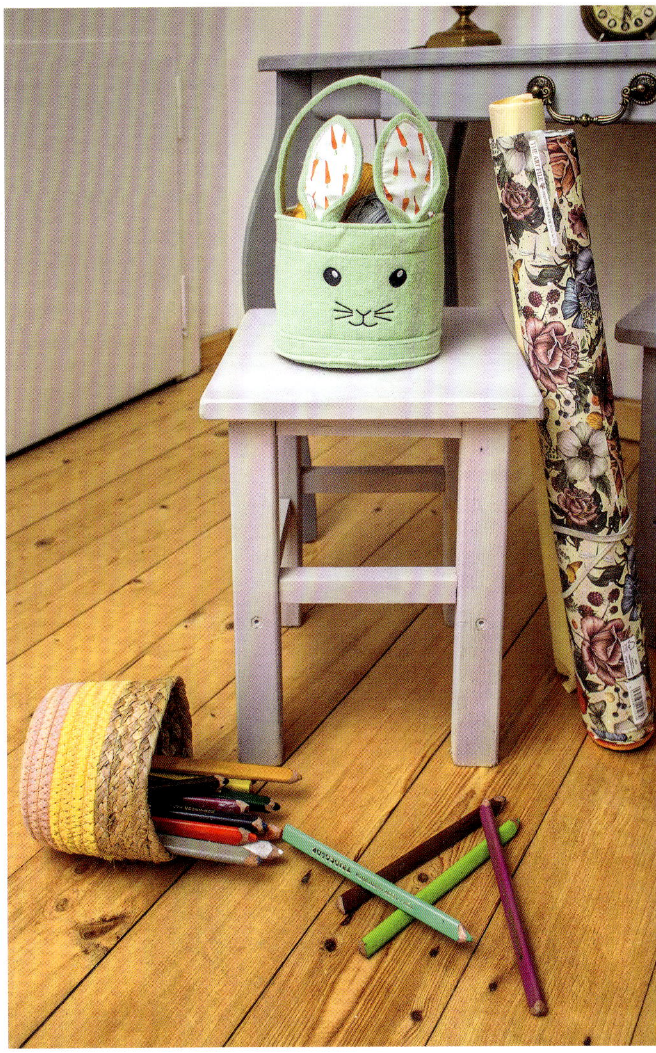

5 Etwas weiter unten zwei weitere Zwischenstreben festschrauben.

6 Die Kanten der Sitzfläche rund schleifen.

7 Den fertigen Hocker mit Möbelfarbe anmalen oder besprühen.

Vielseitiges Stauraumwunder

Im Regal sind Bücher und Spielzeuge gut aufgehoben. Aber auch zum Spielen eignet sich das Möbel gut: Dann darf in ein Fach die Püppchenfamilie einziehen, während in einem anderen Regalteil alle Autos betankt oder geparkt werden.

MATERIAL

2 lange Holzbretter, 7–8 kürzere Holzbretter, Handkreissäge, Bohrer, Schrauben, Schraubenzieher, Holzdübel, Holzleim, Dreikantleiste, MDF-Platte, Bleistift
Optional: Möbelfarbe

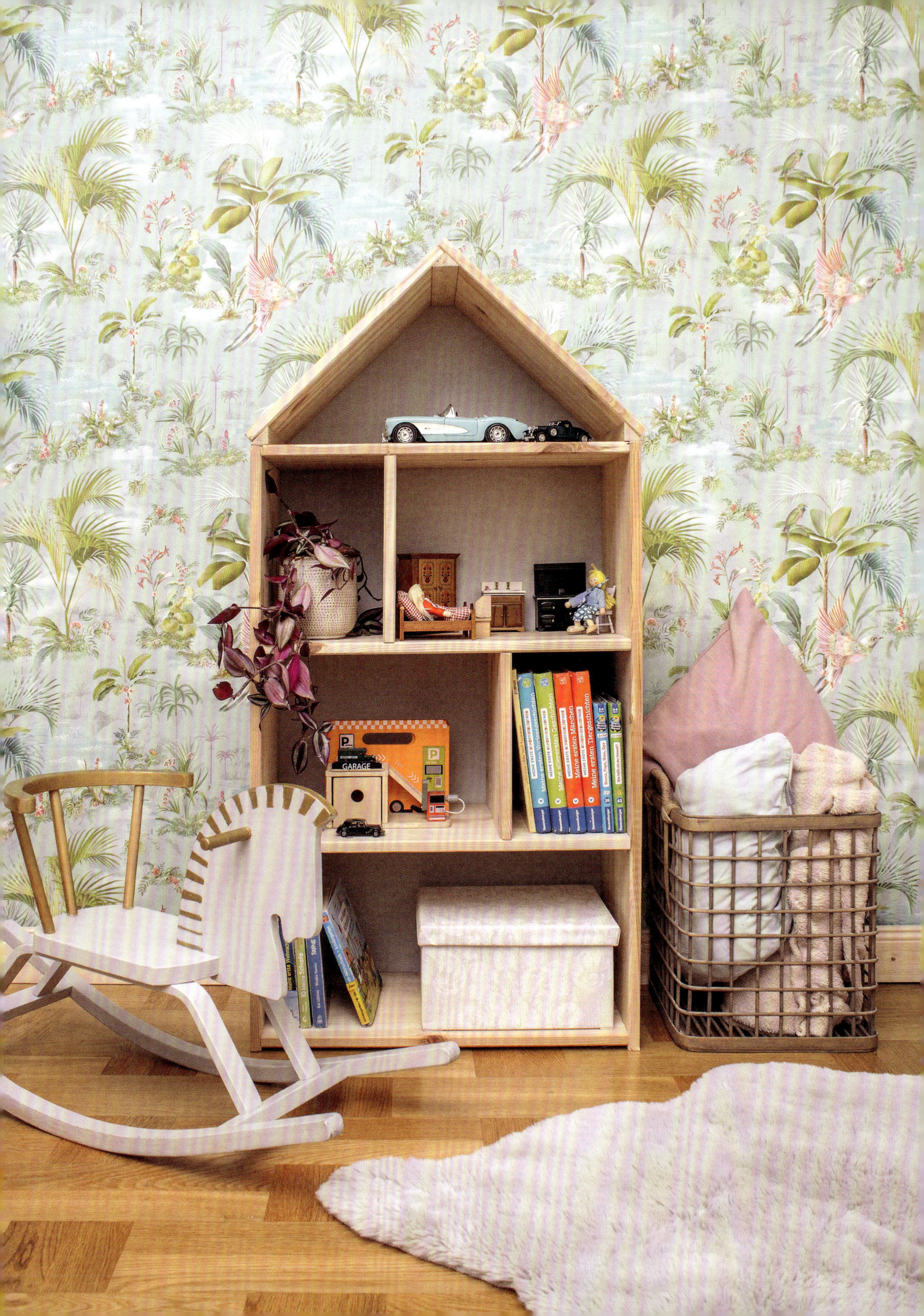
GARAGE

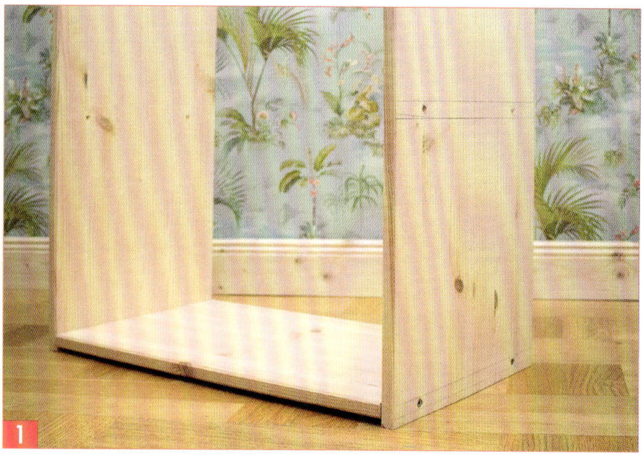

1

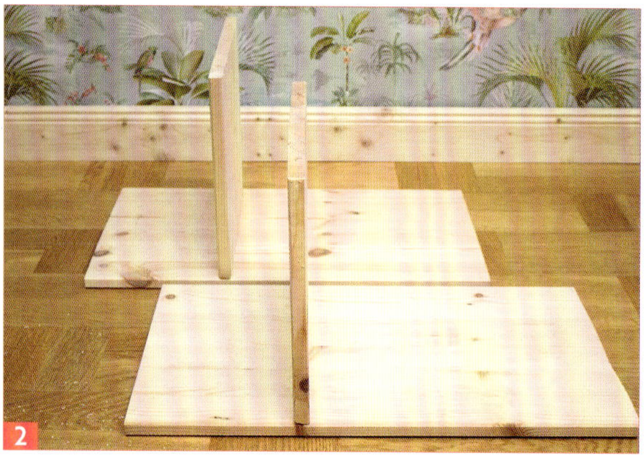

2

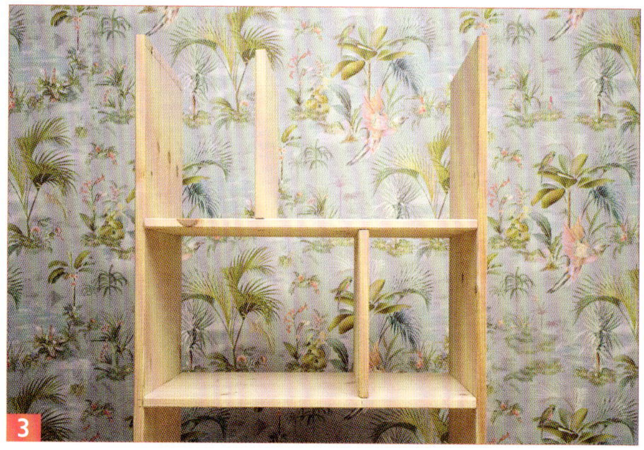

3

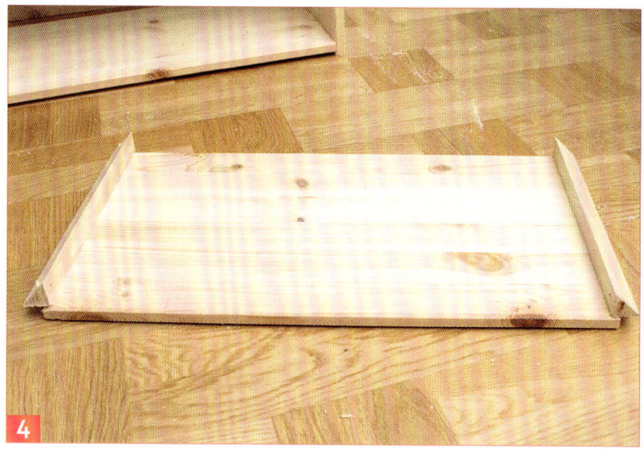

4

1 Die beiden langen Holzbretter als Seitenwände aufstellen und eins der kürzeren Bretter so dazwischenschrauben, dass es nicht direkt auf dem Boden aufliegt. Die Höhe der übrigen Regalböden anzeichnen und die Löcher dafür vorbohren.

2 Zwei Teile für die senkrechten Zwischenwände zurechtsägen. Jeweils ein Teil von unten an einen Regalboden anschrauben. In die Oberseite der Zwischenwände jeweils zwei Löcher bohren.

3 In die Stellen im Regalboden, die später direkt über den Zwischenwänden liegen, ebenfalls Löcher bohren. Den zweiten Regalboden einsetzen und von außen festschrauben. Zwei Holzdübel in die vorgebohrten Löcher der Zwischenwand setzen, Leim draufgeben und dann den dritten Regelboden daraufsetzen. Diesen ebenfalls von außen festschrauben und an der Oberseite mit zwei Löchern versehen.

4 In die Unterseite des vierten Regalbodens zwei Löcher bohren, wo er später auf der Zwischenwand aufsitzt. Zwei Dreikantleisten zurechtsägen und an den Regalboden schrauben.

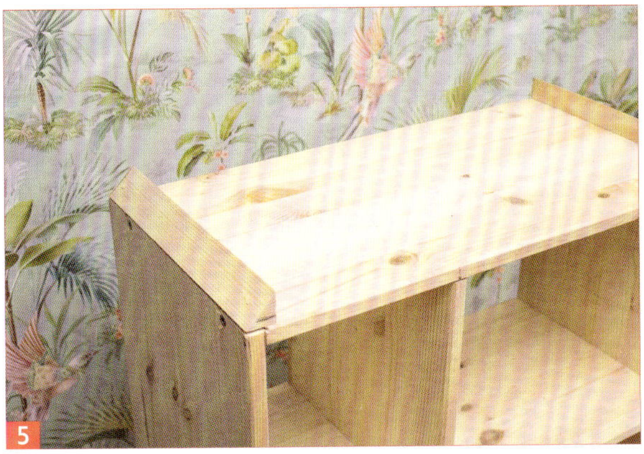

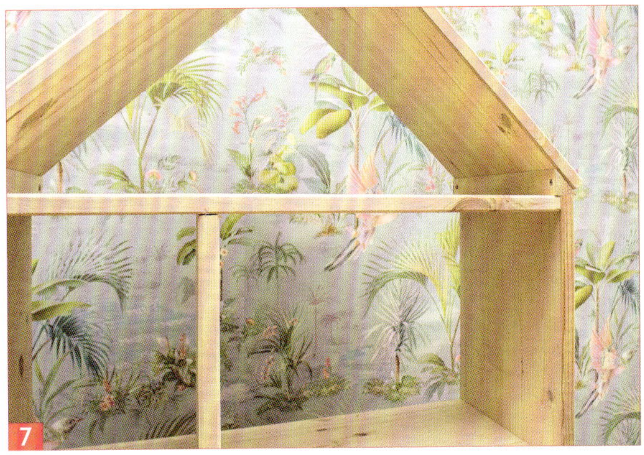

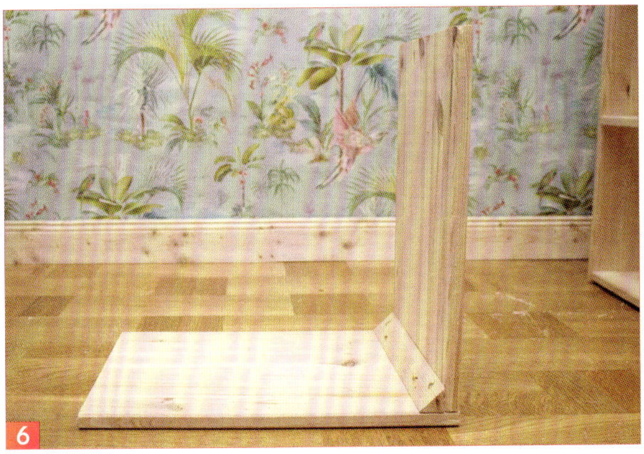

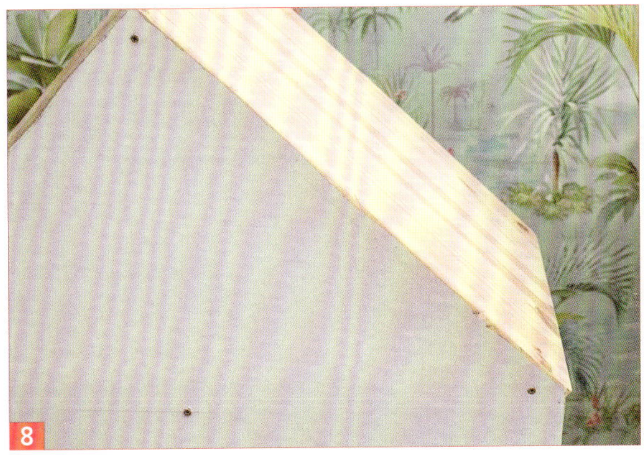

5 Den Regalboden aufsetzen, dabei mit Holzdübeln und Leim mit der darunterliegenden Zwischenwand verbinden. Von außen festschrauben.

6 Für das Dach des Hausregals zwei Holzbretter mithilfe von Dreikantleisten verbinden.

7 Das Dach aufsetzen und von innen festschrauben.

8 Die MDF-Platte für die Rückwand zurechtsägen, auf Wunsch von vorne farbig anstreichen und von hinten punktuell festschrauben.

Ordnungsbewusster Meeresbewohner

Gerne hilft der Walfisch, Kinderjacken, Mützen und Rucksäcke platzsparend zu verstauen. So wissen schon Krippen- und Kindergartenkinder bald, wo sie ihre Sachen finden. Das Kinderzimmer ist zu klein? Kein Problem: Unser Meerestier fühlt sich auch im Eingangsbereich wohl wie ein Fisch im Wasser!

MATERIAL

Sperrholzplatte (Dicke: 5 mm), Stichsäge, Schleifmaschine, Bohrer, Schrauben, Schraubenzieher, Möbel- oder Acrylfarbe, Pinsel, Holzlatte, MDF-Platte, Holzkitt, 2 Flachverbinder, dekorative Schraubhaken, Bleistift

Tipp

Kinder müssen erst lernen, Ordnung zu halten. Es hilft, wenn Dinge wie Schuhe, Jacken oder ein bestimmtes Spielzeug einen festen Platz haben, an denen sie das Kind immer wieder verstaut – zunächst mit Hilfe, später dann allein.

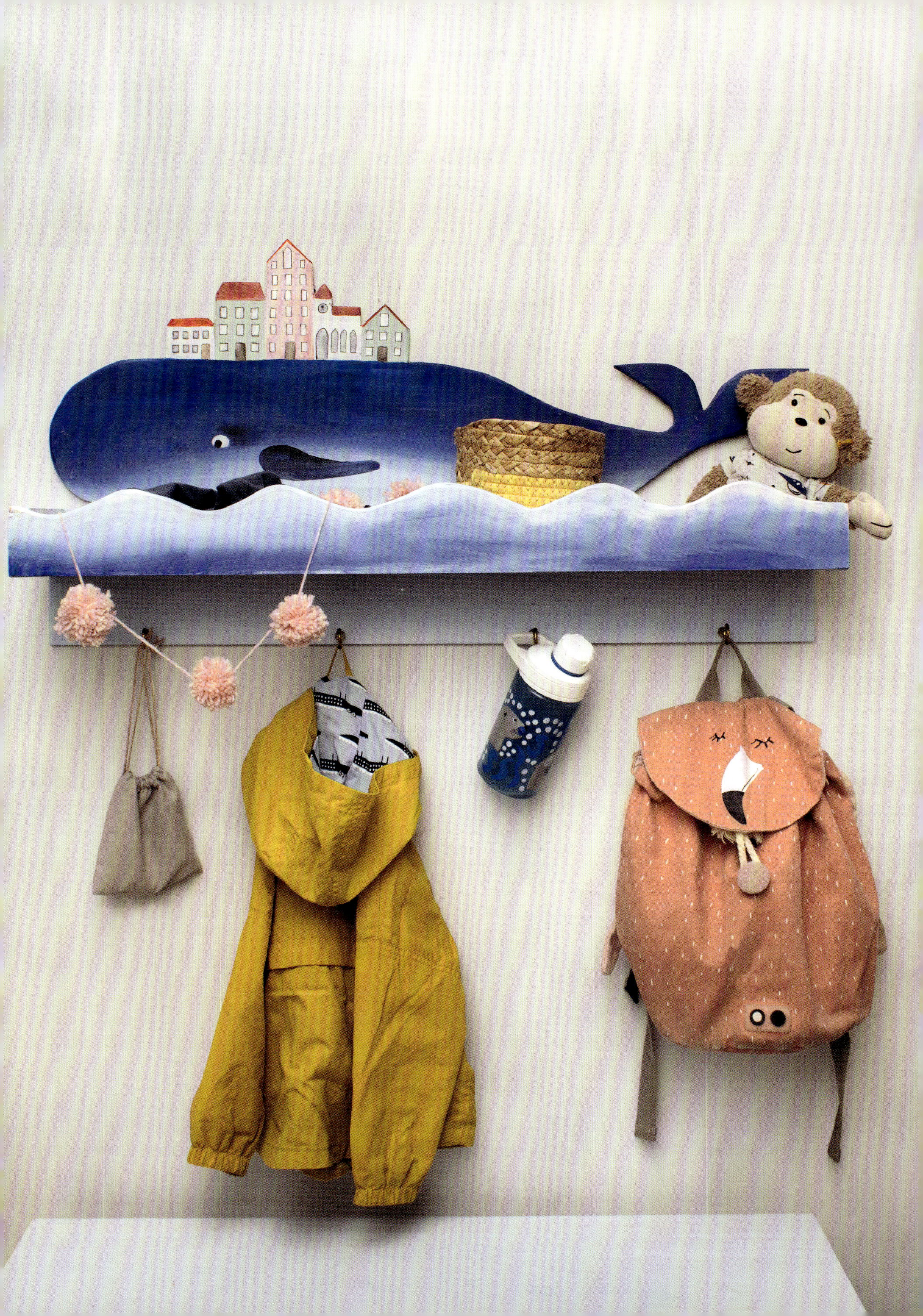

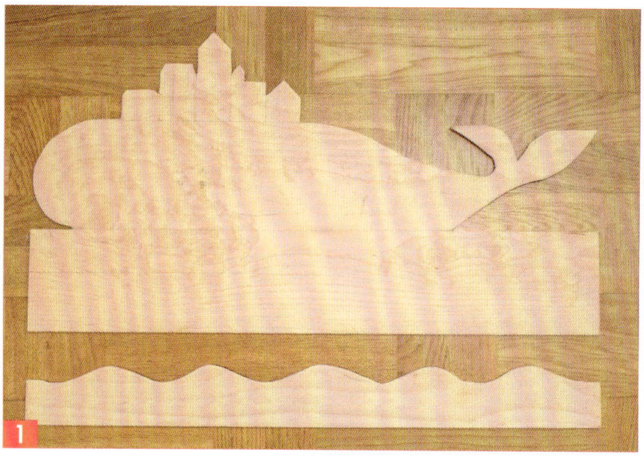

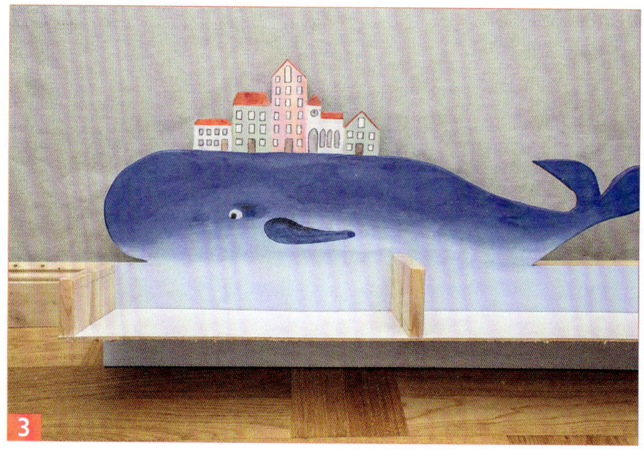

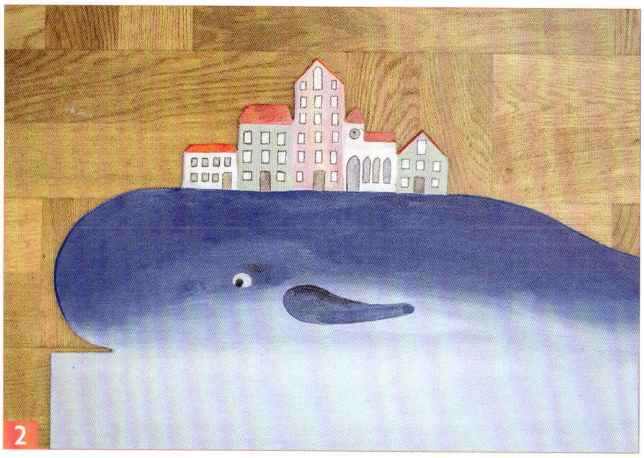

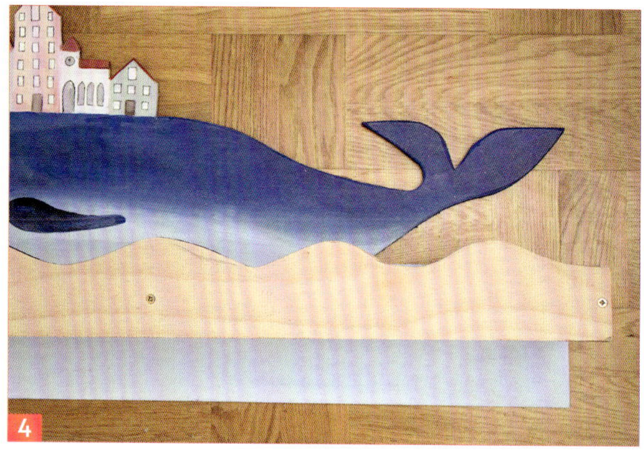

1 Das gewünschte Motiv auf die Sperrholzplatte aufzeichnen. Darunter ein Rechteck einplanen: Dort werden später das Fach und die Garderobenhaken befestigt. Das Motiv mit der Stichsäge aussägen und die Kanten rund schleifen.

2 Das Motiv anmalen.

3 Aus der Holzlatte drei gleich lange Teile sägen: Ihre Länge bestimmt, wie tief das Fach später wird. Die drei Teile von hinten an der Garderobenrückwand festschrauben. Die MDF-Platte auf das richtige Maß sägen und von unten anschrauben.

4 Aus der Sperrholzplatte eine Blende zurechtsägen und die Kanten rund schleifen. Von vorne anschrauben.

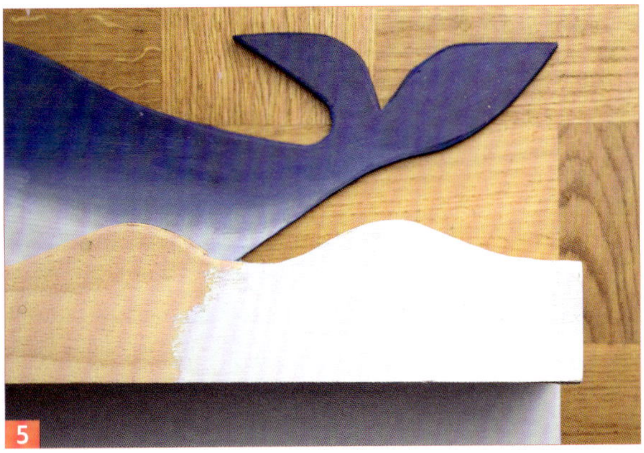

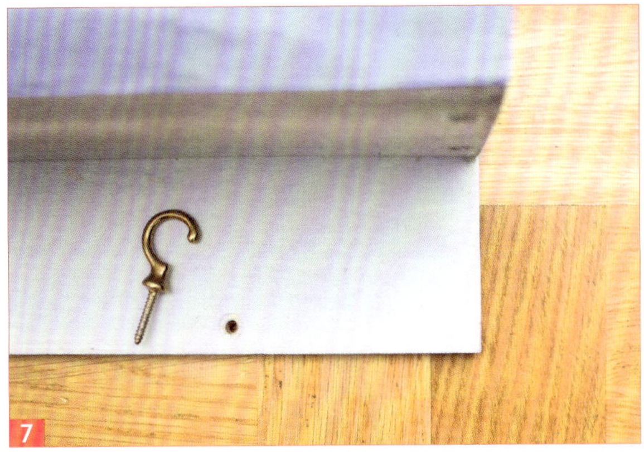

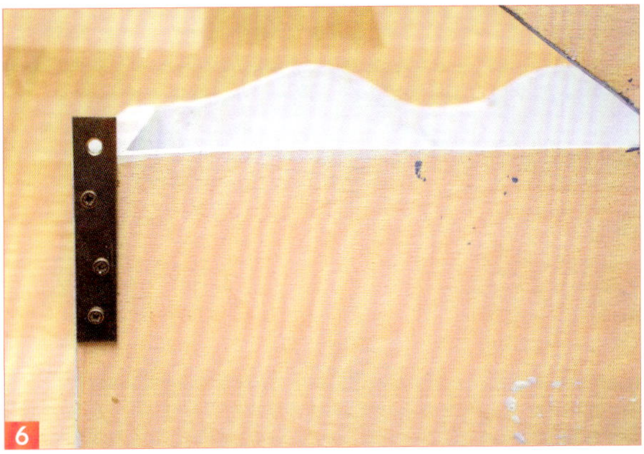

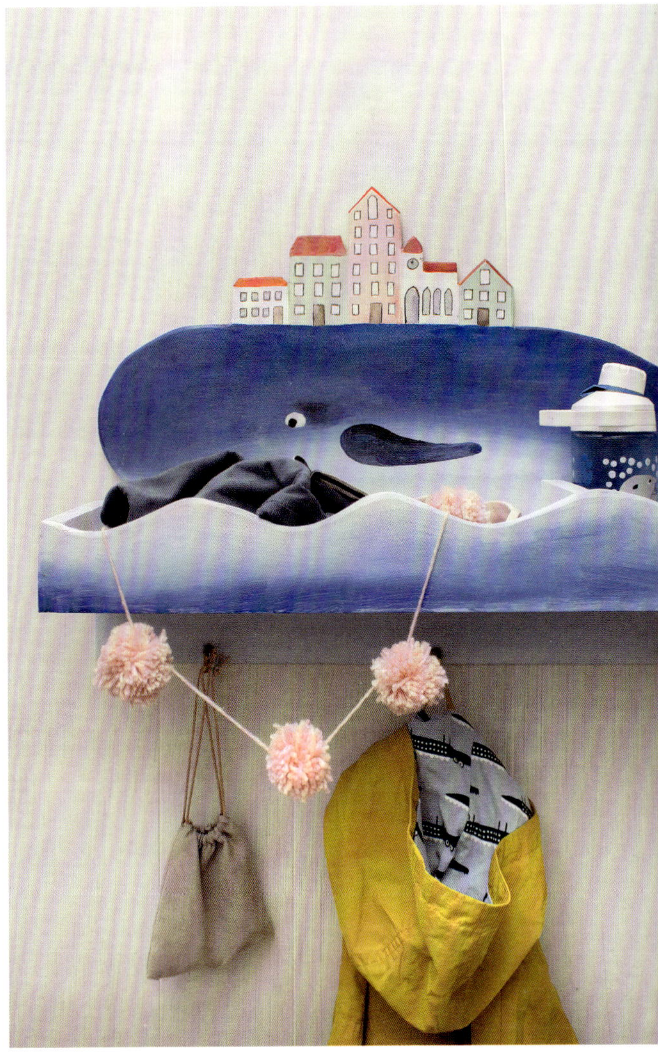

5 Die Schrauben mit Holzkitt kaschieren und die Blende anmalen.

6 An die Rückseite der Rückwand rechts und links je einen Flachverbinder anschrauben – diese dienen später als Aufhängung.

7 Vier Löcher für die Garderobenhaken bohren und die Haken eindrehen, wenn die Garderobe an der Wand hängt.

In Reih und Glied

Schluss mit dem Schuhchaos! In der Garderobenbank stehen Gummistiefel, Sneakers und Hausschuhe fein säuberlich nebeneinander. Oder das Möbel verwandelt sich in einen Leseplatz und hält auf dem Zwischenboden kleine Körbe mit Spielzeug bereit.

MATERIAL

Handkreissäge, Kantholz, Holzlatte, Bohrer, Holzdübel, Holzleim, Schrauben, Schraubenzieher, Holzbrett, Schleifmaschine
Optional: Möbelfarbe, Pinsel

Tipp

Kinder vertauschen gerne mal den rechten und den linken Schuh. Als kleine Unterstützung können Eltern einfach einen Aufkleber in zwei Teile schneiden und einen in den linken, einen in den rechten Schuh hineinkleben.
Passen die beiden Aufkleberteile zusammen, weiß das Kind, dass die Schuhe richtig nebeneinander stehen.

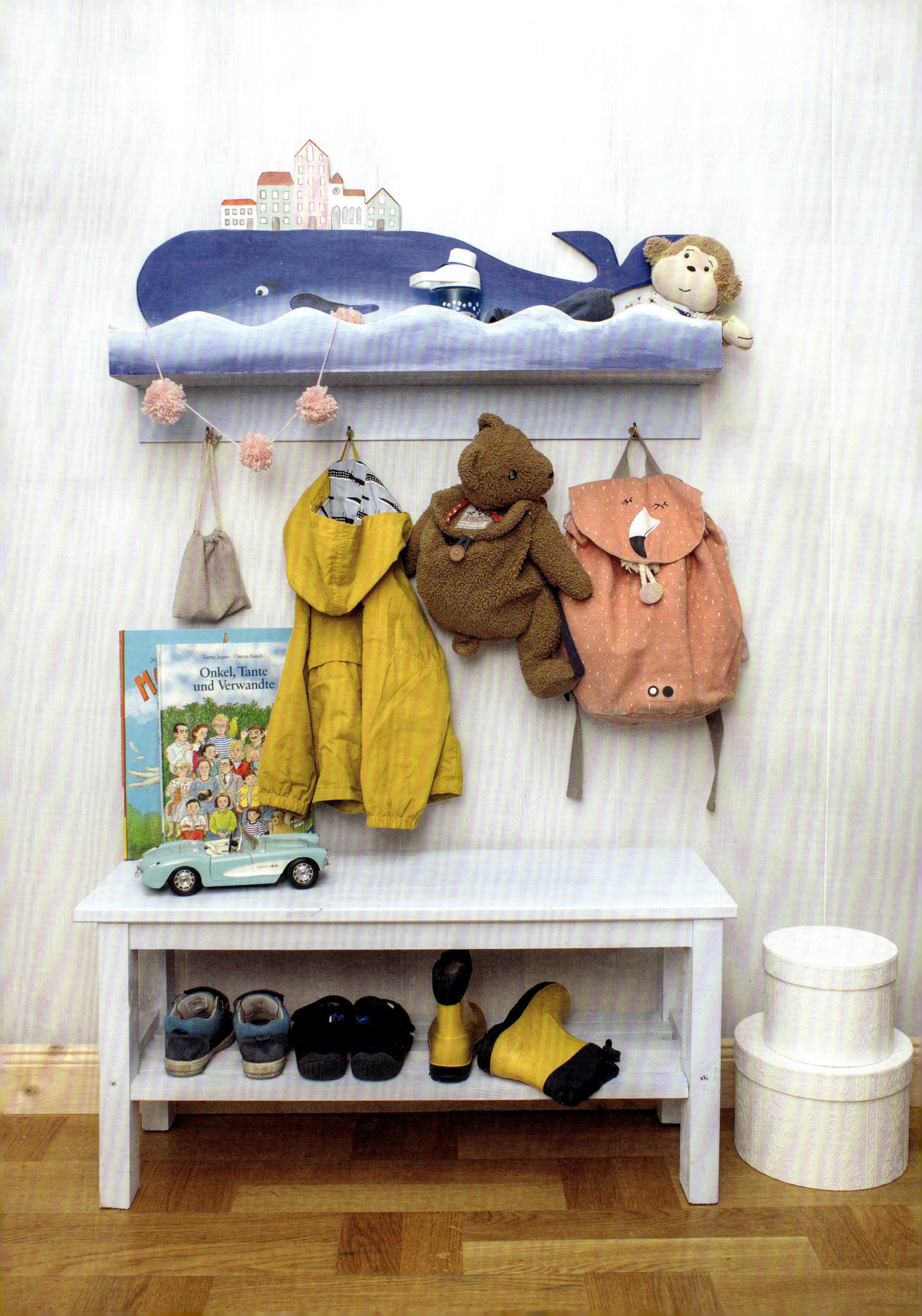
Onkel, Tante
und Verwandte

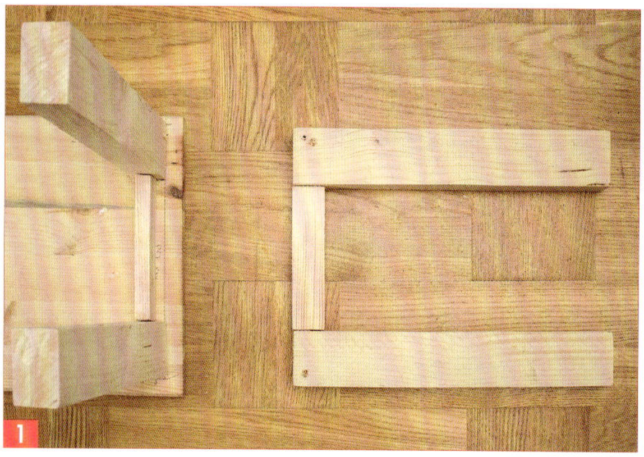

1

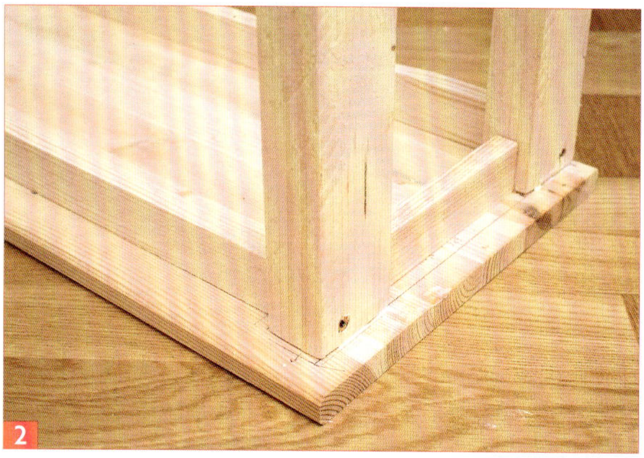

2

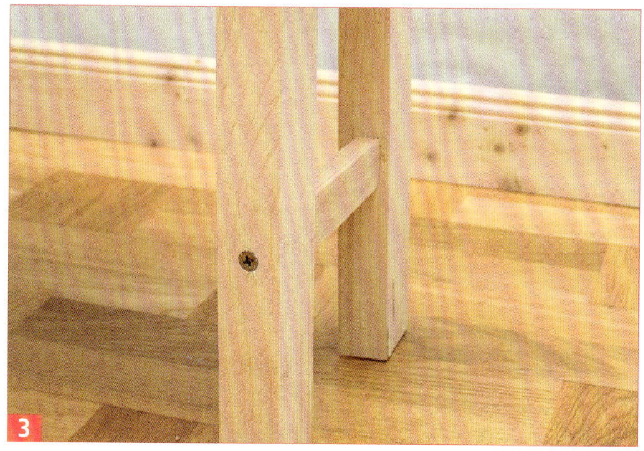

3

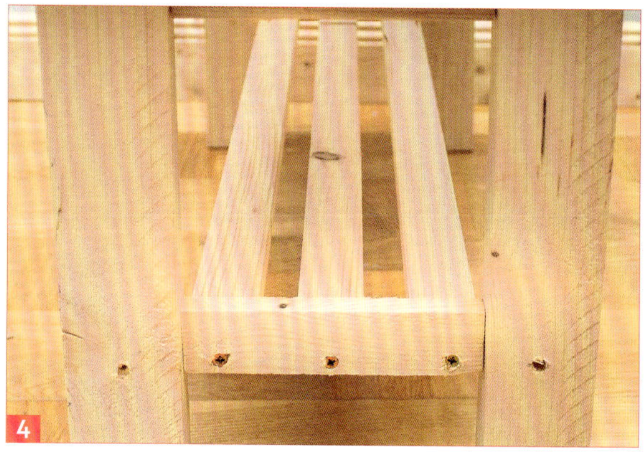

4

1 Aus dem Kantholz die Beine für die Bank zurechtsägen, aus der Latte die Verstrebungen. Jeweils zwei Beine und ein Lattenstück mithilfe von Holzdübeln und Leim verbinden. In den so entstandenen Teilen Löcher vorbohren und die Teile kopfunter auf das Holzbrett stellen.

2 Zwei weitere Lattenstücke für die Längsseiten der Bank zurechtsägen und an den im ersten Schritt gebauten Teilen festschrauben. Alle vier Lattenstücke mit jeweils zwei Schrauben an der Sitzfläche befestigen.

3 An den kurzen Bankseiten jeweils ein weiteres Lattenstück als Verstrebung zwischen die Bankbeine schrauben.

4 Für den Zwischenboden drei Latten zurechtsägen und von außen an den Querstreben festschrauben.

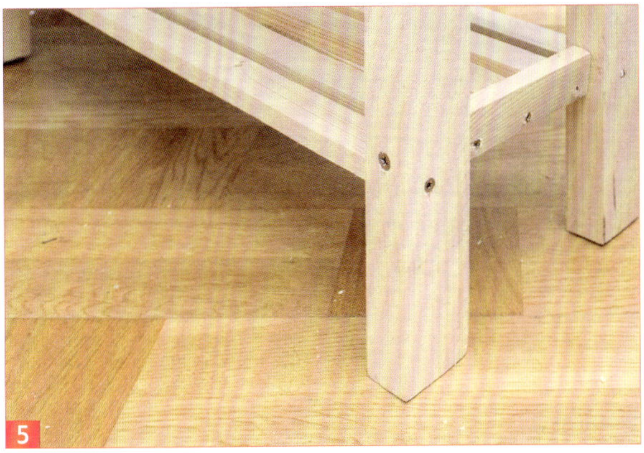

5

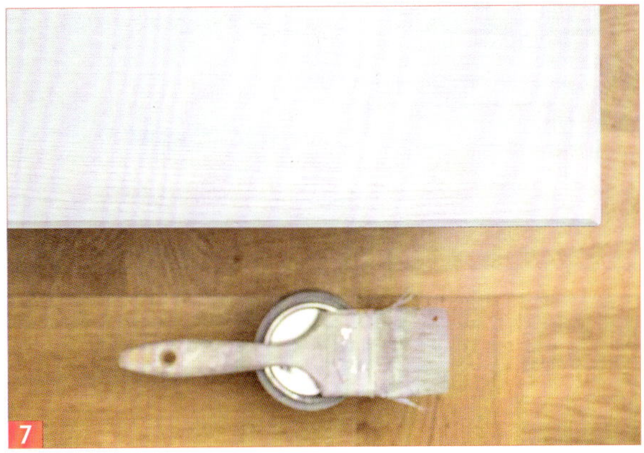

7

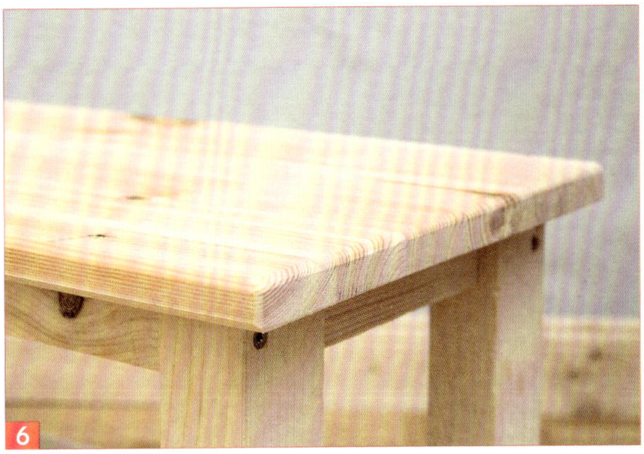

6

5 Vorne und hinten zwei weitere, etwas kürzere Latten zwischen den Bankbeinen ergänzen.

6 Die Kanten der Sitzfläche rund schleifen.

7 Die Bank mit Möbelfarbe anmalen.

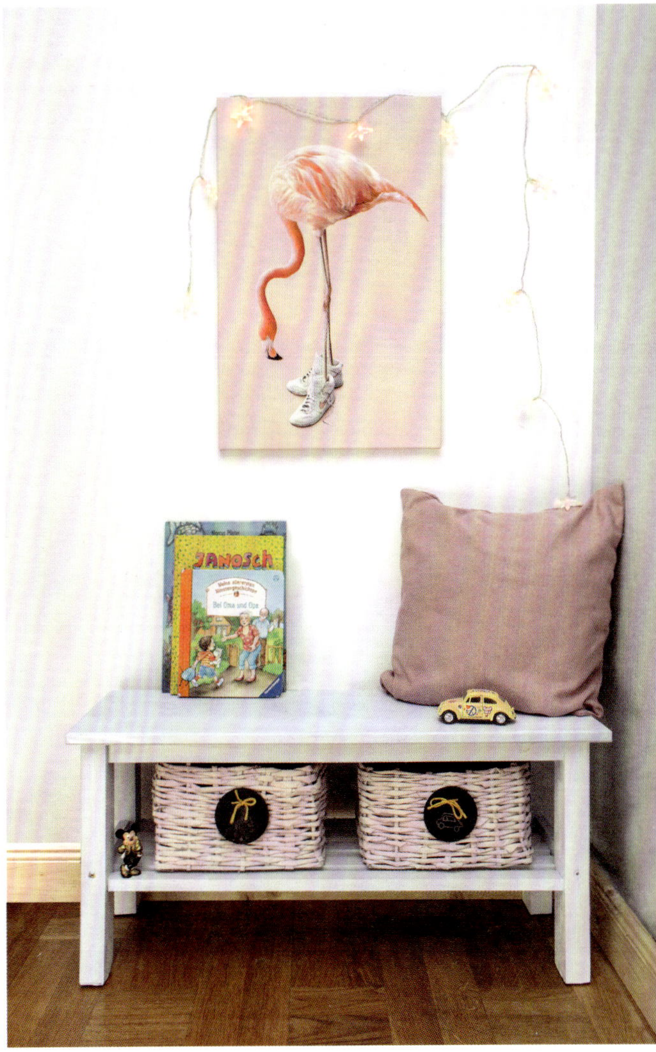

Nachhaltiges Kochvergnügen

Willkommen in der Küche! Hier stehen Chef oder Chefin persönlich am Herd. Und zwar an einem besonderen Modell: Denn für diese Kinderküche wurde einfach ein Holzstuhl aufgehübscht, sodass Kinder dort prima ihre kulinarischen Kreationen zubereiten können.

MATERIAL

Holzstuhl, Holzlatte, MDF-Platte, Handkreissäge, Möbelfarbe, Bohrer, Schraubhaken, schwarze Acrylfarbe, Pinsel, Möbelknäufe ohne Muster, Permanentmarker, Schrauben, Schraubenzieher, Bleistift
Optional: Quadratleiste

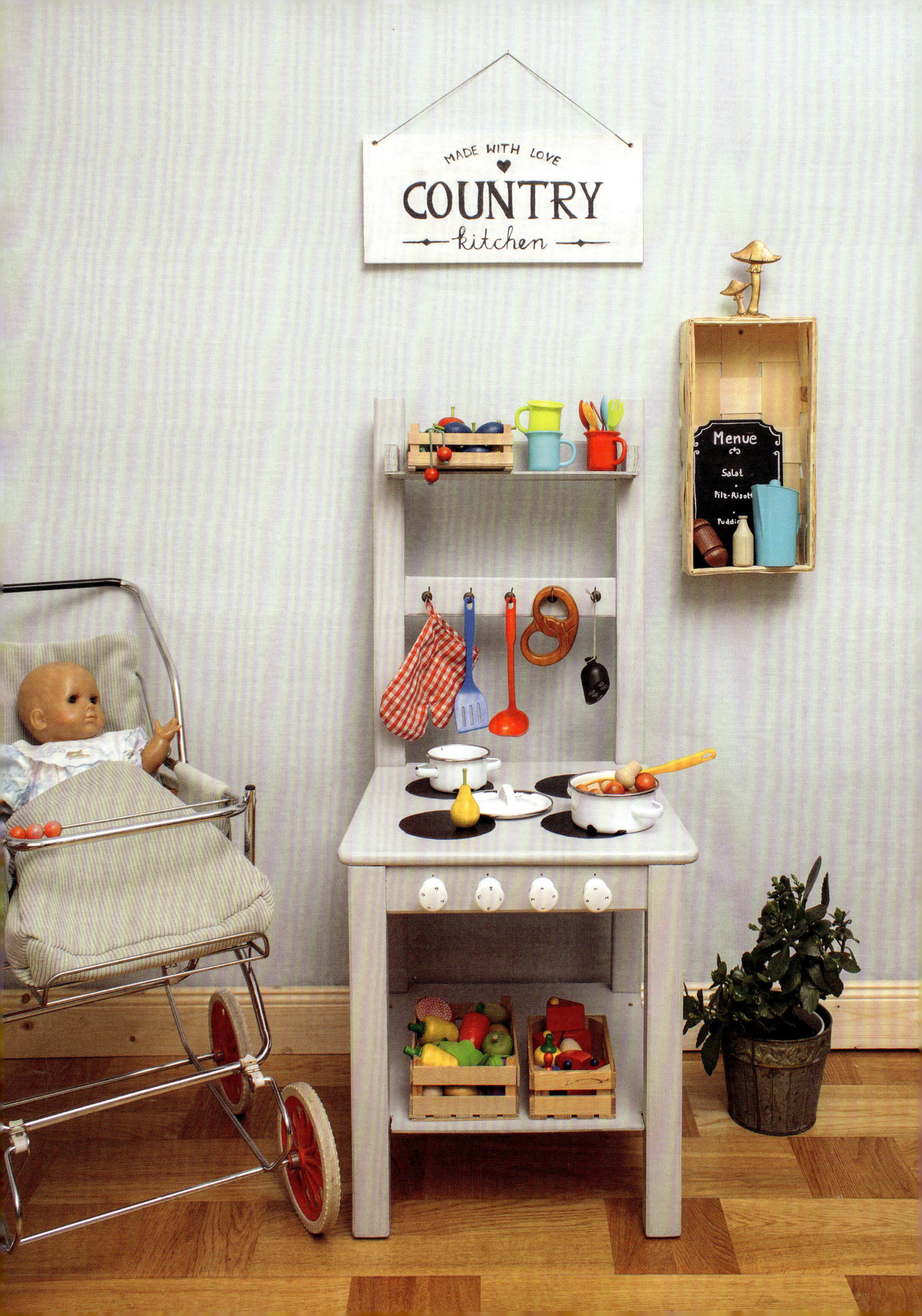
MADE WITH LOVE
COUNTRY
kitchen
Menue
Salat
Pilz-Risott

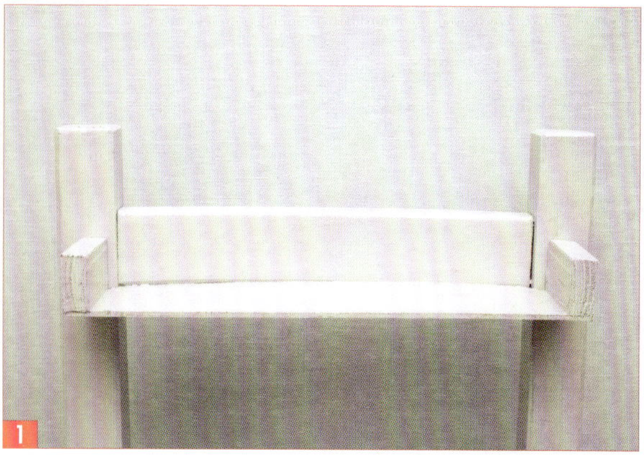

1

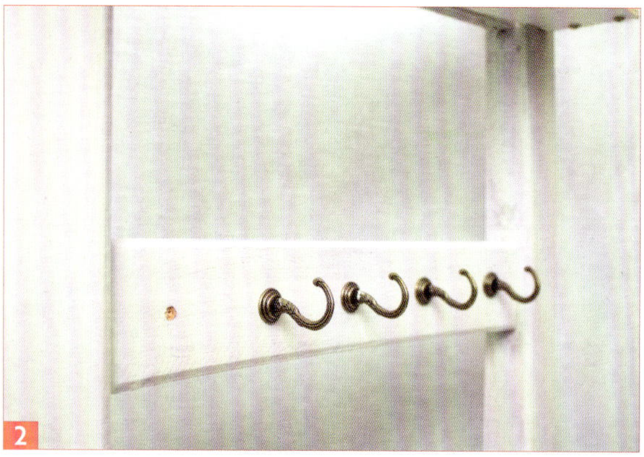

2

1 Für die Ablagefläche der Kinderküche rechts und links an der Stuhllehne zwei Löcher bohren. Zwei kurze Teile aus der Holzlatte zurechtsägen und diese von hinten an der Stuhllehne festschrauben. Ein passendes Stück einer MDF-Platte von unten anschrauben. Die Ablage im Farbton des Stuhls anstreichen.

2 An einer Querstrebe des Stuhls mehrere Löcher bohren und Schraubhaken eindrehen.

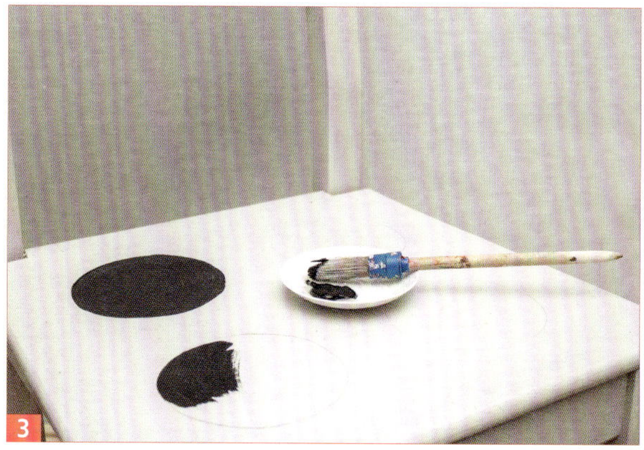

3

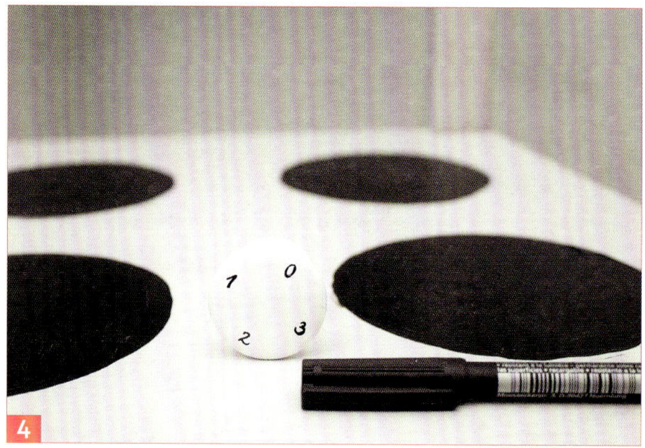

4

3 Für die Herdplatten vier Kreise auf die Sitzfläche des Stuhls aufzeichnen. Hilfreich ist dabei ein runder Gegenstand in der richtigen Größe, etwa ein Unterteller oder eine Müslischüssel. Die Kreise mit schwarzer Acrylfarbe ausmalen.

4 Für die Schaltknöpfe vier schlichte Möbelknäufe mit Zahlen beschriften.

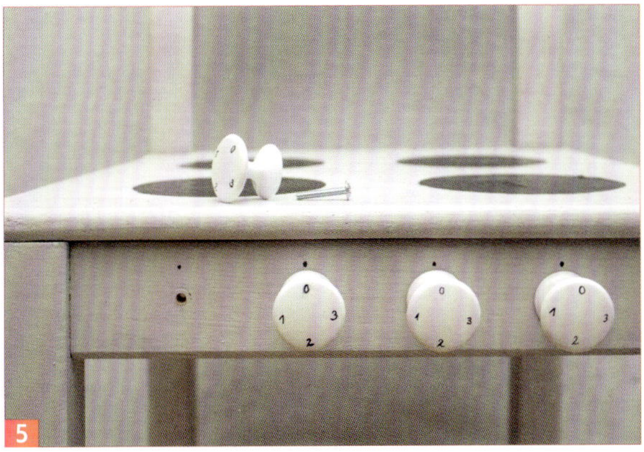

5

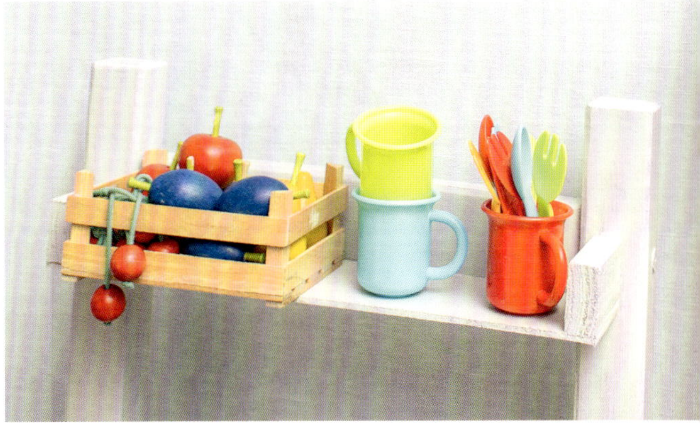

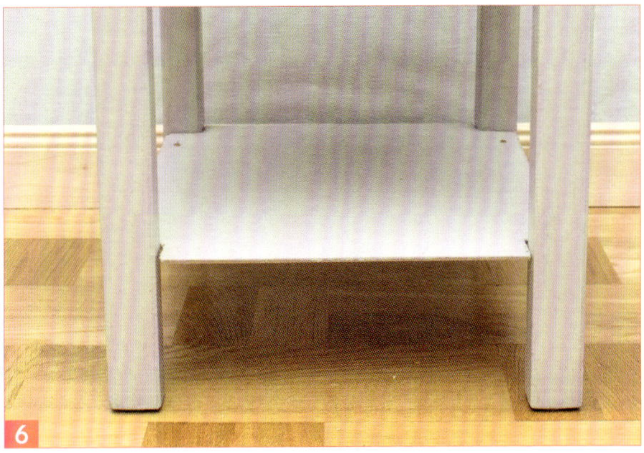

6

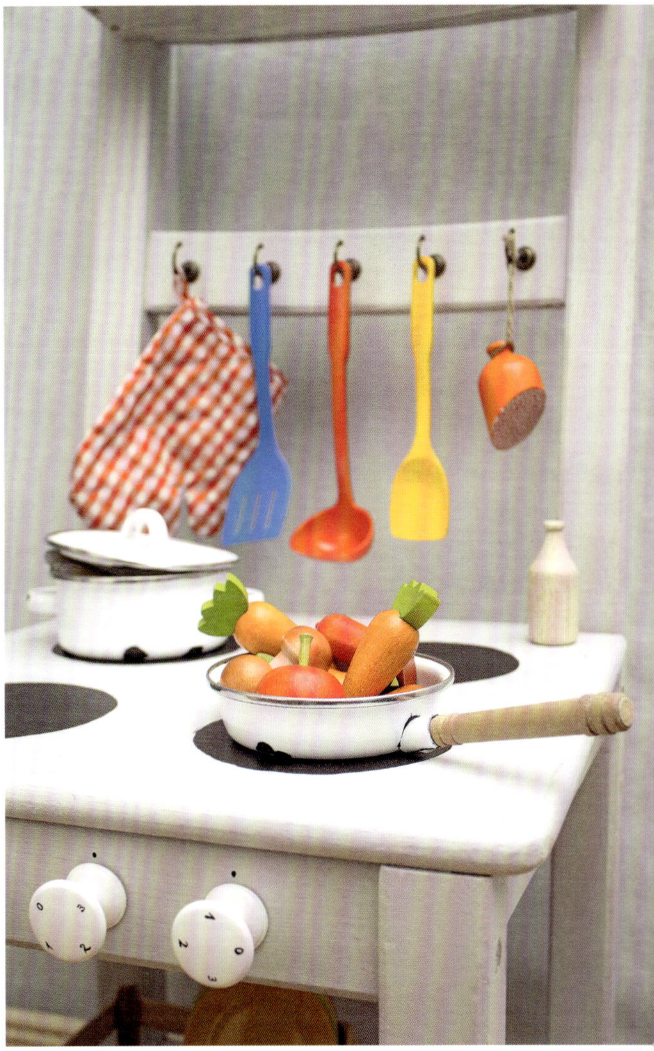

5 Vorne in den Stuhl vier Löcher bohren und die Möbelknäufe befestigen.

6 Ein Stück MDF-Platte so zusägen, dass es sich unten auf die Querstreben des Stuhls legen lässt. Falls die Streben fehlen, diese zunächst aus einer Quadratleiste fertigen und an die Stuhlbeine schrauben. Die Platte anmalen, einlegen und mit zwei kleinen Schrauben an den Streben festschrauben.

Klasse Kisten

Wer nach einer praktischen und individuellen Aufbewahrungsmöglichkeit sucht, hat sie hiermit gefunden: Diese Regale sind im Handumdrehen aus alten Obstkisten gebaut und lassen sich ganz unterschiedlich anordnen – je nach verfügbarem Platz im Kinderzimmer, benötigtem Stauraum oder Größe des Kindes.

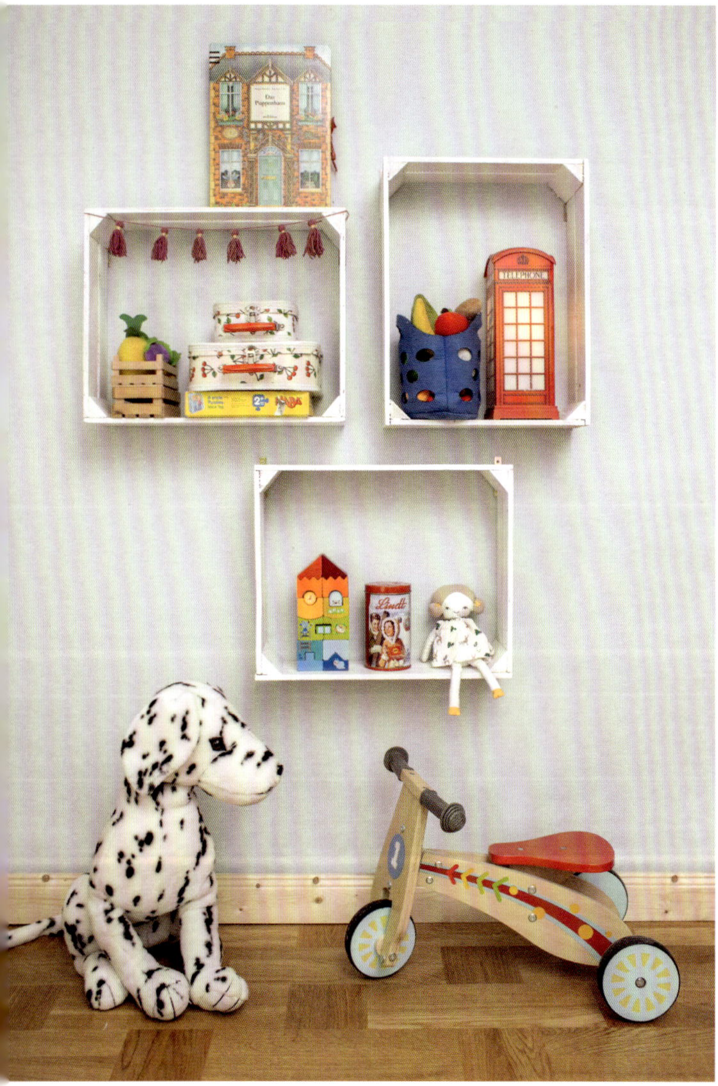

MATERIAL

Obstkisten, Klammerheber oder Schlitz-Schraubenzieher, Zange, Handkreissäge, Flachverbinder, Schrauben
Bei farbigen Kisten: Möbelfarbe, Pinsel

Tipp

Langfristig können Kinder lernen, dass das Aufräumen nach dem Spiel automatisch dazugehört. Solange das noch nicht so gut klappt, ist es sinnvoll, selten genutztes Spielzeug und Kleinteiliges wie Puzzles oder Memory-Spiele weiter nach oben zu räumen – so ist die Chance größer, dass das Kinderzimmer nicht im Chaos versinkt.

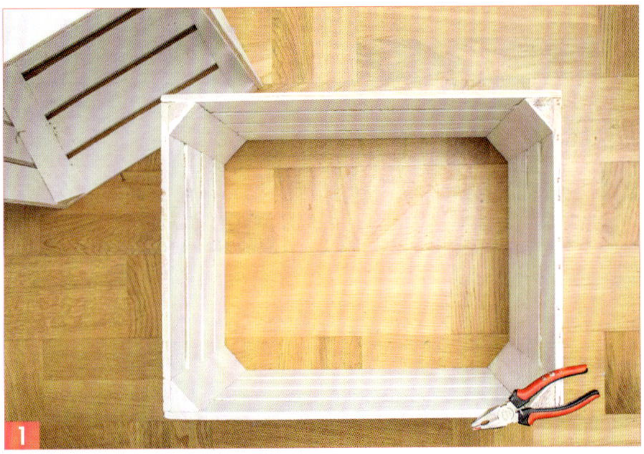

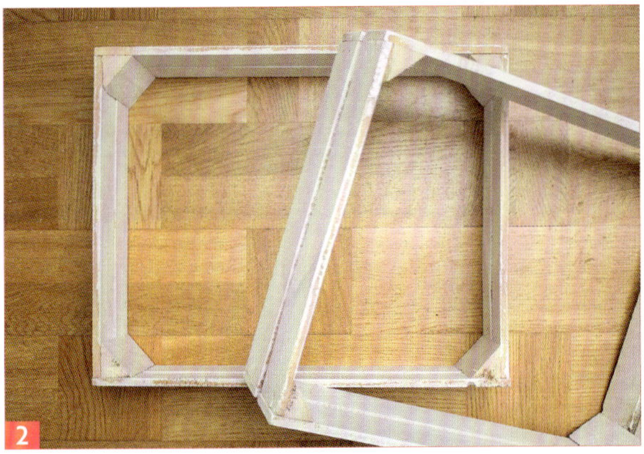

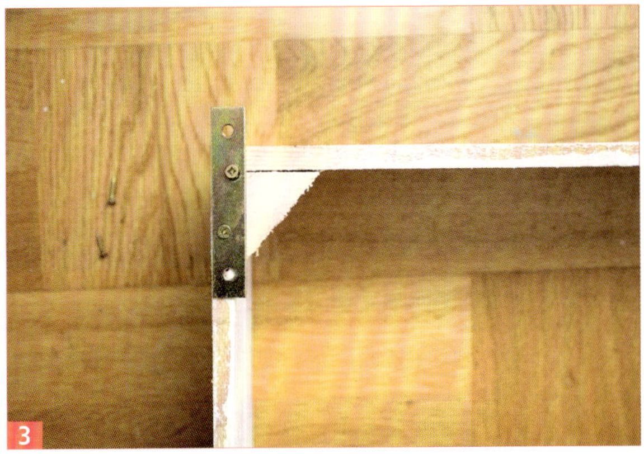

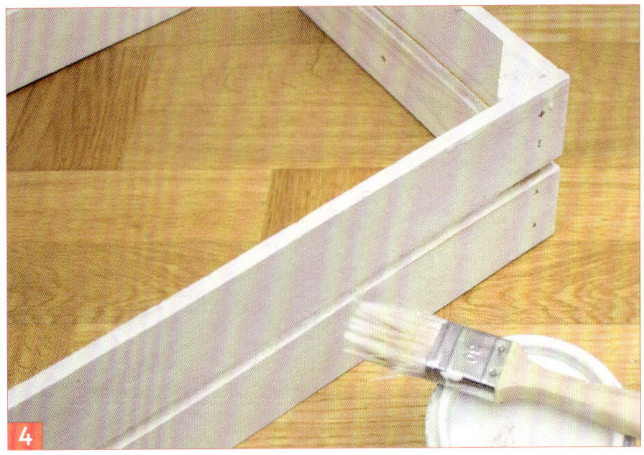

1 Den Boden der Obstkisten entfernen: Wenn die Bodenlatten getackert sind, die Tackernadeln mit einem Klammerheber oder einem Schraubenzieher und einer Zange herausziehen.

2 Jede Obstkiste einmal in der Mitte horizontal durchsägen, sodass zwei Kisten mit der halben Tiefe entstehen.

3 Rechts und links an der Rückseite je einen Flachverbinder als Aufhänger festschrauben.

4 Bei farbigen Kisten wird durch den Schnitt das Holz wieder sichtbar. Diese Stellen nachträglich mit Möbelfarbe anmalen.

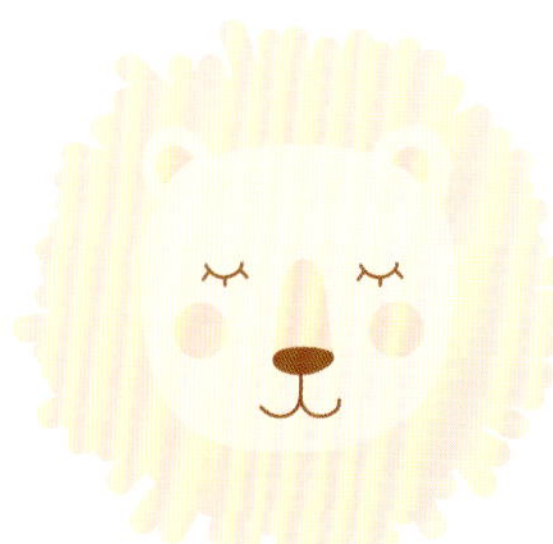

Malstunde im Kinderzimmer

Schon die Kleinsten kritzeln gerne mit Kreide; später zieren Kunstwerke oder vielleicht die ein oder andere Rechenaufgabe die Tafel. Wenn sie gerade nicht benutzt wird, verschwindet sie hinter zwei Lamellentüren. Die Kreide ist in einer umfunktionierten Seifenschale gut aufgehoben.

MATERIAL

2 kleine Lamellentüren, Bohrer, Möbelknäufe, Sperrholzplatte (Dicke 3–5 mm), Tafelfarbe, Pinsel, 2 flache Holzlatten, Schrauben, Schraubenzieher, 2 Bilderaufhänger, kleine Nägelchen, Hammer, 2 Scharniere, Bilderrahmen, Möbelfolie, Seifenschale mit Wandhalterung
Optional: Möbelfarbe, Handkreissäge

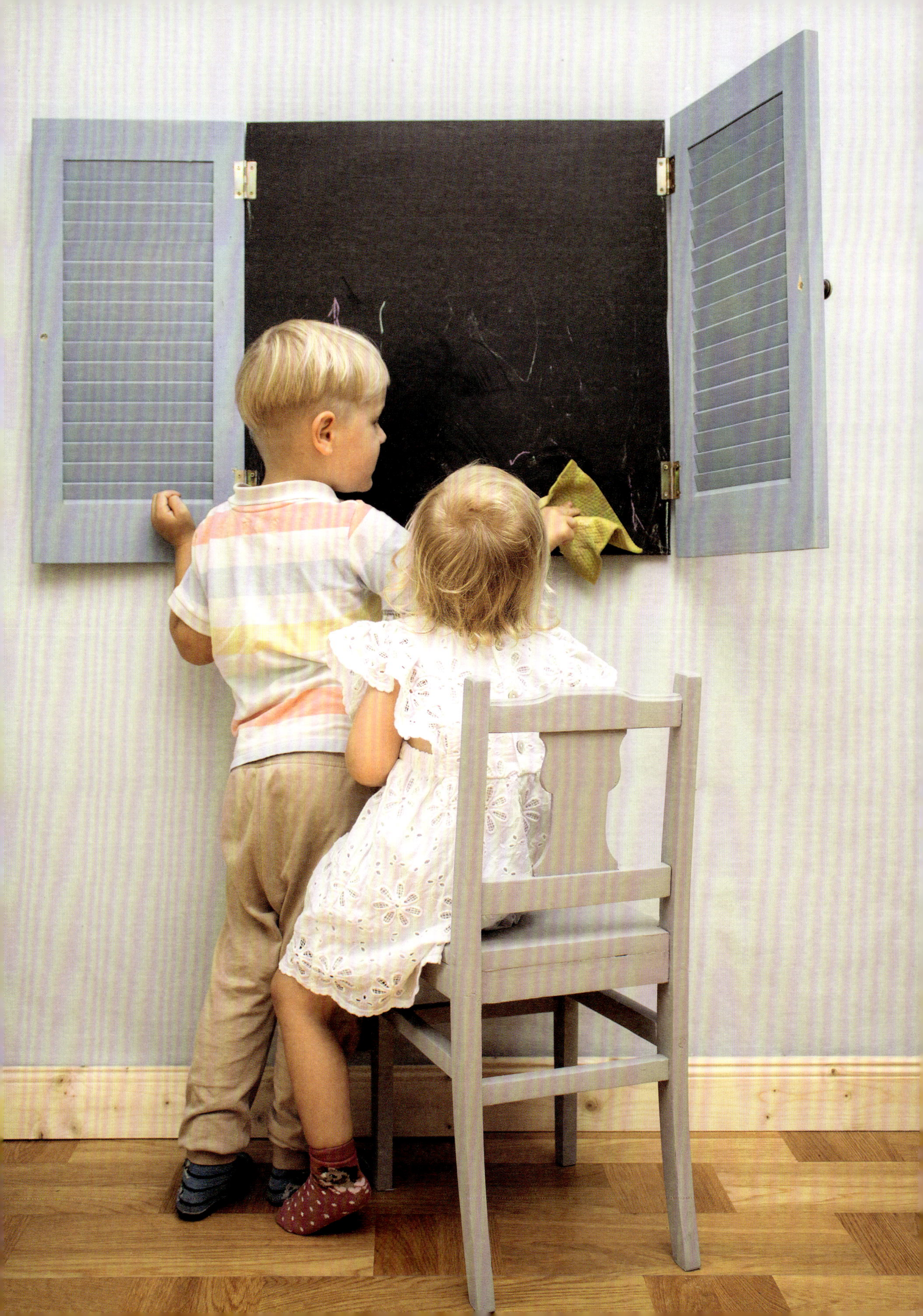

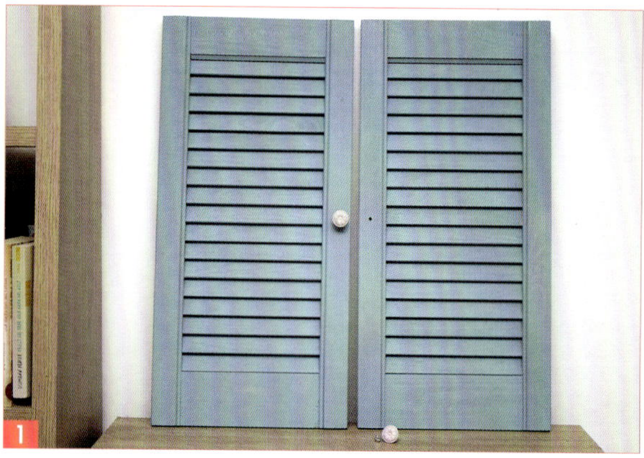

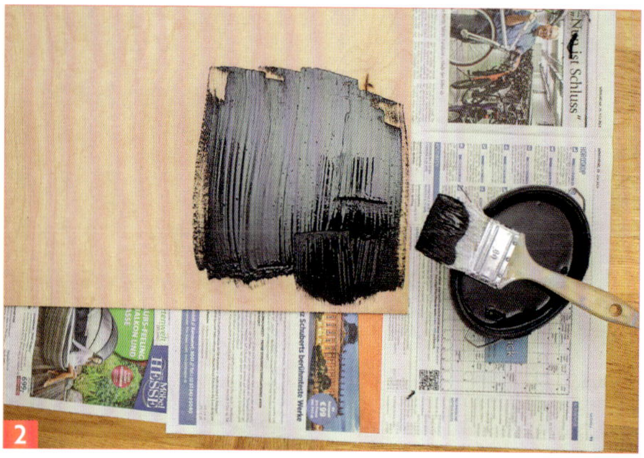

1 Die Lamellentüren auf Wunsch anmalen oder -sprühen. In jede Lamellentür ein Loch bohren und die Möbelknäufe anschrauben.

2 Die Sperrholzplatte mit ein bis zwei Schichten Tafelfarbe anmalen und trocknen lassen.

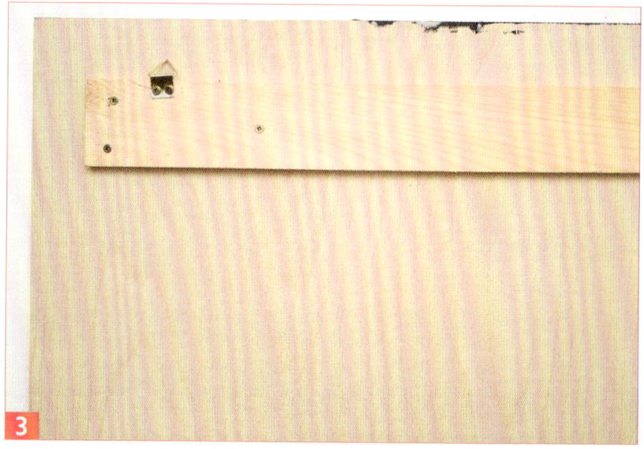

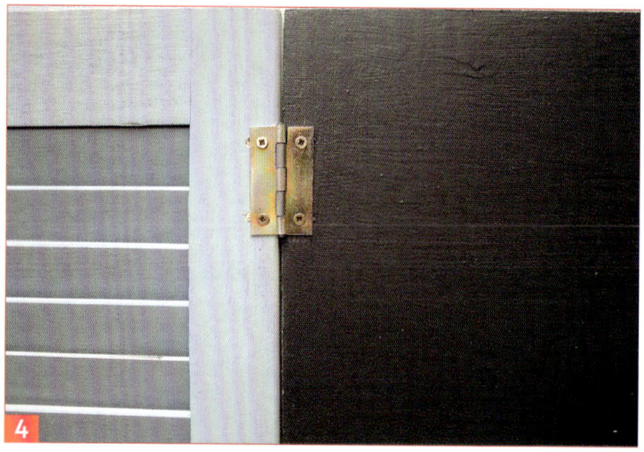

3 Auf der Rückseite der Platte zwei flache Holzlatten anschrauben. Die obere Latte mit zwei Bilderösen versehen, an denen sich die Tafel später aufhängen lässt.

4 Die Lamellentüren und Sperrholzplatte mithilfe der Scharniere verbinden.

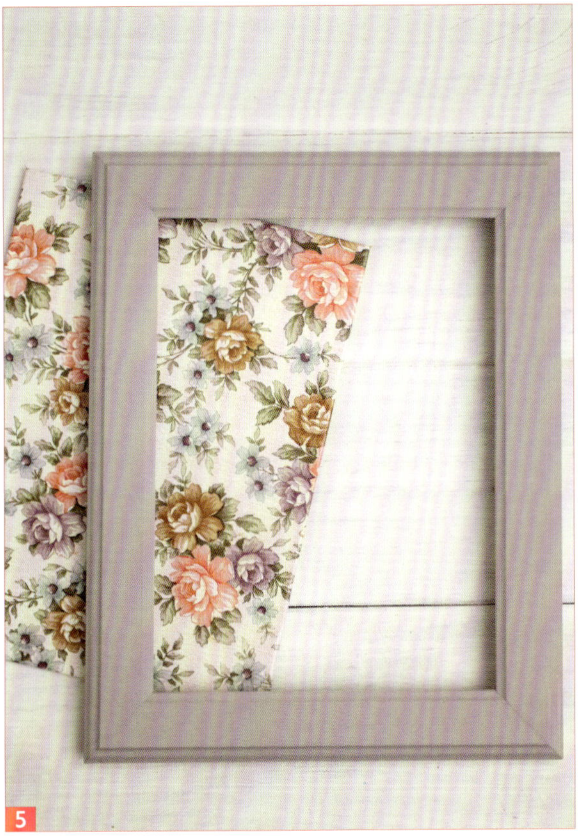

5 Für die Kreidehalterung Bilderrahmen auseinandernehmen. Die Vorderseite der Rückwand mit Möbelfolie bekleben.

6 Die Seifenschale mittig platzieren. Mit einer Schraube die Schale und den Rahmen in einem an der Wand montieren.

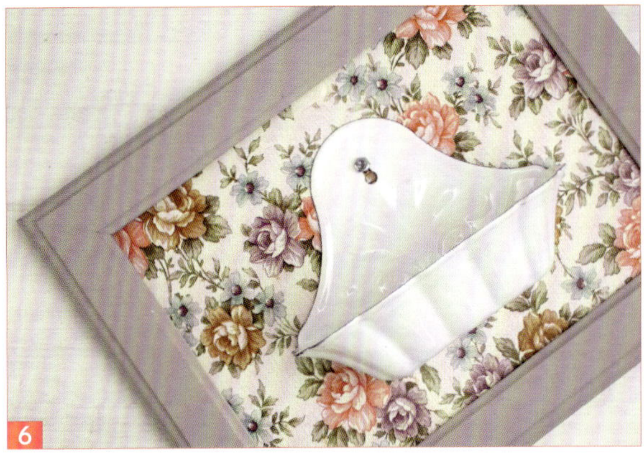

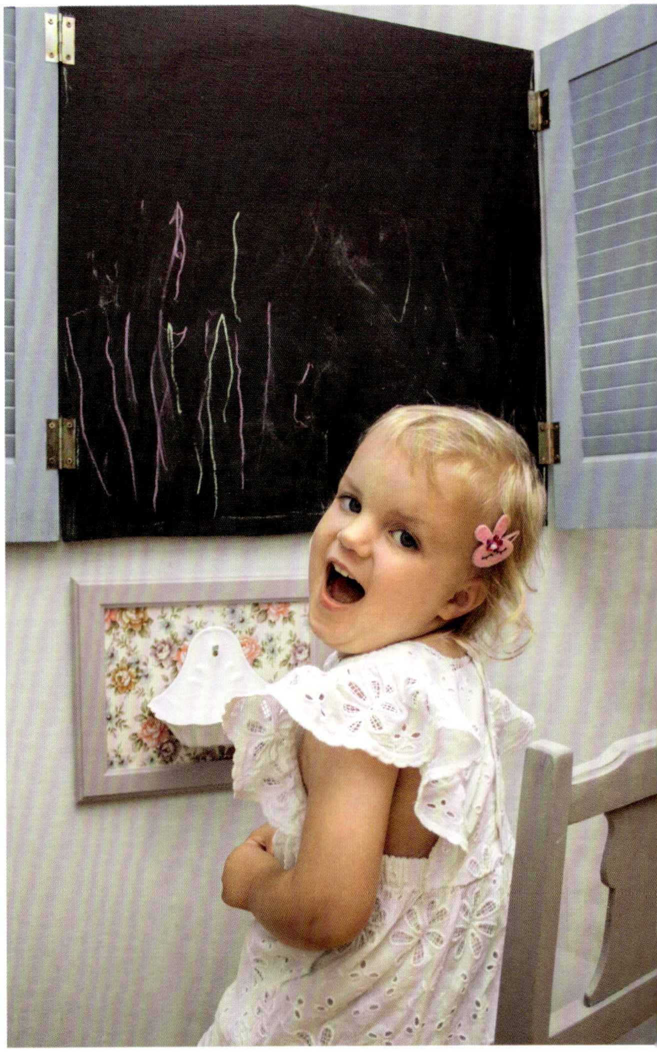

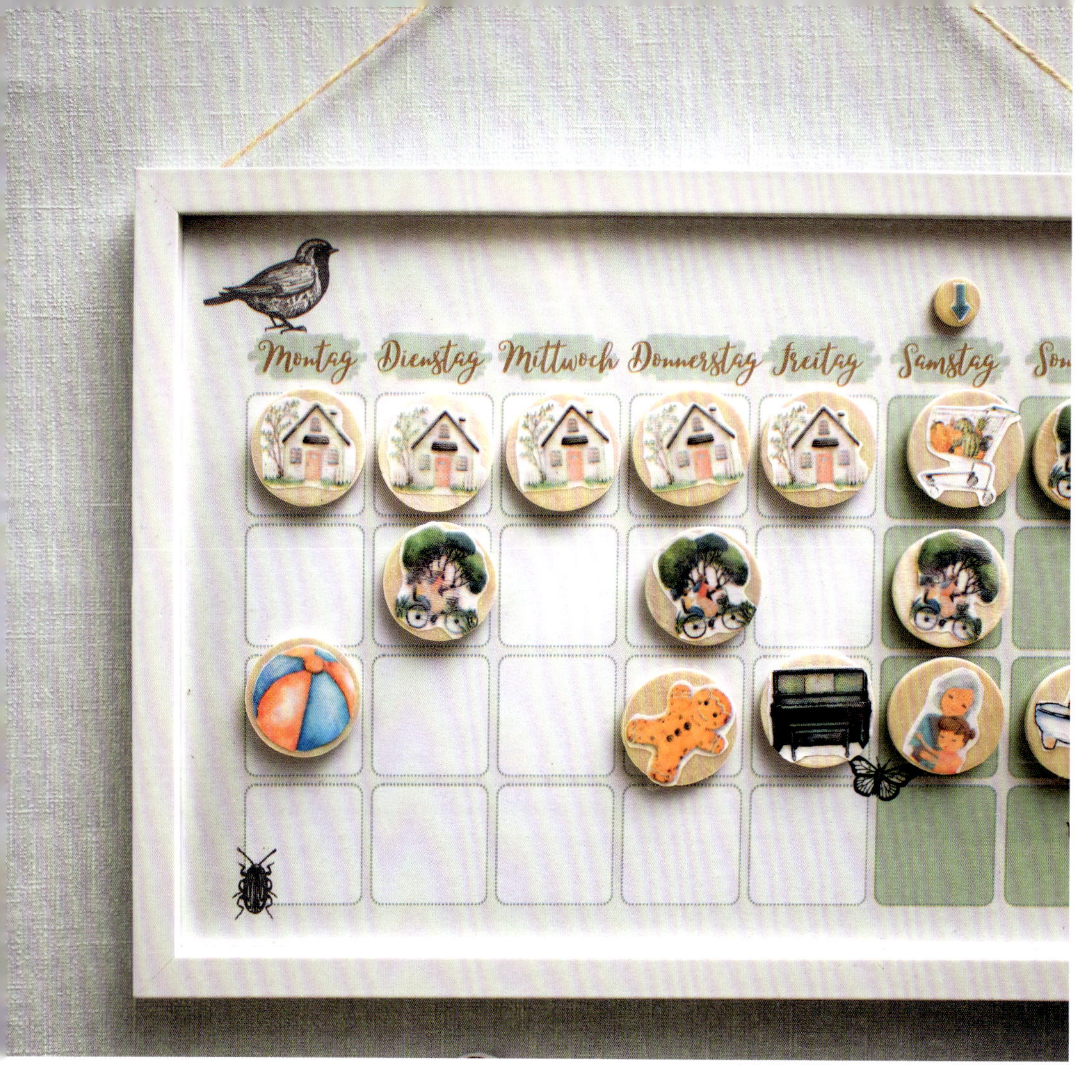
Montag
Dienstag
Mittwoch
Donnerstag
Freitag
Samstag

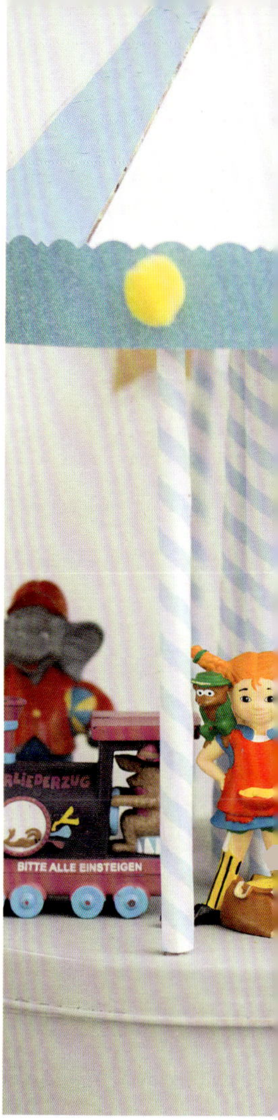
BITTE ALLE EINSTEIGEN

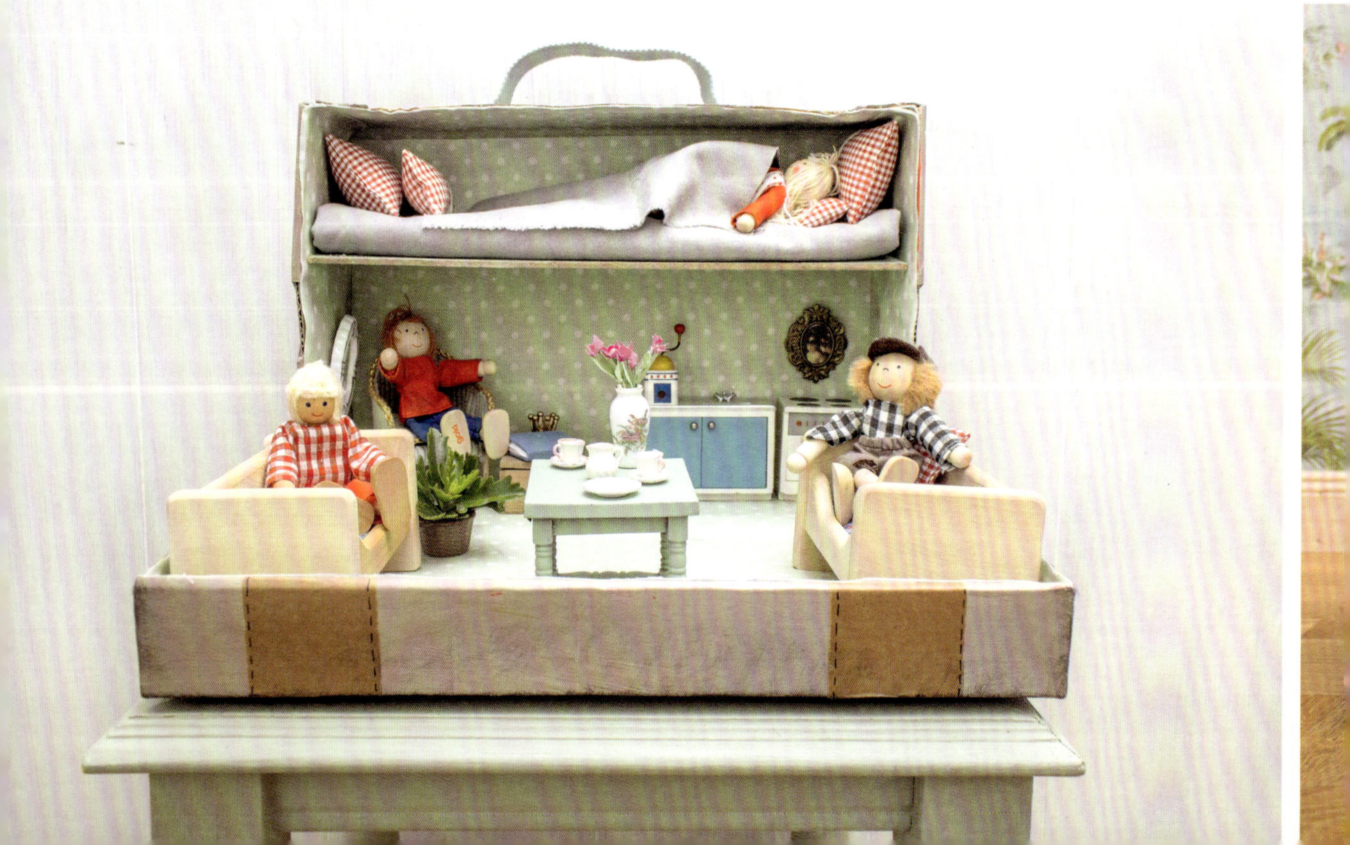

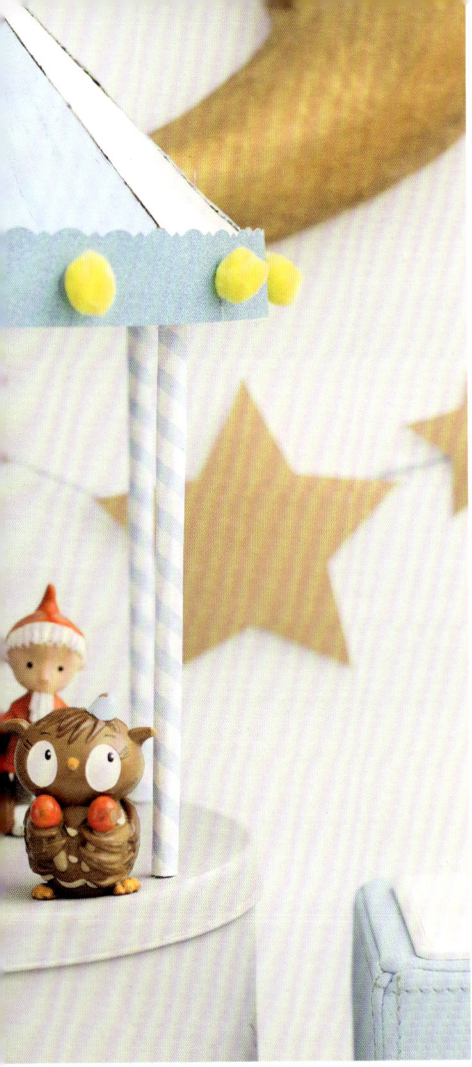
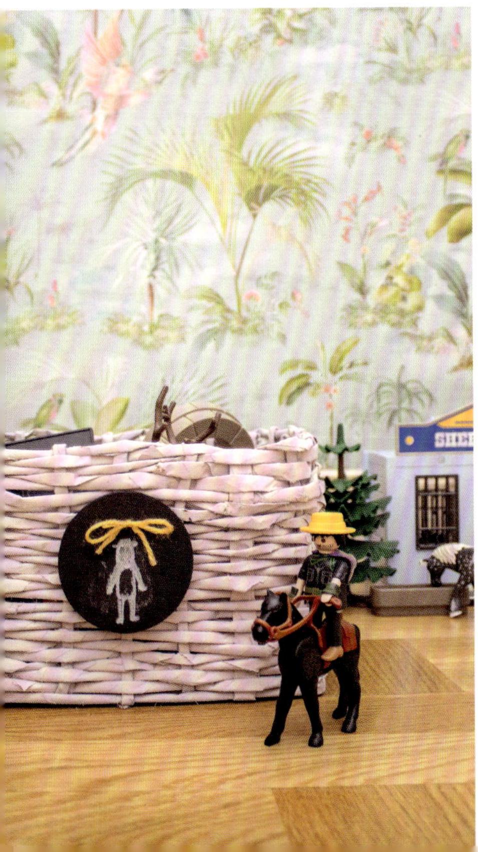

Aufbewahren, ordnen und planen

Rollender Helfer

Eine große Kiste, um Bausteine, Kuscheltiere und andere Spielzeuge zu verstauen, darf in keinem Kinderzimmer fehlen. Dieses Exemplar rollt gerne auch mal durch die Gegend, um Platz auf dem Teppich zu machen oder ein verloren gegangenes Spielzeug aus dem Wohnzimmer einzusammeln.

MATERIAL

Holzlatte, Holzbrett, Handkreissäge,
Bohrer, Schrauben, Schraubenzieher,
4 Sperrholzplatten (Dicke: mindestens 5 mm),
4 Holzräder mit Gummireifen, Möbelfarbe,
Pinsel, Schablone, Sprühfarbe,
4 Maschinenschrauben, 4 passende Hutmuttern,
passende Unterlegscheiben
Optional: Seil

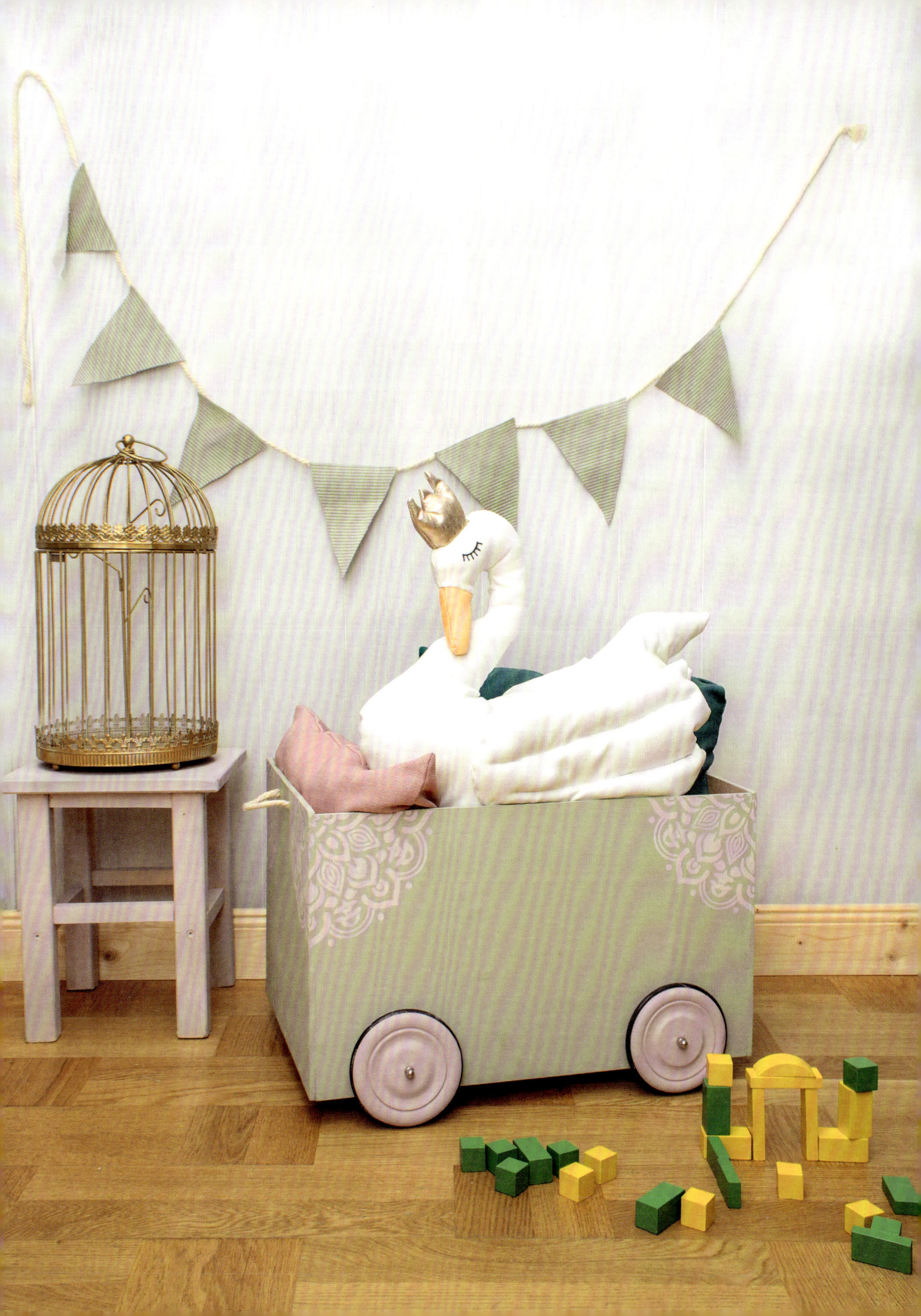

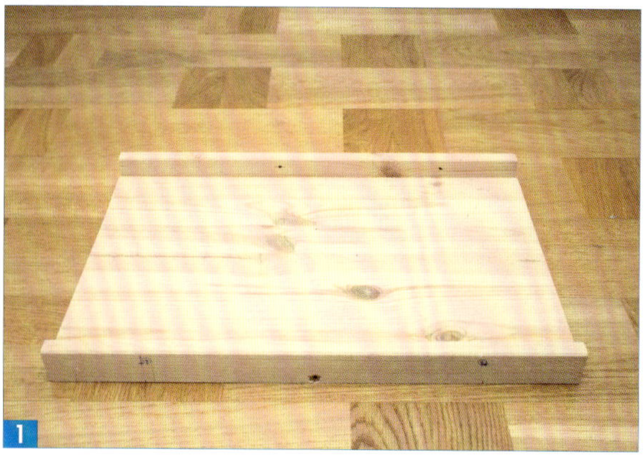

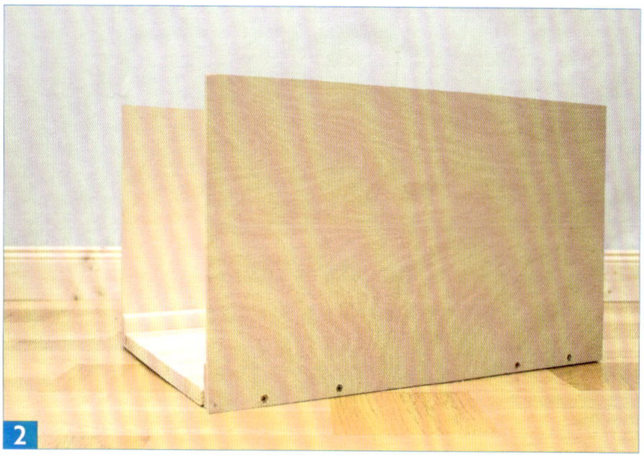

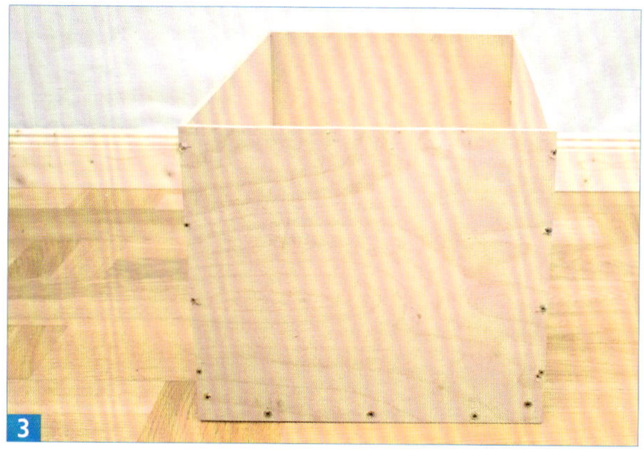

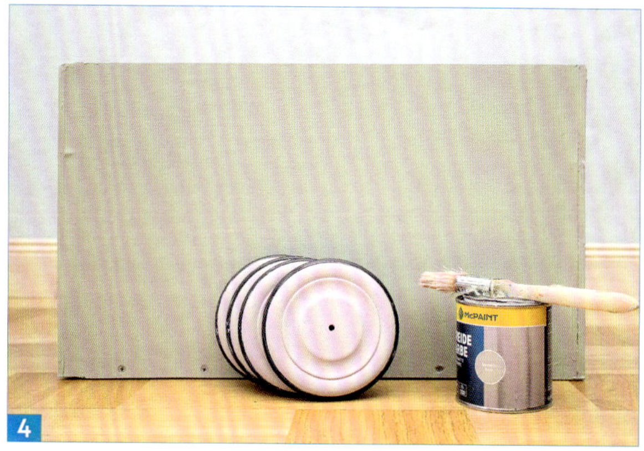

1 Für den Boden der Kiste zwei Stücke von der Holzlatte zurechtsägen und mit jeweils einer Schraube an den Seiten des Holzbrettes befestigen.

2 Für die Seitenwände zwei Sperrholzplatten mit je vier Schrauben anschrauben. Dabei darauf achten, dass die Schrauben so platziert sind, dass sie später von den Holzrädern verdeckt werden.

3 Die Vorder- und Rückseite ergänzen: am Boden mit größeren Schrauben befestigen, rechts und links mit sehr kleinen, damit das Sperrholz nicht splittert.

4 Die Spielzeugkiste und die Räder in zwei unterschiedlichen Farben anmalen. Bei den Rädern zum Anstreichen gegebenenfalls die Gummireifen abnehmen, damit sie keine Farbe abbekommen.

5

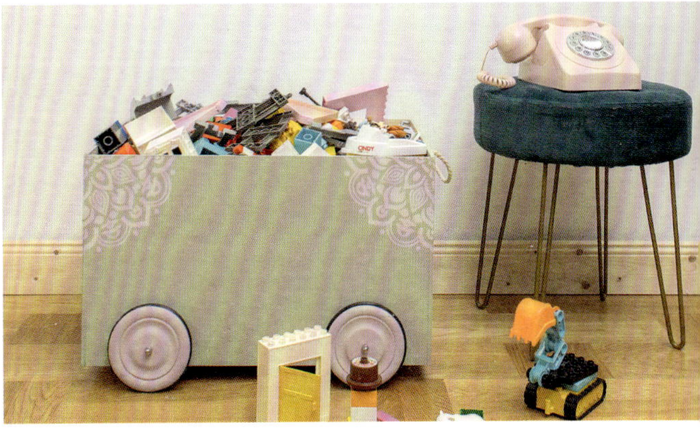

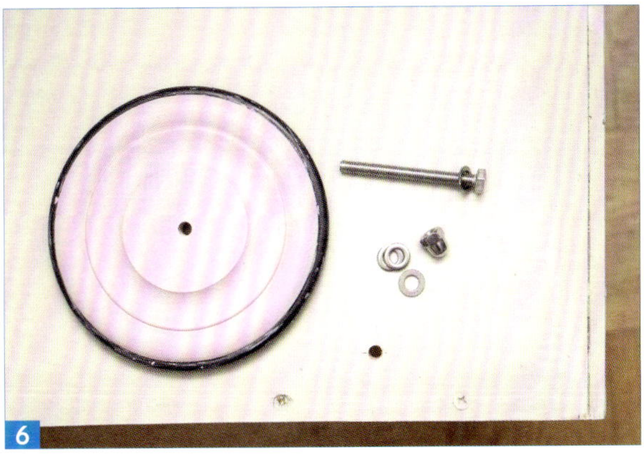

6

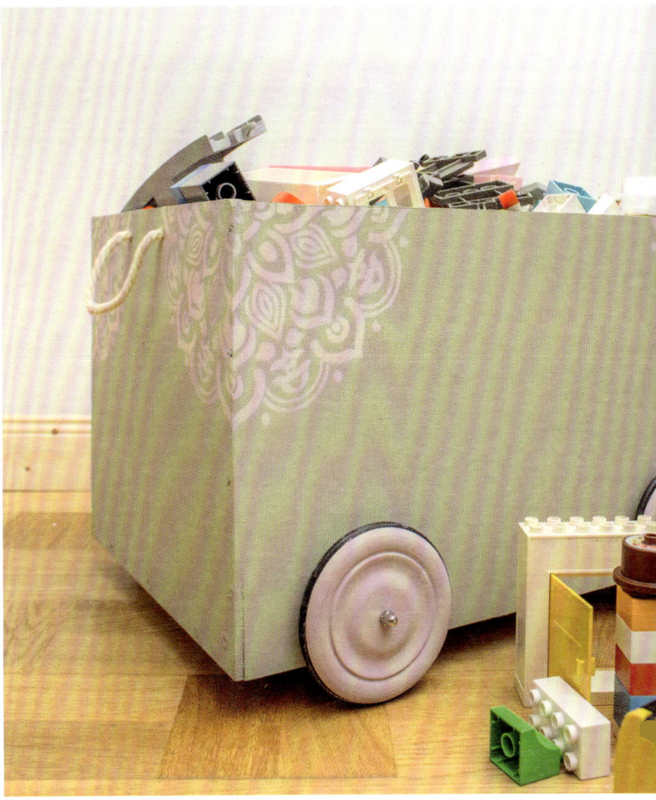

5 Die Schablone auflegen und das Muster mit Sprühfarbe auf die Kiste sprühen.

6 Für die Räder vier Löcher in die Kiste bohren. Vom Inneren der Kiste jeweils eine Maschinenschraube eindrehen, außen das Rad und die Hutmutter daraufsetzen. Falls das Rad dann lose sitzt, beim Zusammenschrauben einige Unterlegscheiben zwischen Schraubenkopf und Kistenwand setzen. Wer will, kann an den Seiten der Kiste noch Seilgriffe anbringen.

Alle Tage im Blick

Kita, Turnen oder der Großelternbesuch: Auf dem Planer sehen Kinder, was sie am heutigen Tag und in der restlichen Woche alles erwartet. Die magnetischen Marker für die einzelnen Aktivitäten lassen sich immer wieder neu anordnen – so bekommen Kinder ab etwa vier Jahren spielerisch ein Gefühl für Zeit.

MATERIAL

Bilderrahmen, Bohrer, Schnur, Drucker, Eisenfolie, Schere, kleine Holzscheiben, Flüssigkleber, Glanzlack, Pinsel, starke Scheibenmagnete, Multikleber

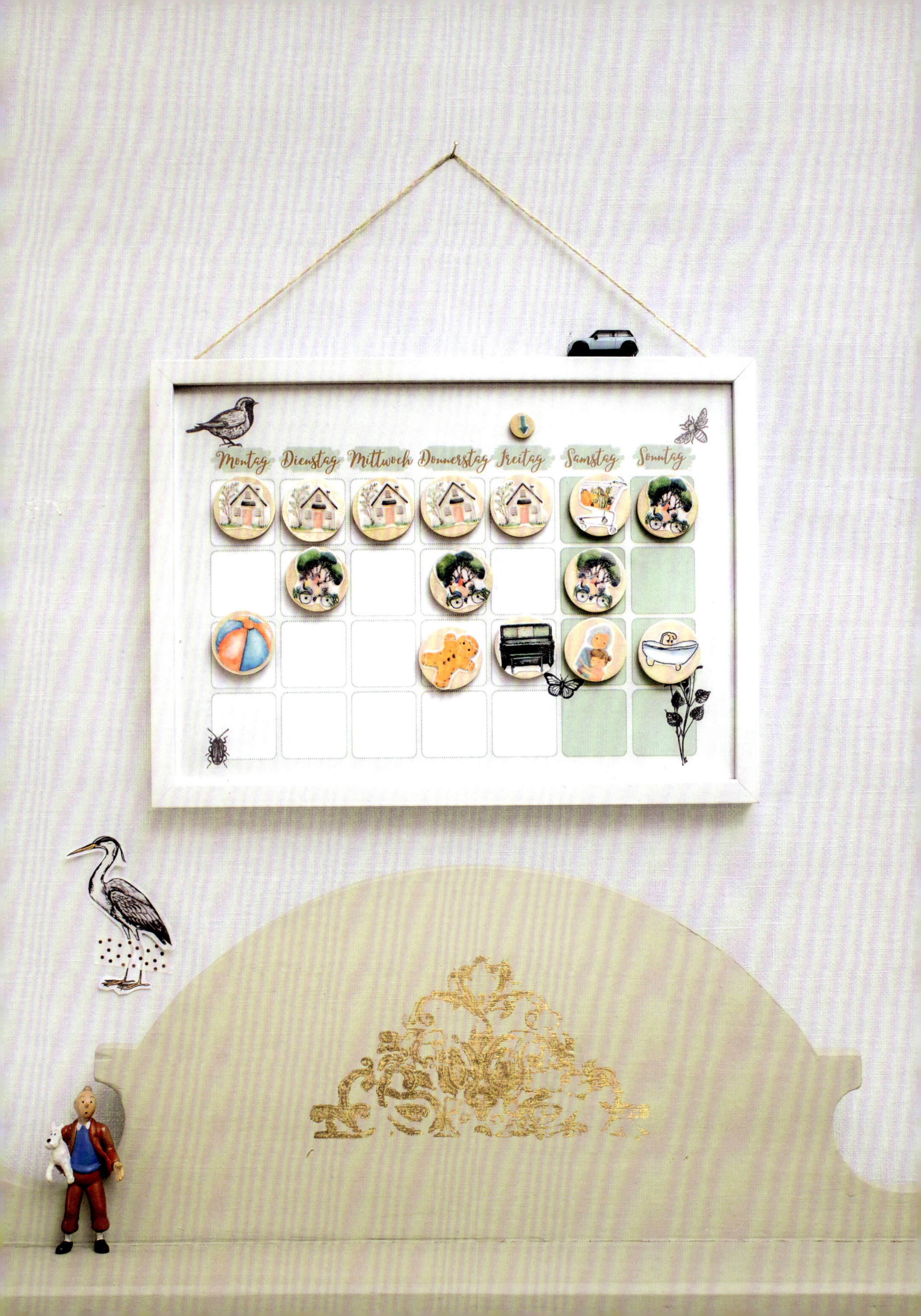
Montag
Dienstag
Mittwoch
Donnerstag
Freitag
Samstag
Sonntag

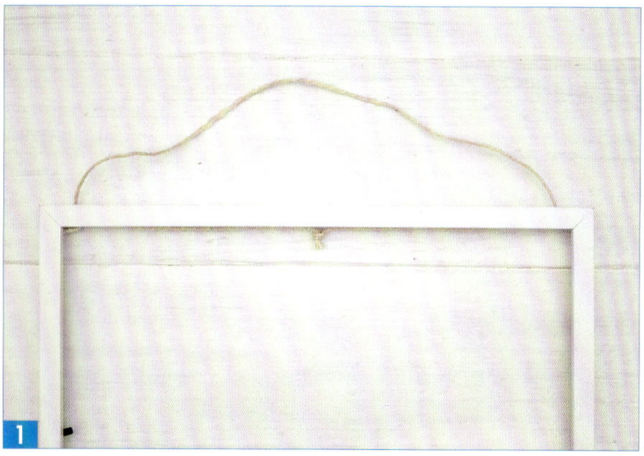

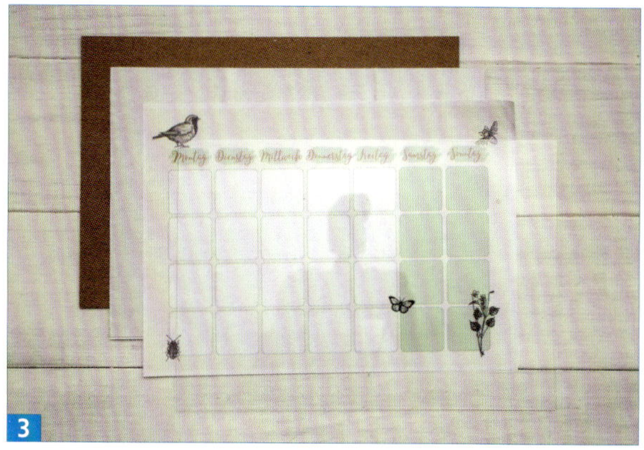

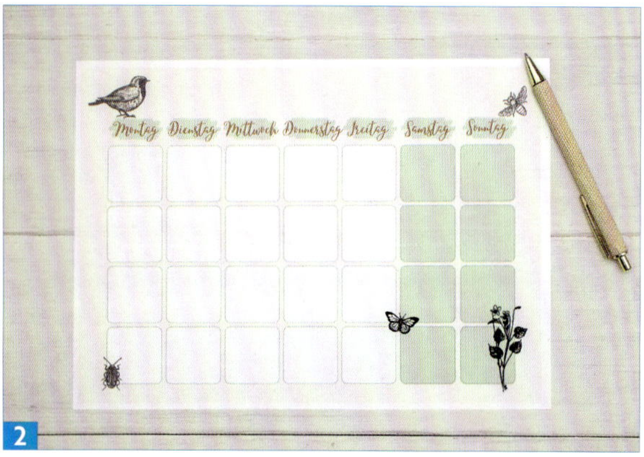

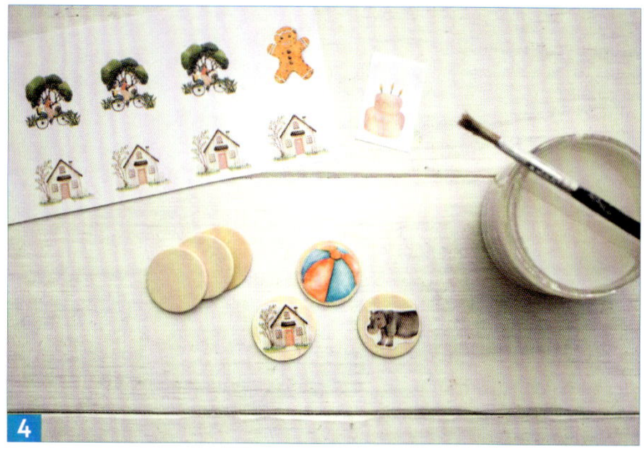

1 Rückwand und Glas aus dem Bilderrahmen nehmen und oben zwei Löcher in das Holz bohren. Eine Schnur als Aufhängung befestigen.

2 Mit einem Grafikprogramm (z.B. Canva) einen Wochenplan erstellen und diesen ausdrucken.

3 Den Rahmen wie folgt zusammensetzen: Zunächst kommt das Glas, dann der Wochenplan, die Eisenfolie und zuletzt die Rahmenrückwand.

4 Mit dem Grafikprogramm Symbolbilder für die verschiedenen Aktivitäten in der Woche erstellen, etwa ein Haus für den Kindergarten, einen Baum für einen Spaziergang, einen Ball für die wöchentliche Turnstunde oder ein Klavier für die Musikschule. Die Symbolbilder ausdrucken, ausschneiden und auf die Holzplättchen kleben. Mit transparentem Glanzlack überstreichen.

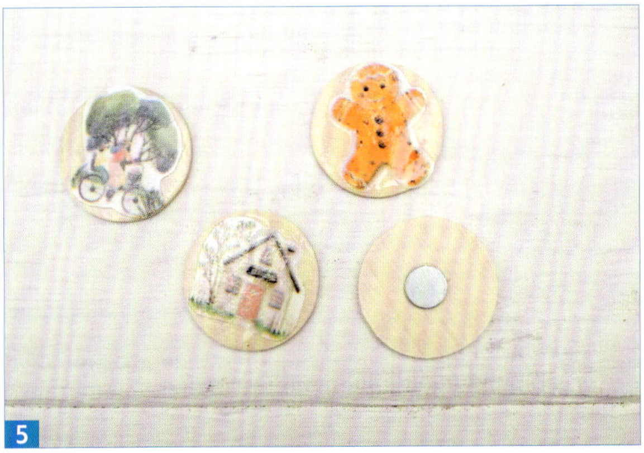

5

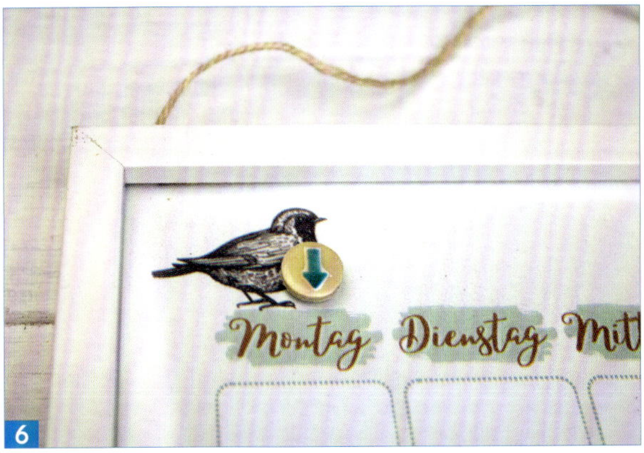

6

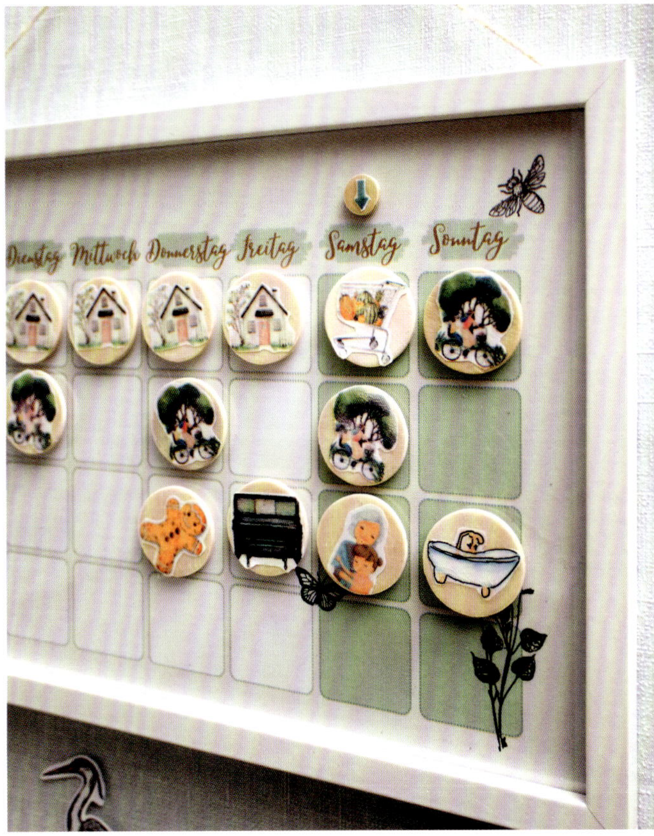

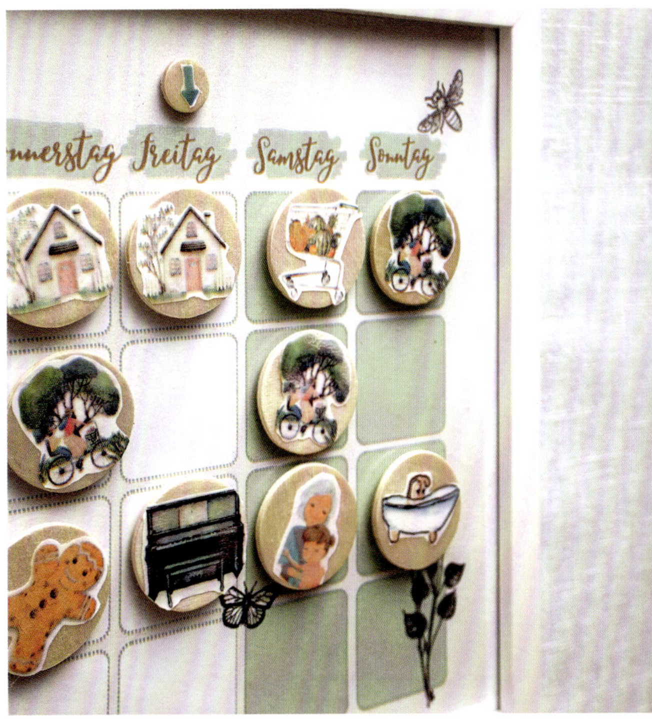

5 Auf der Rückseite jeder Holzscheibe einen Scheibenmagneten aufkleben.

6 Zuletzt eine kleinere Holzscheibe mit einem Pfeil gestalten, der beim Wochenplan den aktuellen Tag markiert.

Helfer für die Leseecke

Dieser starke Helfer ist gerne zur Stelle, um die Lieblingsbücher am Umkippen zu hindern. Er ist schnell gebaut und lässt sich auf vielfältige Weise entsprechend den eigenen Vorlieben gestalten.

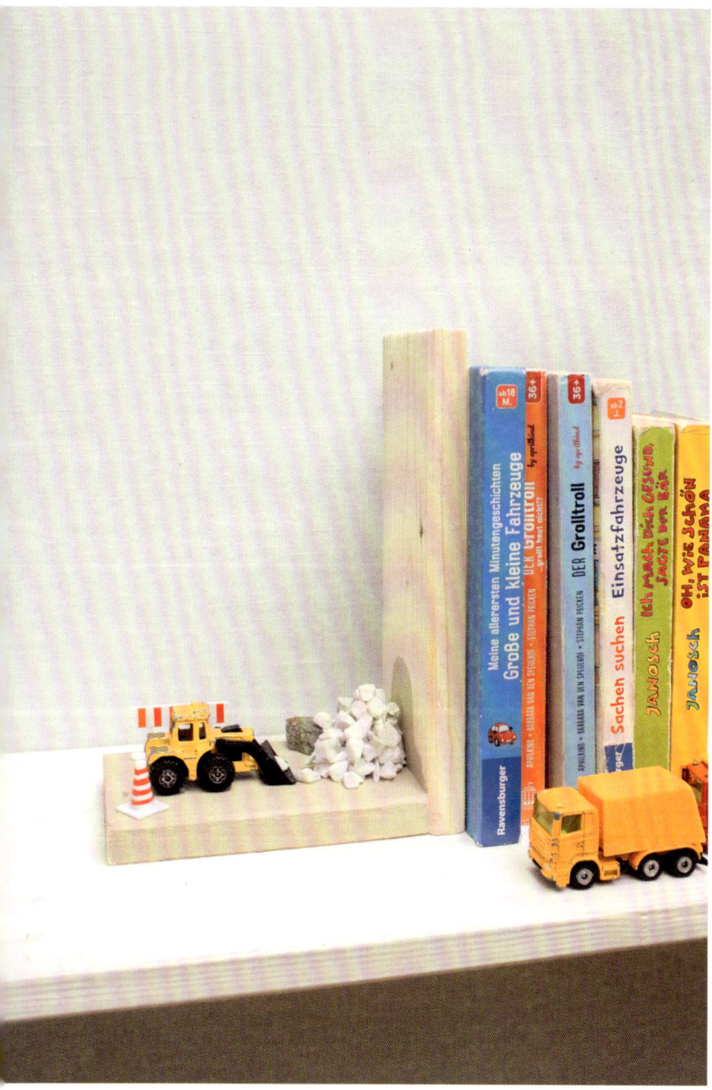

MATERIAL

Breite Holzlatte, Handkreissäge, Bohrer, Schrauben, Schraubenzieher, Acrylfarbe, Pinsel, Heißkleber, kleine Spielzeuge

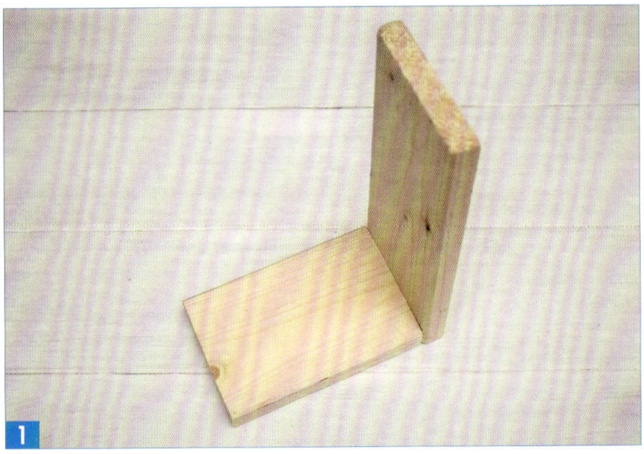

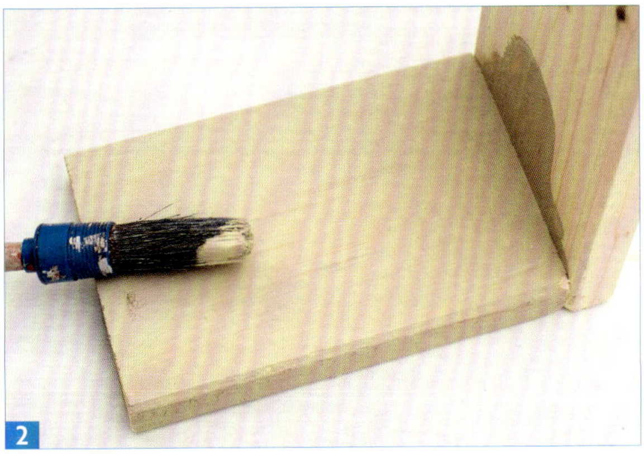

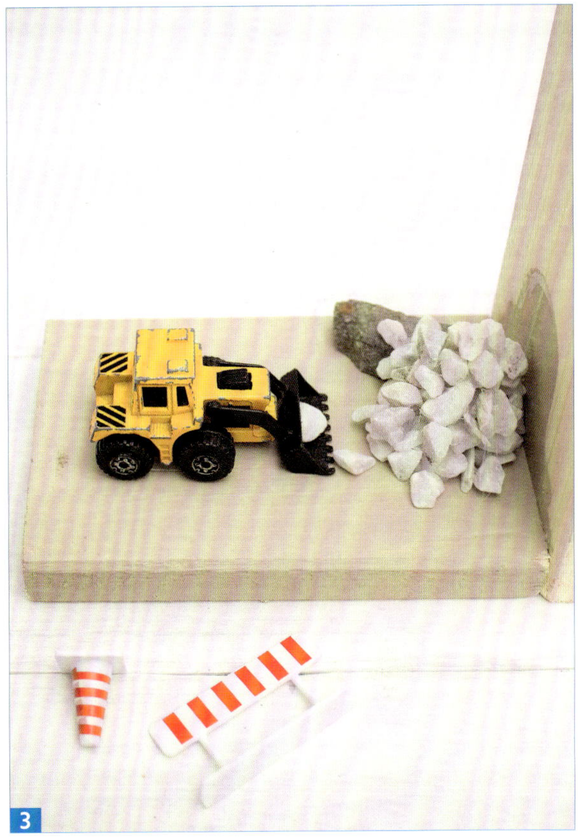

1 Zwei Lattenstücke zurechtsägen und im rechten Winkel aneinanderschrauben.

2 Die Fläche, auf der später die Miniaturen stehen sollen, mit Acrylfarbe anmalen.

3 Mit Heißkleber das gewünschte Motiv aufkleben: etwa wie hier beim Motto „Baustelle" einen Spielzeugbagger, Steine, eine Absperrung und ein Verkehrshütchen.

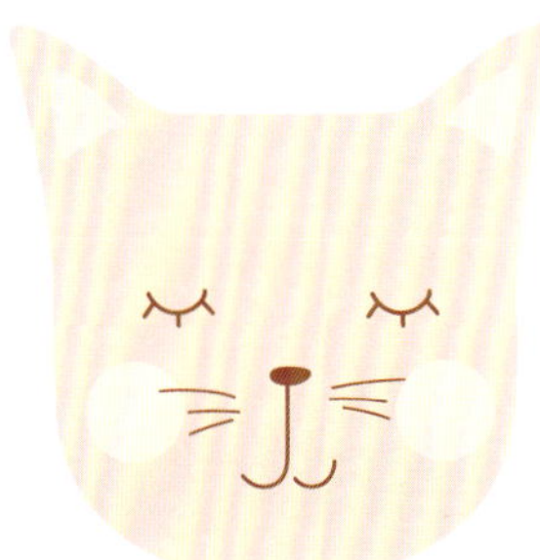

Körbchen, wechsle dich!

Mal bewahrt er Spielfiguren und Tiere auf, mal Autos oder Kuscheltiere: Der Korb kann immer wieder neu genutzt und entsprechend gekennzeichnet werden. Auch in Sachen Nachhaltigkeit kann er sich sehen lassen – denn er besteht aus alten Zeitungen.

MATERIAL

Zeitungen, Holzspieß, Heißkleber, Pappe, Schere, Sprühfarbe, Holzschild, Tafelfarbe, Schnur

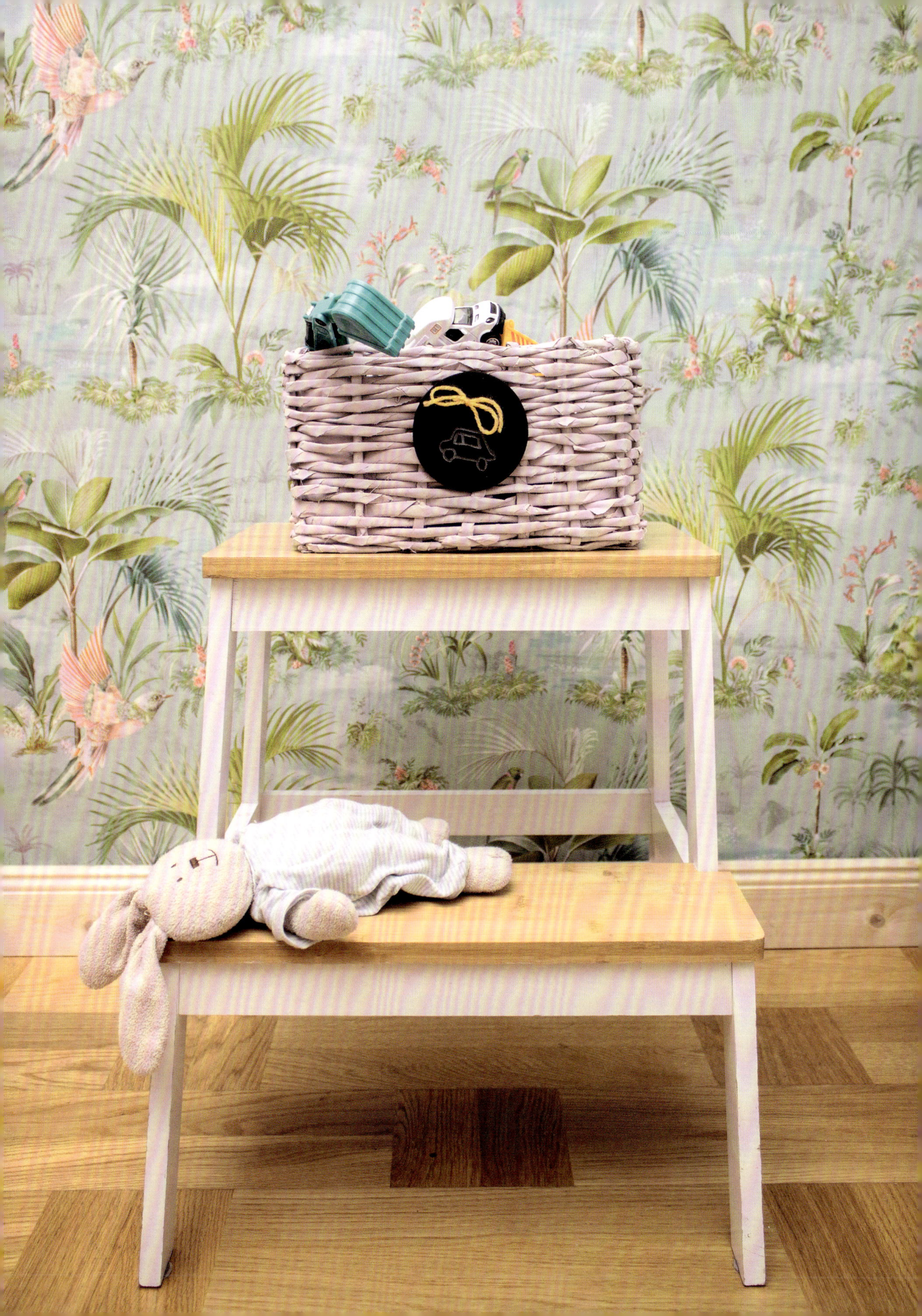

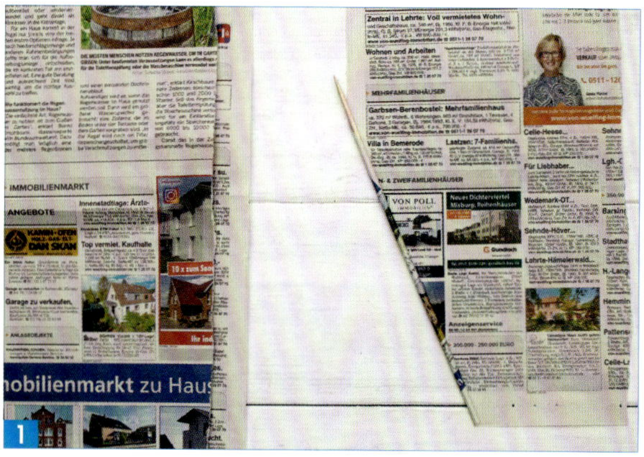

1

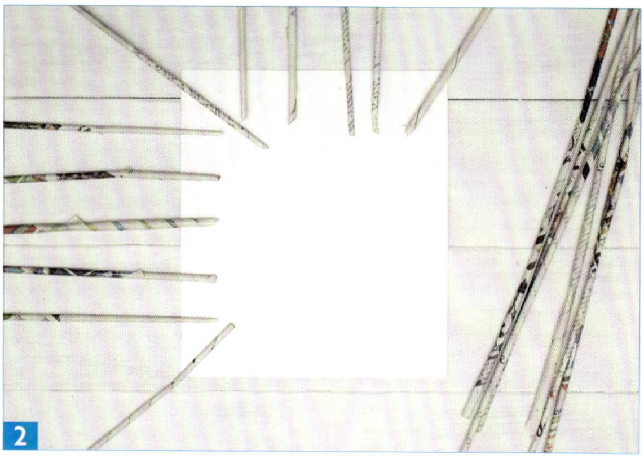
2

1 Jede Zeitungsseite einmal längs durchreißen. Einen Streifen nehmen und den Holzspieß schräg auf die Ecke legen, dann von dort aus eng aufrollen und dabei den Holzspieß immer weiter herausziehen, bis der Zeitungspapierstreifen fertig gerollt ist. Das Ende mit Heißkleber fixieren.

2 Ein Rechteck aus Pappe zuschneiden und rundum Zeitungsrollen aufkleben. Achtung: Damit das Ganze funktioniert, braucht es hier eine ungerade Anzahl von Rollen.

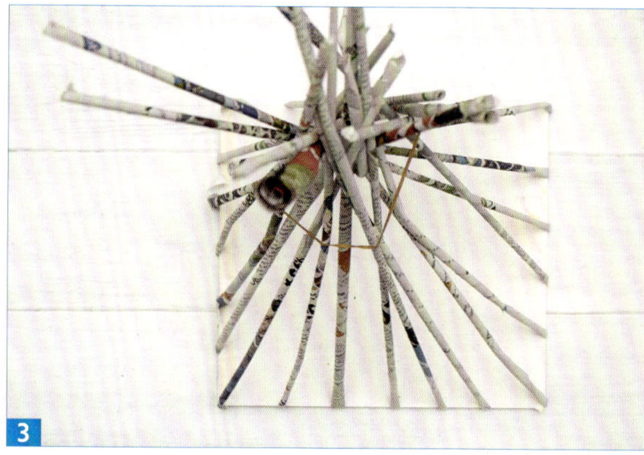
3

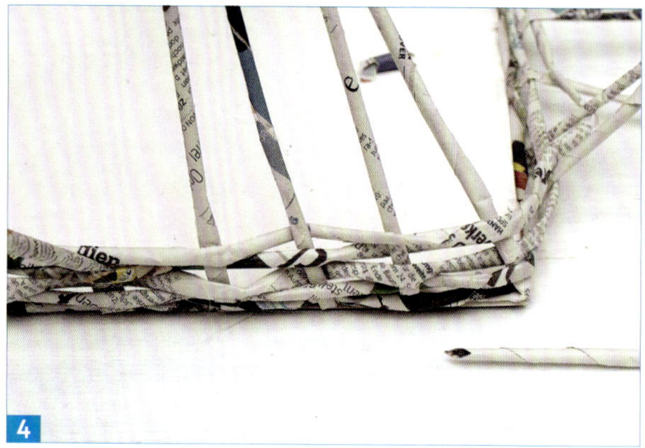
4

3 Ein zweites Papprechteck auf das erste kleben. Für die ersten „Runden" die Rollen oben zusammenbinden, dann mit dem Weben beginnen: Eine Zeitungsrolle von hinten an eine der senkrechten Rollen kleben, dann die Zeitungsrolle abwechselnd vor und hinter den senkrechten Rollen entlangführen.

4 Auf diese Weise die Zeitungsrollen rundum in die senkrechten Zeitungsrollen einweben. Um eine bereits verwebte Rolle mit der nächsten zu verbinden, beide Enden schräg abschneiden, auf eins etwas Heißkleber auftragen und dann ins zweite Ende hineinschieben. So weitermachen, bis der Korb die gewünschte Höhe hat.

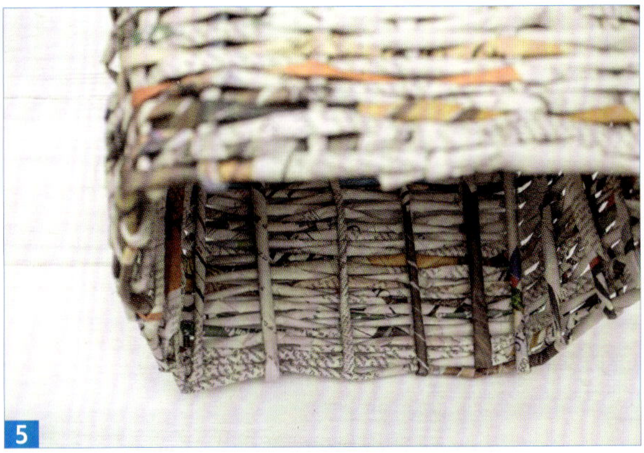

5

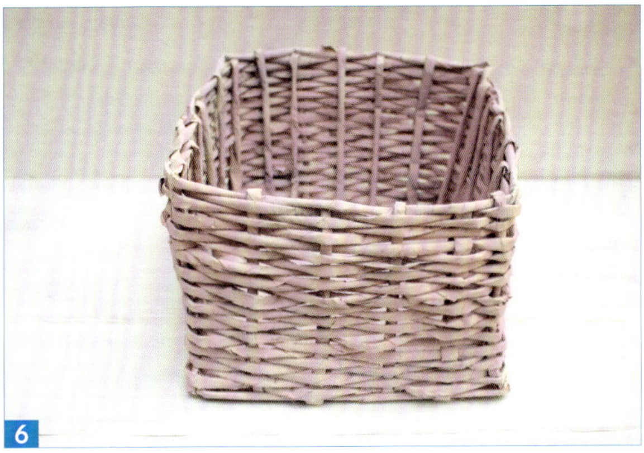

6

5 Die nach oben stehenden Zeitungspapierrollen ins Innere des Korbs knicken und festkleben.

6 Den Korb mit Sprühfarbe ansprühen und durchtrocknen lassen.

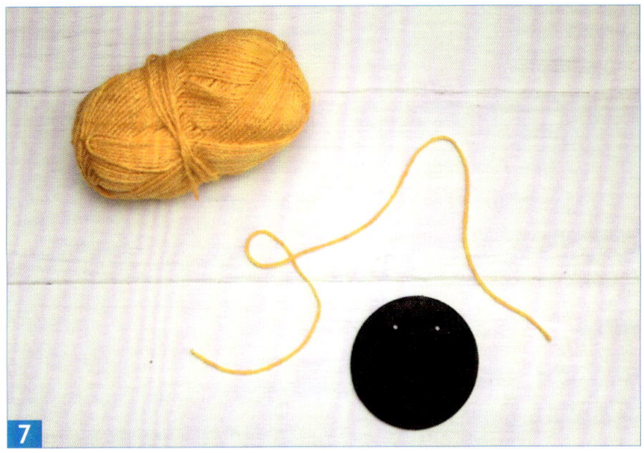

7

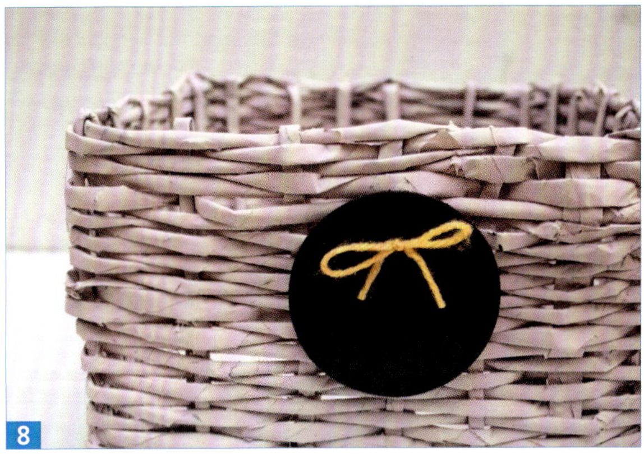

8

7 Ein Holzschild mit Tafelfarbe bemalen.

8 Das Schild mit Schnur am Korb befestigen. Jetzt kann es, je nach Inhalt des Korbs, mit einem Kreidestift immer wieder neu beschriftet werden.

Fröhlicher Gehilfe

Ihn zu nähen, erfordert viel Geduld und Zeit. Doch es lohnt sich: Denn der robuste Seilkorb erweist sich schnell als unersetzlich, wenn es darum geht, kleinteilige Spielzeuge hübsch und platzsparend zu verstauen.

MATERIAL

Baumwollseil (Durchmesser 5–6 mm), Stecknadeln, Nähmaschine, Textilkleber, Pompomborte

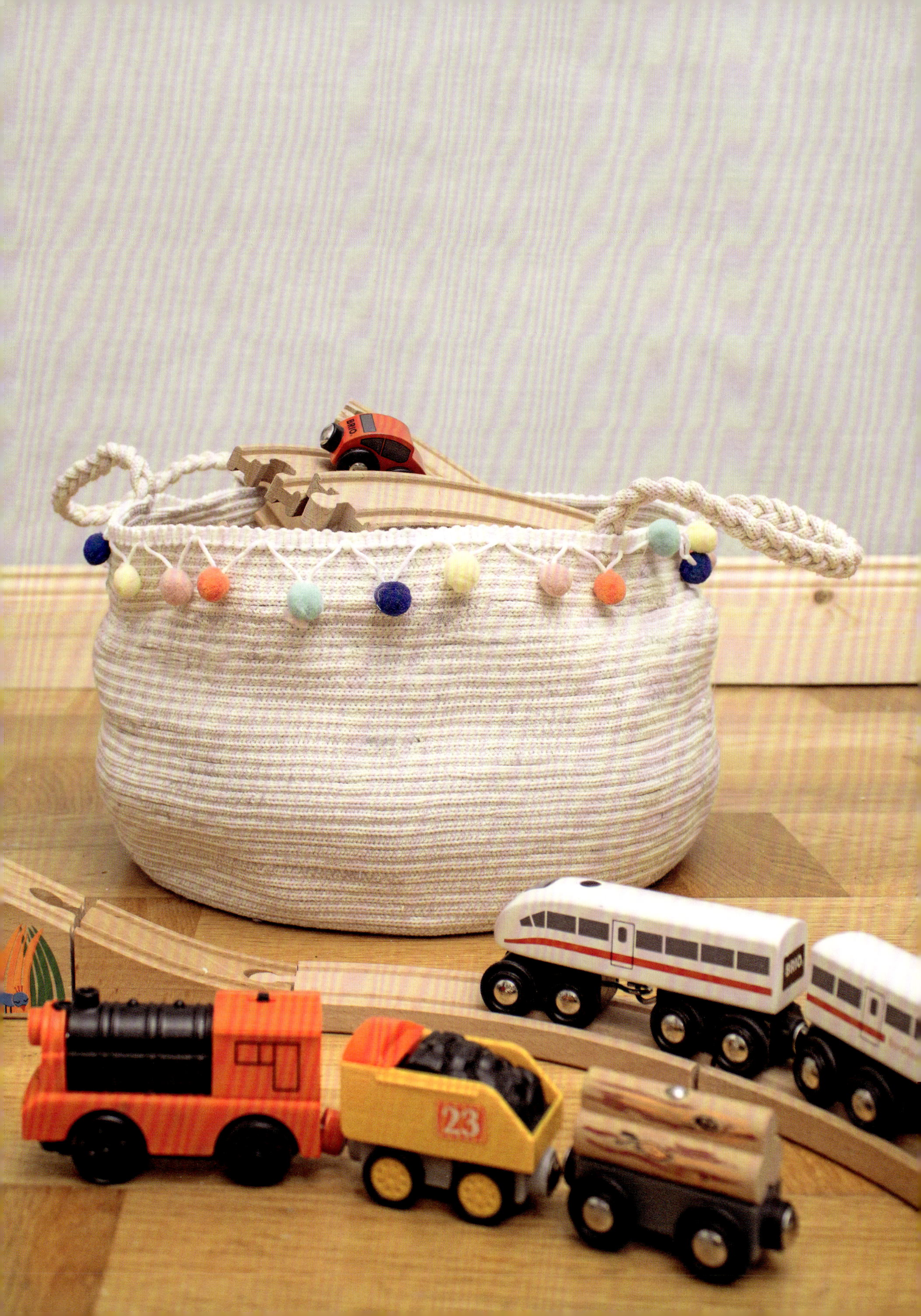
23

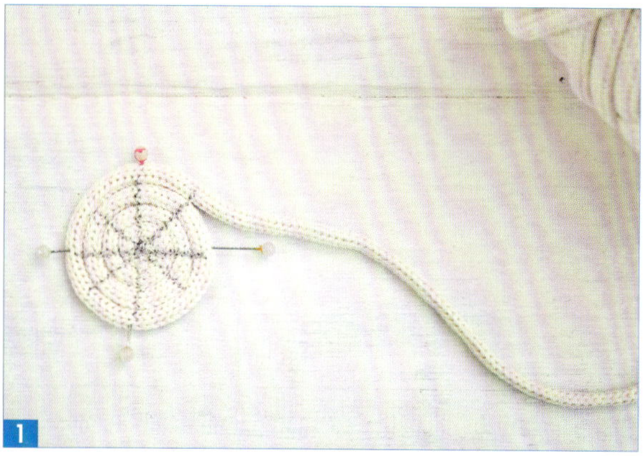

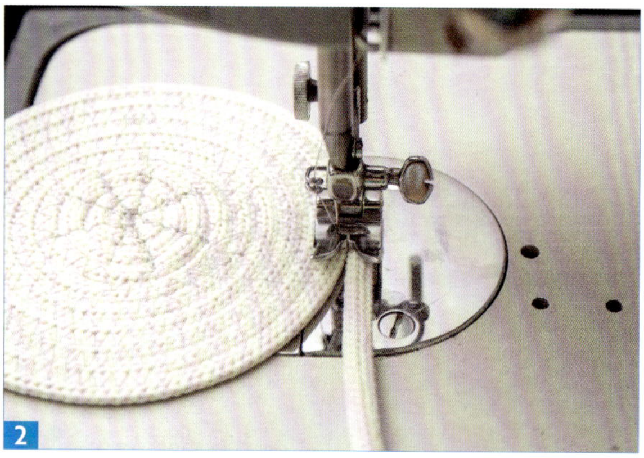

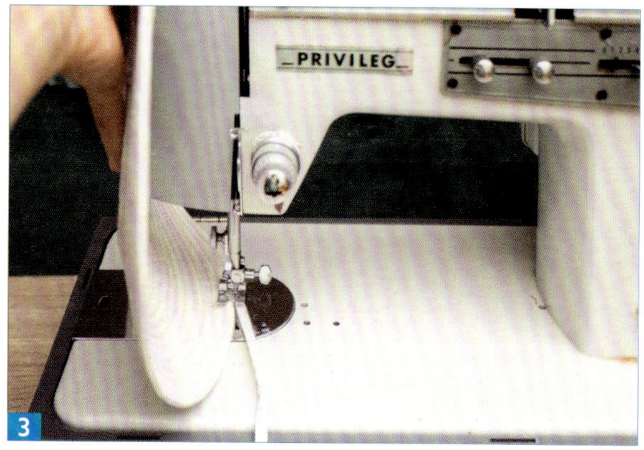

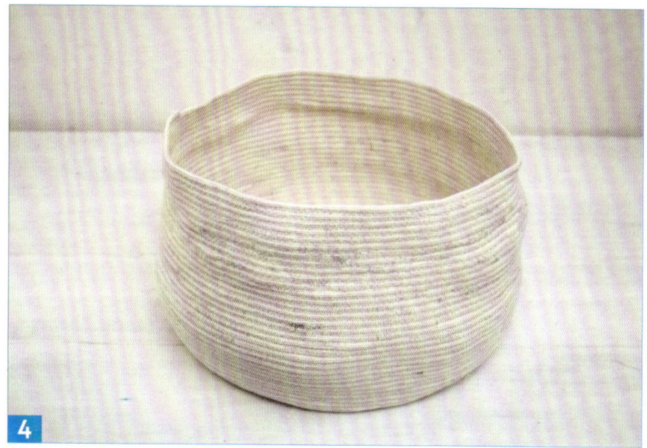

1 Den Anfang des Seils zu einer flachen Spirale legen und mit Stecknadeln fixieren. Um das Ganze zu fixieren, mehrmals von einer Seite der Spirale zur anderen nähen, sodass ein sternförmiges Muster entsteht.

2 Die Spirale Stück für Stück erweitern: diese dafür flach hinlegen und das lose Seil mit einem Zickzackstich annähen, dabei die Spirale immer wieder drehen, sodass sie immer größer wird. Damit der Boden später schön gleichmäßig wird, darauf achten, dass er komplett flach auf der Nähmaschine liegt.

3 Hat der Kreis für den Korbboden die gewünschte Größe, geht es an die Wände des Korbs. Den Kreis senkrecht aufstellen und mit einer Hand festhalten, währenddessen immer weiter im Zickzackstich das offene Seilende annähen.

4 So fortfahren, bis der Korb die gewünschte Höhe hat.

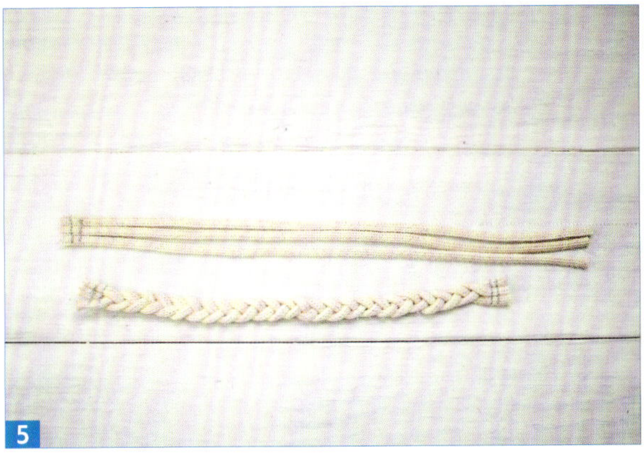

5

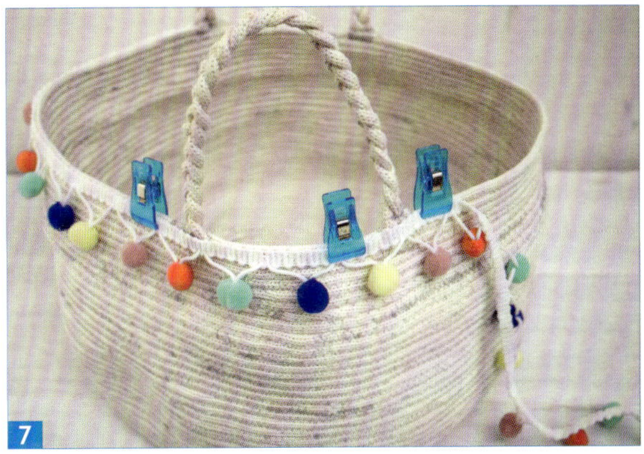

7

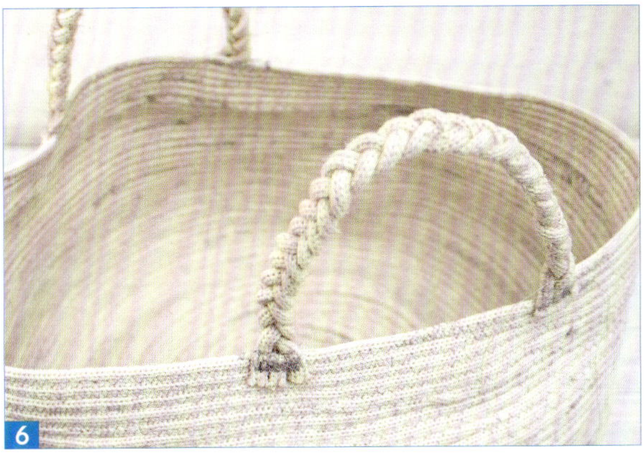

6

5 Für die Henkel drei Stücke Seil nebeneinanderlegen und an einer Seite zusammennähen. Die drei Stränge flechten und das andere Ende zusammennähen.

6 Die beiden Henkel am Korb annähen.

7 Um die Nähte der Henkel zu kaschieren, mit Textilkleber rundum eine Pompomborte aufkleben. Während dem Trocknen fixieren, damit die Borte nicht verrutscht.

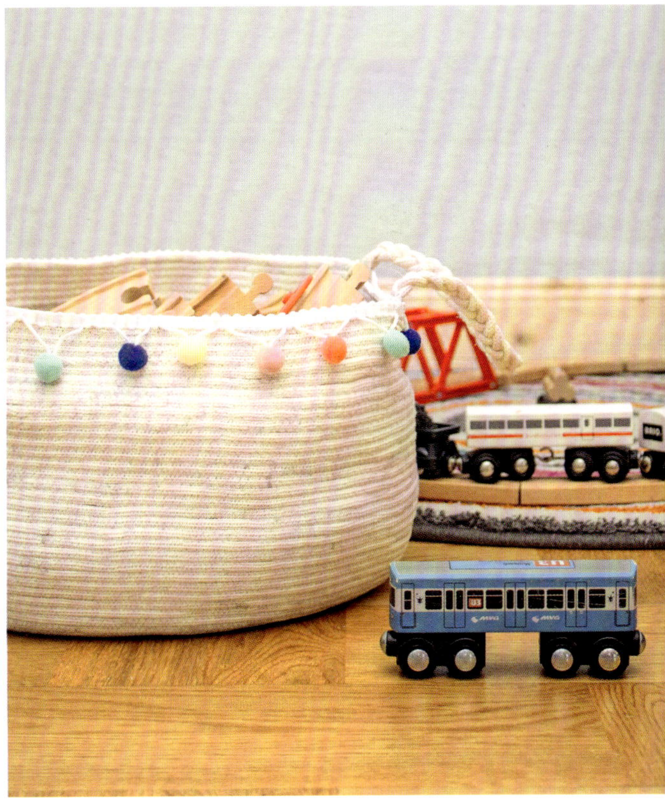

Tragbare Miniaturwelt

Von wegen, ein Schuhkarton gehört in den Müll! Hier verwandelt er sich flugs in einen Spielkoffer, der sich immer wieder neu nutzen lässt: So wohnt vielleicht zunächst eine Puppenfamilie darin, ehe Bauernhoftiere einziehen oder eine Lok mit ihren Waggons hier einen Bahnhof findet.

MATERIAL

Schuhkarton, Acrylfarbe, Pinsel, Papierklebeband, Gurtband, Heißkleber, schwarzer Lackmarker, Stoff oder Wachstuch, Schwamm, MDF-Platte, Säge, Sprühfarbe

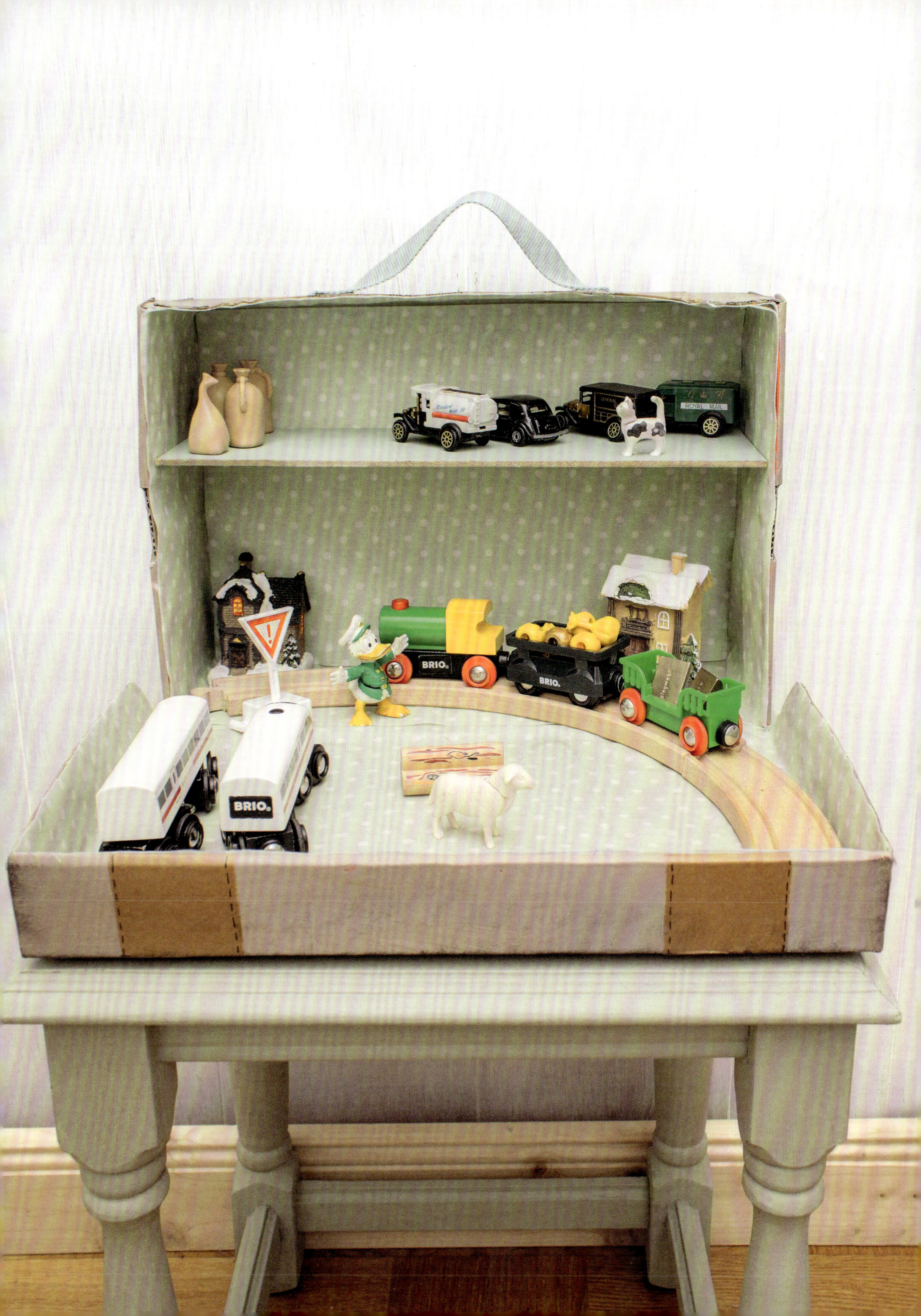
BRIO.
BRIO.
BRIO.
ROYAL MAIL

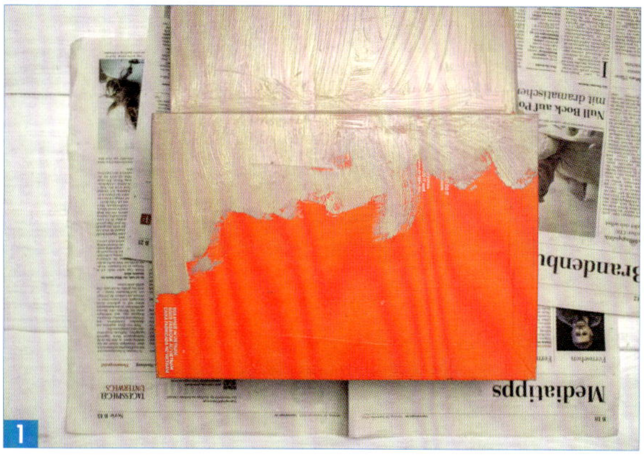

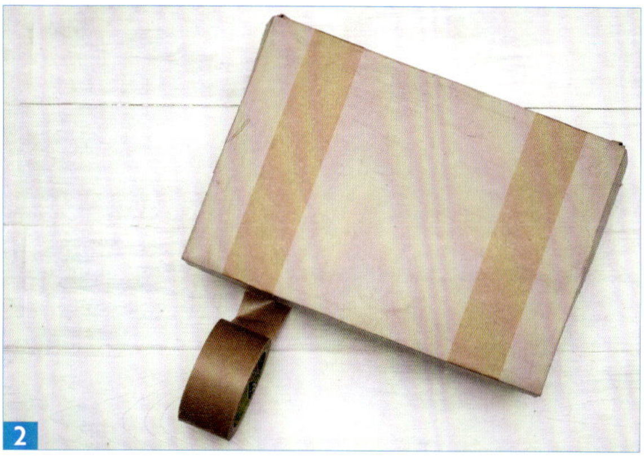

1 Den Schuhkarton außen mit Acrylfarbe anmalen.

2 Mit Papierklebeband zwei Streifen auf den Karton kleben.

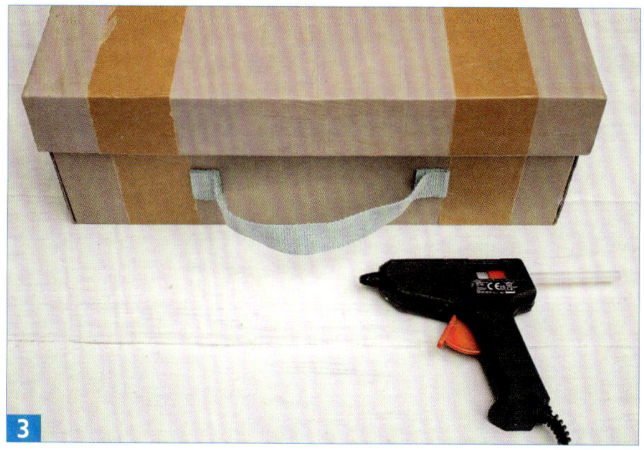

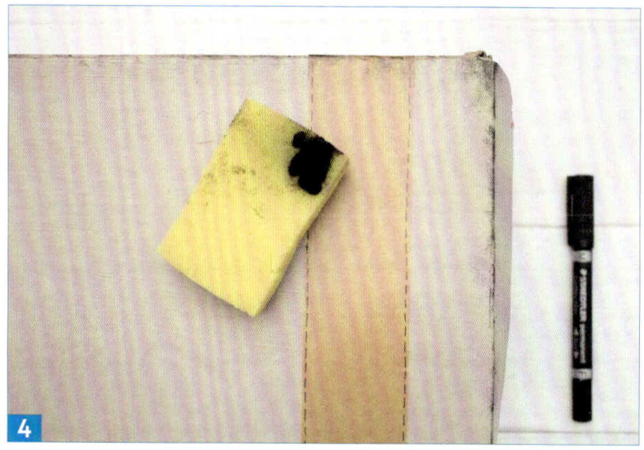

3 Als Tragegriff ein Stück Gurtband mit Heißkleber befestigen.

4 Etwas schwarze Acrylfarbe auf einen Schwamm geben und damit die Kanten des Koffers betupfen. Auf die Papierklebeband-Streifen mit Lackmarker kleine Striche aufmalen, sodass die Streifen aussehen wie die aufgenähten Lederriemen eines alten Koffers.

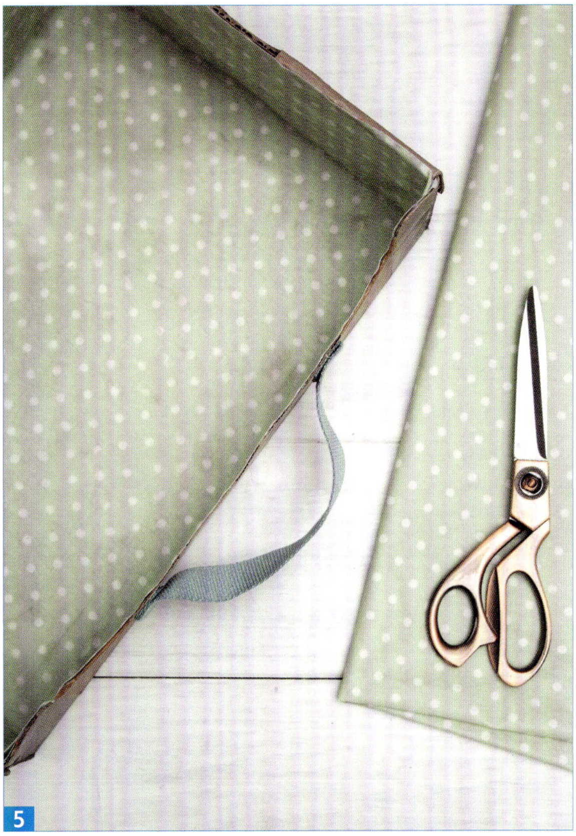

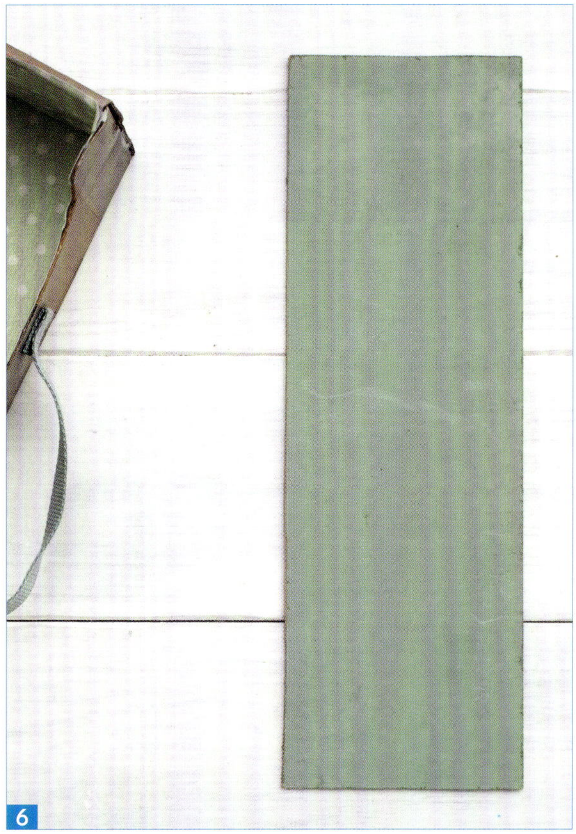

5 Das Innere des Koffers mit Stoff oder Wachstuch bekleben.

6 Ein Rechteck aus MDF zurechtsägen und mit Sprühfarbe ansprühen. Das Rechteck dient später als Einlegeboden für den Spielkoffer.

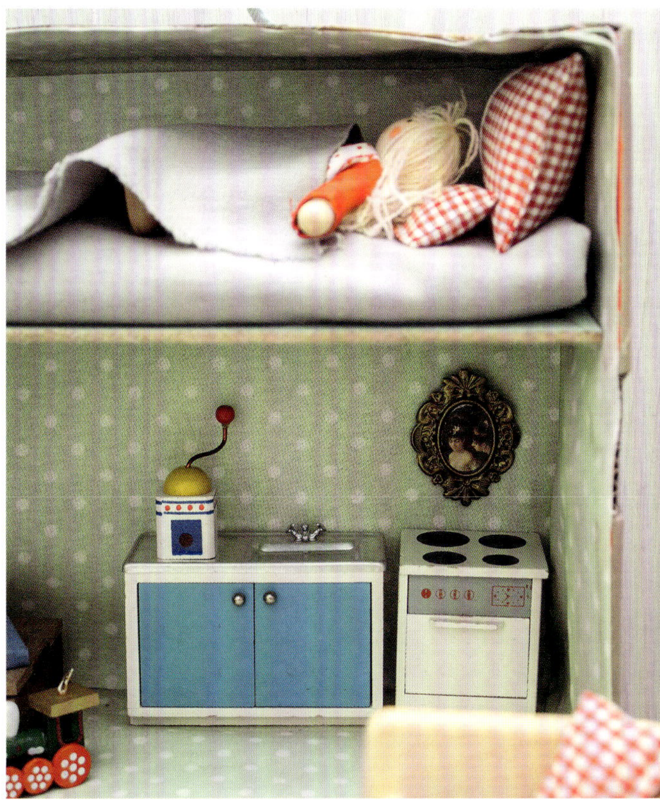

Los geht die Fahrt!

Mittlerweile ist die Musikbox mit den magnetischen Figuren aus kaum einem Kinderzimmer mehr wegzudenken. Um die Tonie-Figuren beisammenzuhalten, eignet sich dieses Karussell aus einer leer gefutterten Keksdose, auf dem Benjamin Blümchen, der kleine König und ihre Freunde gerne eine Runde drehen.

MATERIAL

Runde Keksdose, Bohrer, Kreidefarbe, Pinsel, Sperrholzplatte (Dicke: 3 mm), Stichsäge, Maschinenschraube, Hutmutter, passende Unterlegscheiben, Holzspieße, Strohhalme (aus Papier), Heißkleber, Karton, Cuttermesser, Metermaß, Acrylfarbe, festes Glitzerpapier, Konturenschere, Pompoms

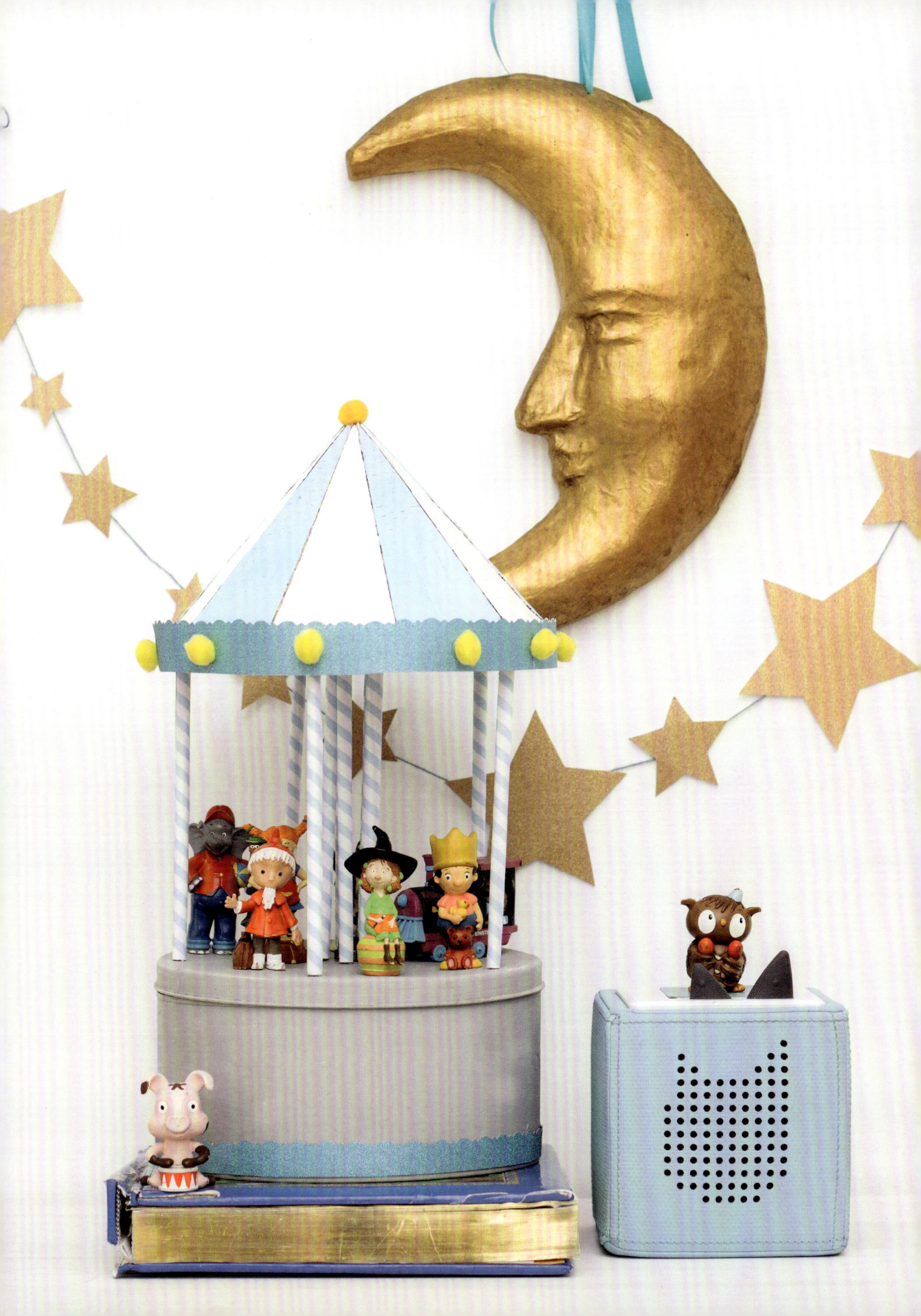

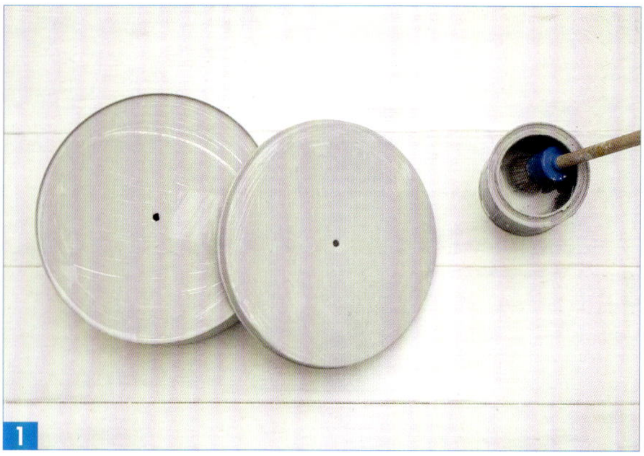

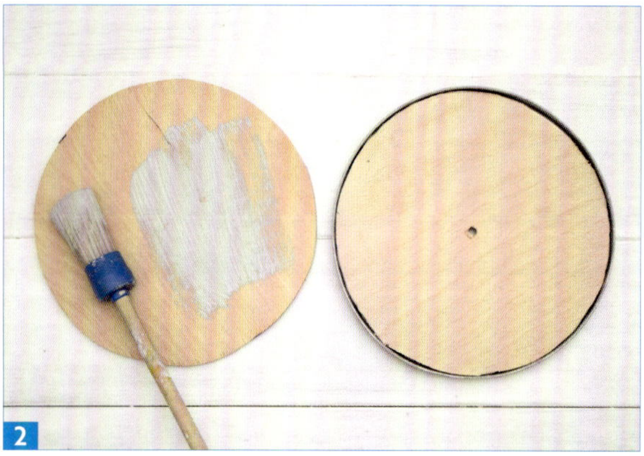

1 In beide Teile der Keksdose mittig ein Loch bohren. Die Dose und den Deckel von außen mit Kreidefarbe anmalen.

2 Mit der Stichsäge zwei Scheiben aus Sperrholz aussägen. Den Durchmesser dabei so wählen, dass die Scheiben in den Deckel der Dose hineinpassen. Eine der beiden Scheiben mit Kreidefarbe anmalen. Die andere in den Deckel legen und ein Loch in die Mitte bohren.

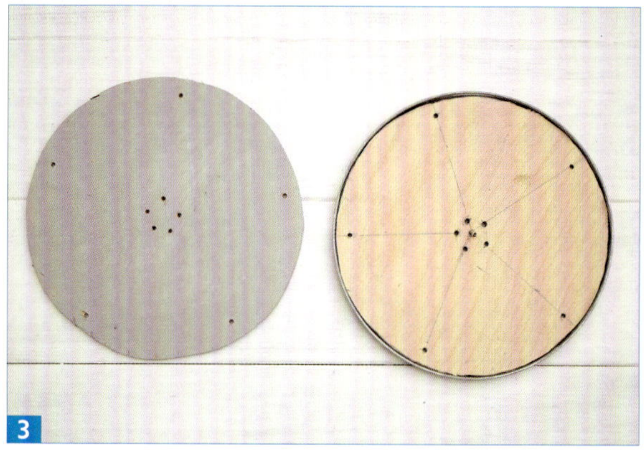

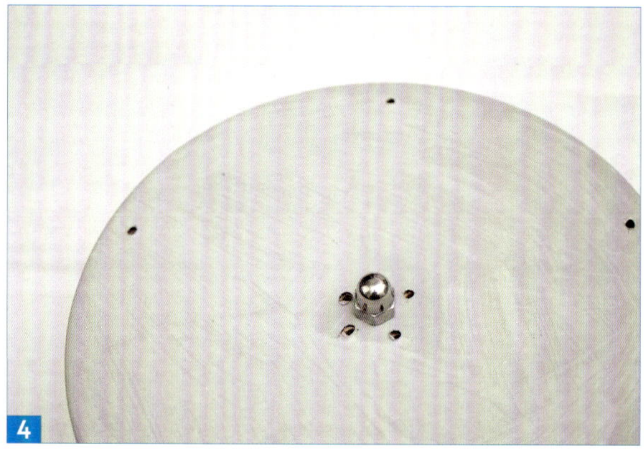

3 Direkt rund um das Loch und weiter außen auf der Scheibe jeweils fünf kleinere Löcher bohren – die Löcher sollten dabei sowohl durch das Holz als auch durch den Deckel gehen. Die angemalte Holzscheibe an denselben Stellen mit Löchern versehen, mit Ausnahme des großen Lochs in der Mitte.

4 Die Keksdose mit dem Boden nach oben hin drehen und den Deckel darauf festschrauben: dafür die Maschinenschraube vom Inneren der Dose nach oben führen, einige Unterlegscheiben aufstecken, den Dosendeckel aufstecken und die Hutmutter daraufschrauben.

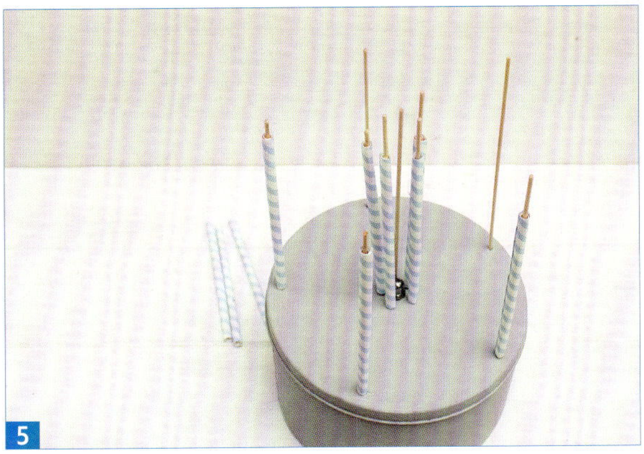

5

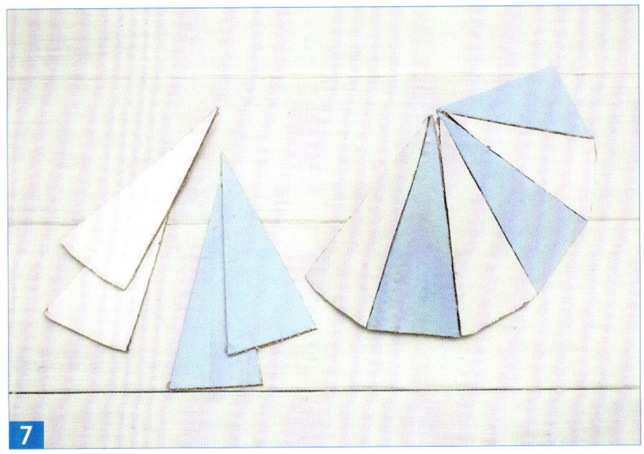

7

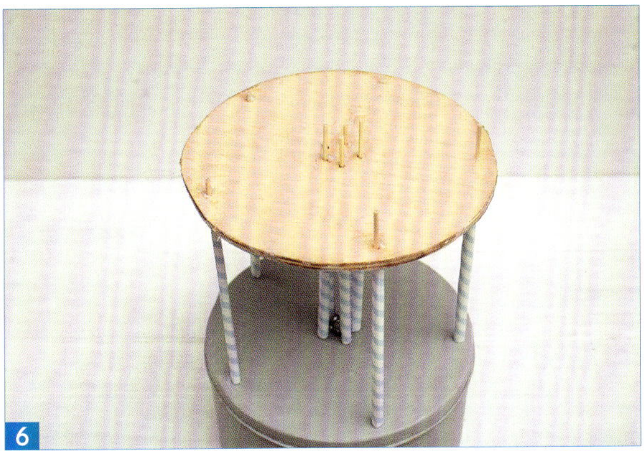

6

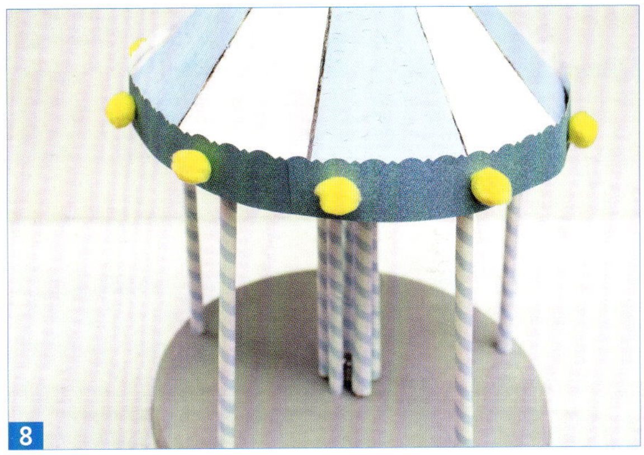

8

5 Die Spitzen der Holzspieße abschneiden. Die Holzspieße mit Heißkleber versehen und in die Löcher auf dem Dosendeckel stecken. Dabei darauf achten, sie nicht zu tief hineinzustecken, damit sich der Deckel weiterhin drehen lässt. Die Strohhalme über die Holzspieße schieben.

6 Die zweite Holzscheibe auf die Spieße setzen. Das funktioniert am besten, wenn manche Spieße etwas länger bleiben und andere kürzer sind – so lassen sie sich gut nacheinander in die Löcher stecken, ohne dass die Scheibe verrutscht. Stecken alle Spieße, diese von oben mit Heißkleber fixieren und etwas kürzen.

7 Aus Pappe, etwa von einem alten Versandkarton, zehn Dreiecke zuschneiden. Um die Breite der einzelnen Dreiecke zu ermitteln, den Umfang der Sperrholzscheibe ausmessen und durch zehn teilen. Fünf Dreiecke weiß, fünf in einer anderen Farbe anmalen. Abwechselnd mit Heißkleber aneinanderkleben, sodass sie ein spitzes Dach ergeben.

8 Das Dach mit Heißkleber befestigen. Mit einer Konturenschere einen Glitzerpapierstreifen ausschneiden und um das Karussell kleben. Zuletzt den Streifen und die Spitze des Karusselldaches mit Pompoms verzieren.

Hoch hinaus

Ist da etwa wieder jemand ein Stück größer geworden? Auf der Messlatte können Kinder schön beobachten, wie sie wachsen. Wer mag, kann die Fortschritte des Kinds mit einem Stift auf dem Stoff markieren und die Messlatte später zusammengerollt als Erinnerung aufbewahren.

MATERIAL

Stoff, Nähmaschine, doppelseitiges Bügelvlies, Bügeleisen, breites Leinenband, Textilmarker, Maßband oder Metermaß, Rundstab, Laubsäge, Bohrer, Schnur, Schere, Stoffreste, Holzklammer

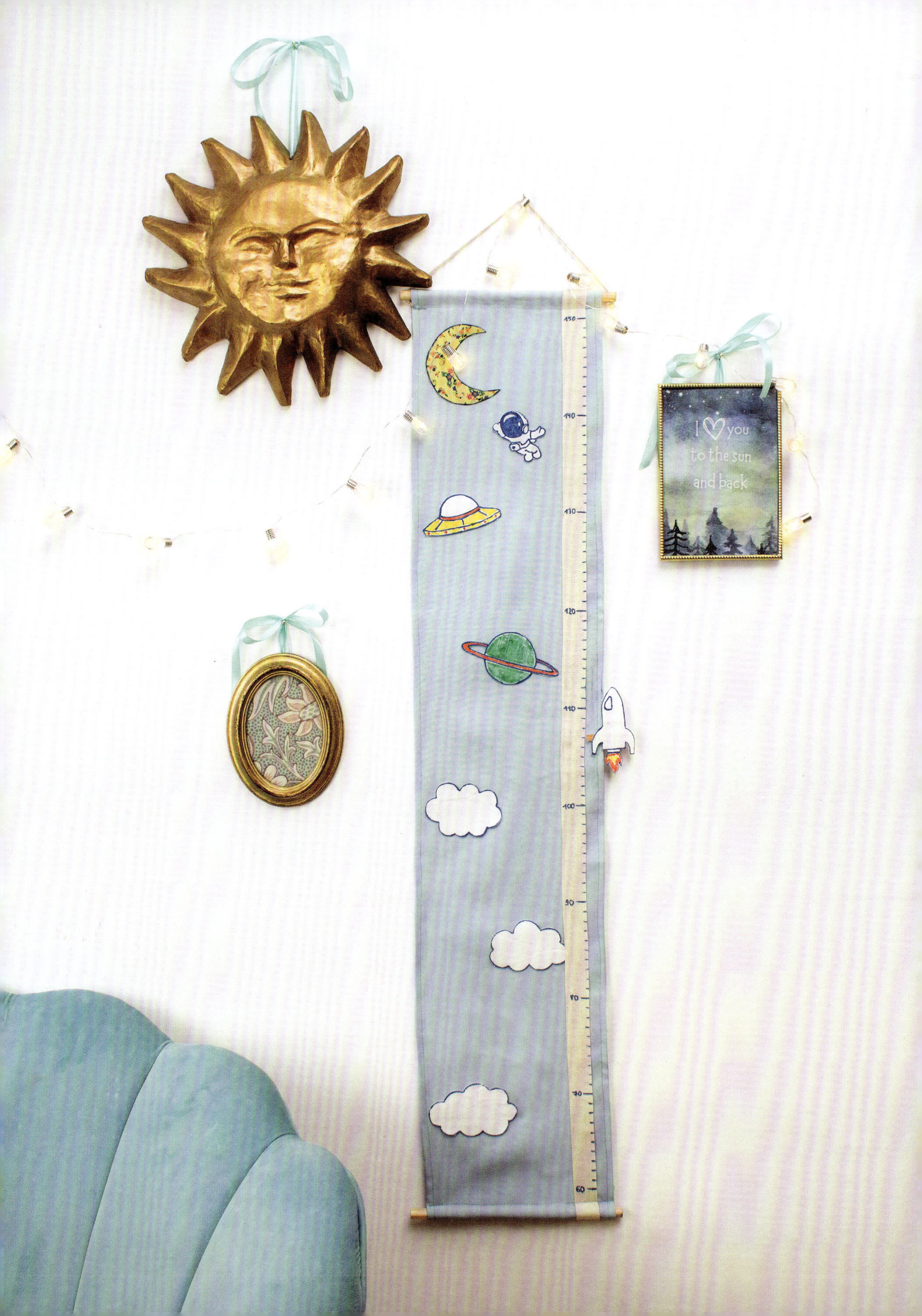
I ♡ you
to the sun
and back

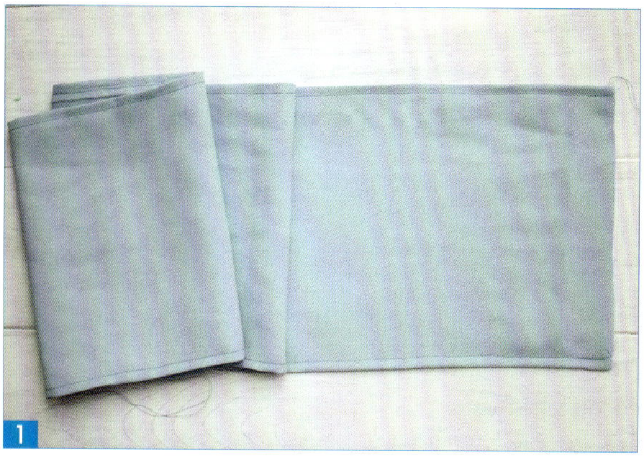

1

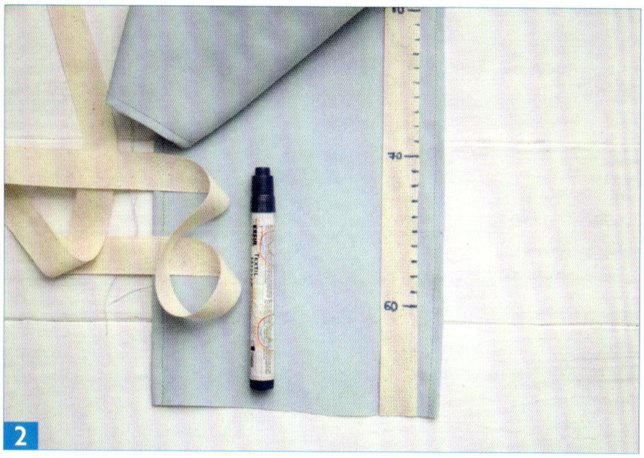

2

1 Einen Stoffstreifen (Maße hier: 23 x 162 cm) zuschneiden, die Ränder rechts und links jeweils eineinhalb Zentimeter umschlagen und festnähen.

2 Mithilfe des doppelseitigen Bügelvlieses das Leinenband auf dem Stoff befestigen. Mithilfe eines Maßbands und eines Textilmarkers eine Messskala aufzeichnen.

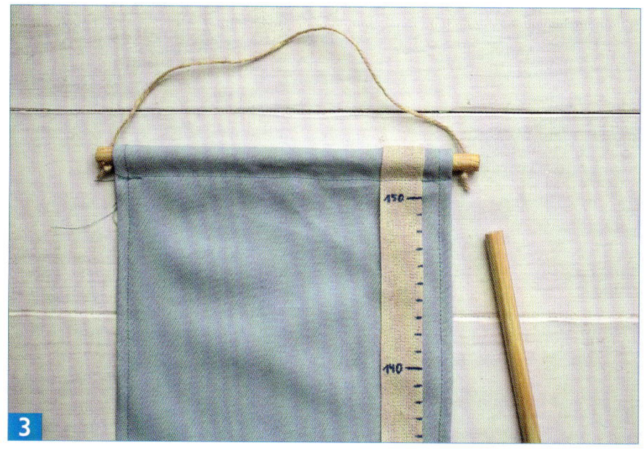

3

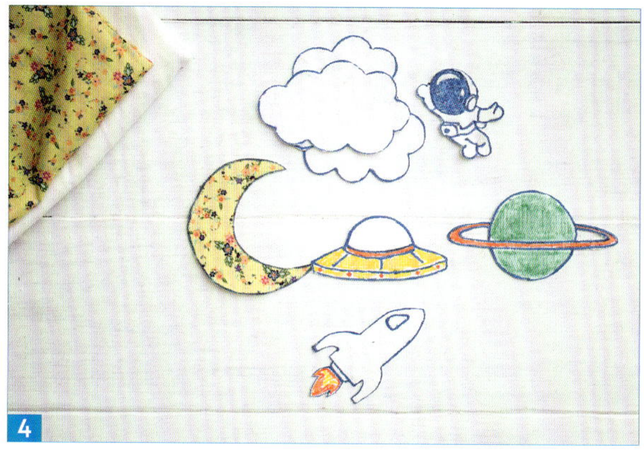

4

3 Aus dem Rundstab zwei gleich lange Stücke zurechtsägen. Bei einem von beiden rechts und links je ein Loch durchbohren. Das obere Ende des Stoffstreifens um den Stab legen und mit einer waagrechten Naht festnähen. Eine Schnur als Aufhängung am Stab festknoten. Den anderen Rundstab am unteren Ende der Messlatte befestigen.

4 Passsende Motive auf Stoffreste aufzeichnen, entweder frei Hand oder mithilfe von Vorlagen. Vorlagen lassen sich gut mit einem Grafikprogramm (z.B. Canva) erstellen, ausdrucken und auf den Stoff übertragen, indem man sie darunterlegt und auf die Stoffrückseite durchpaust. Wer mag, gestaltet die Motive mit Textilmarkern.

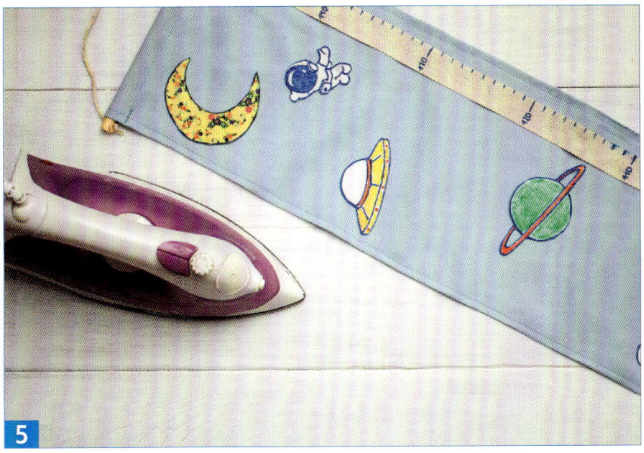

5

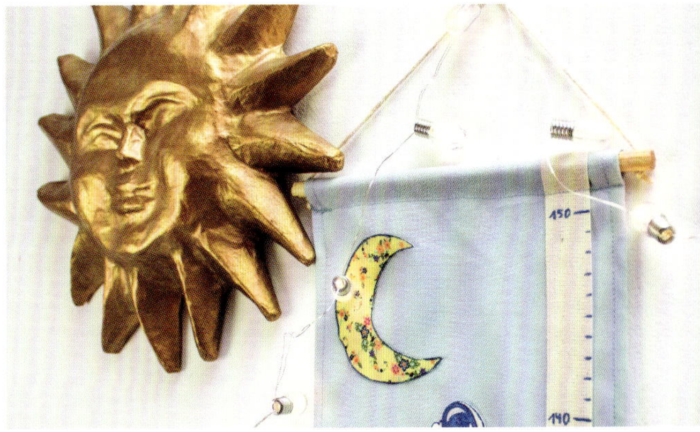

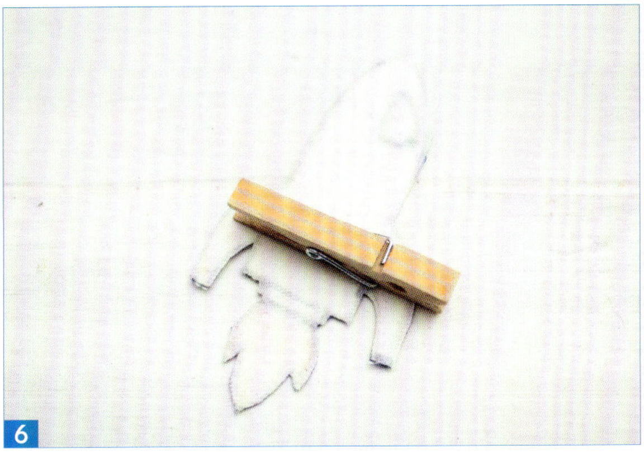

6

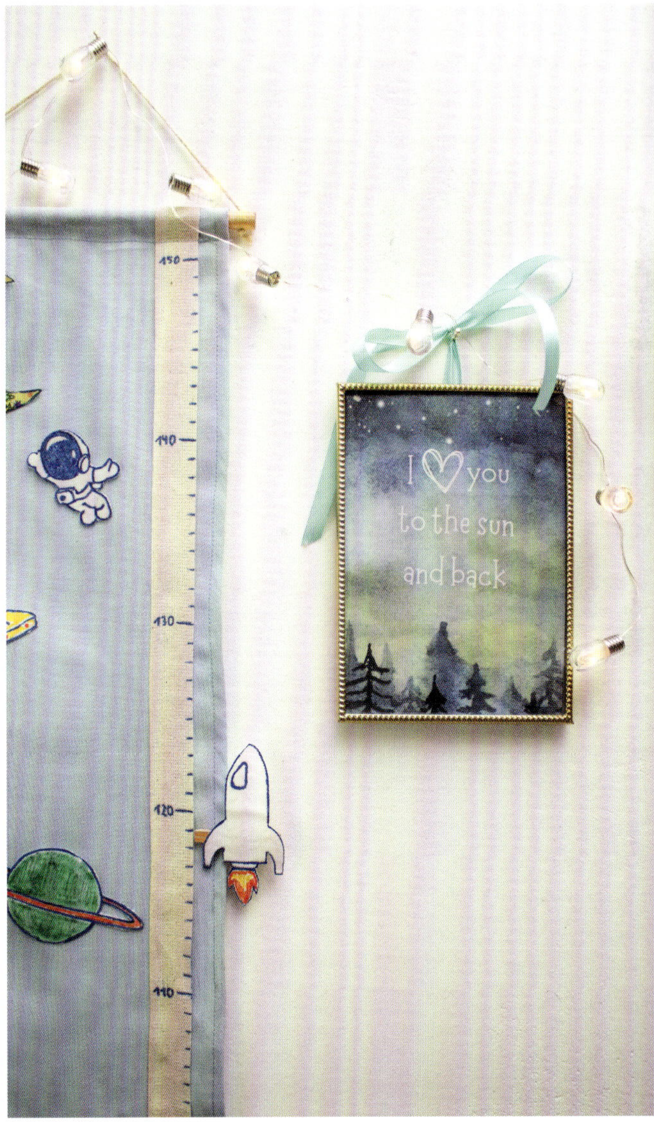

5 Die Motive mithilfe des doppelseitigen Bügelvlieses auf die Messlatte aufbügeln.

6 Als Markierung für die aktuelle Größe des Kinds dient ein Motiv auf einer Holzklammer.

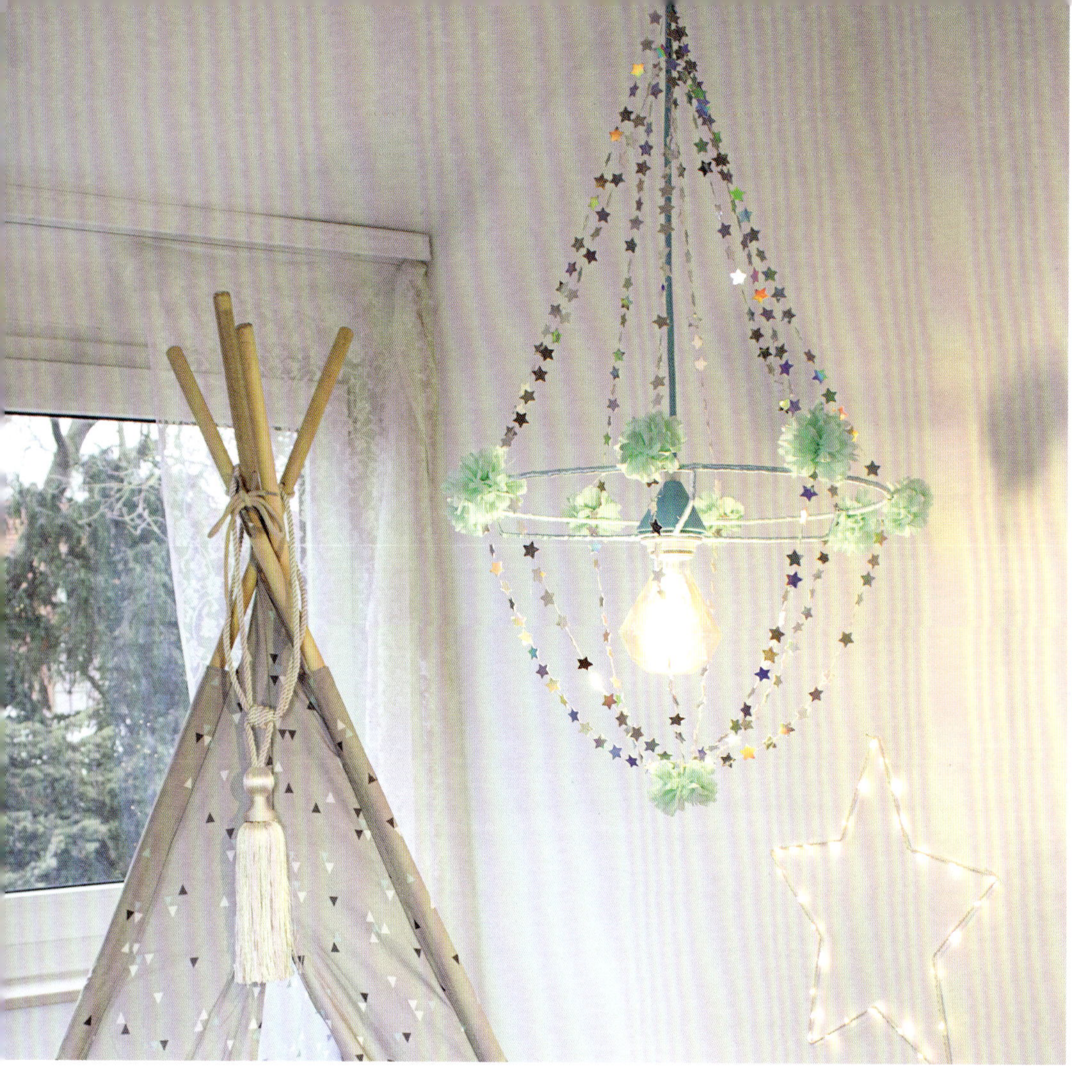

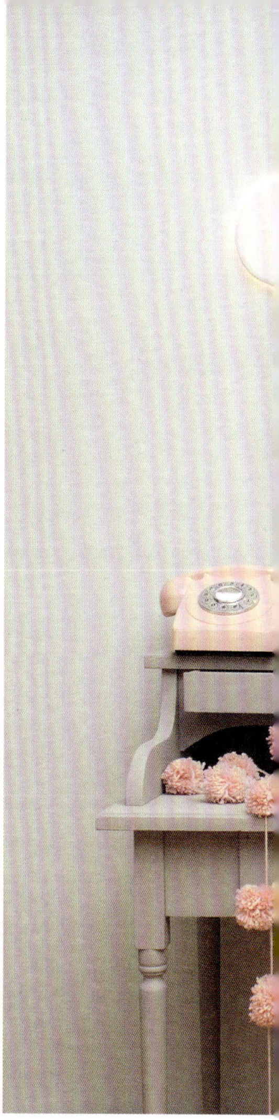

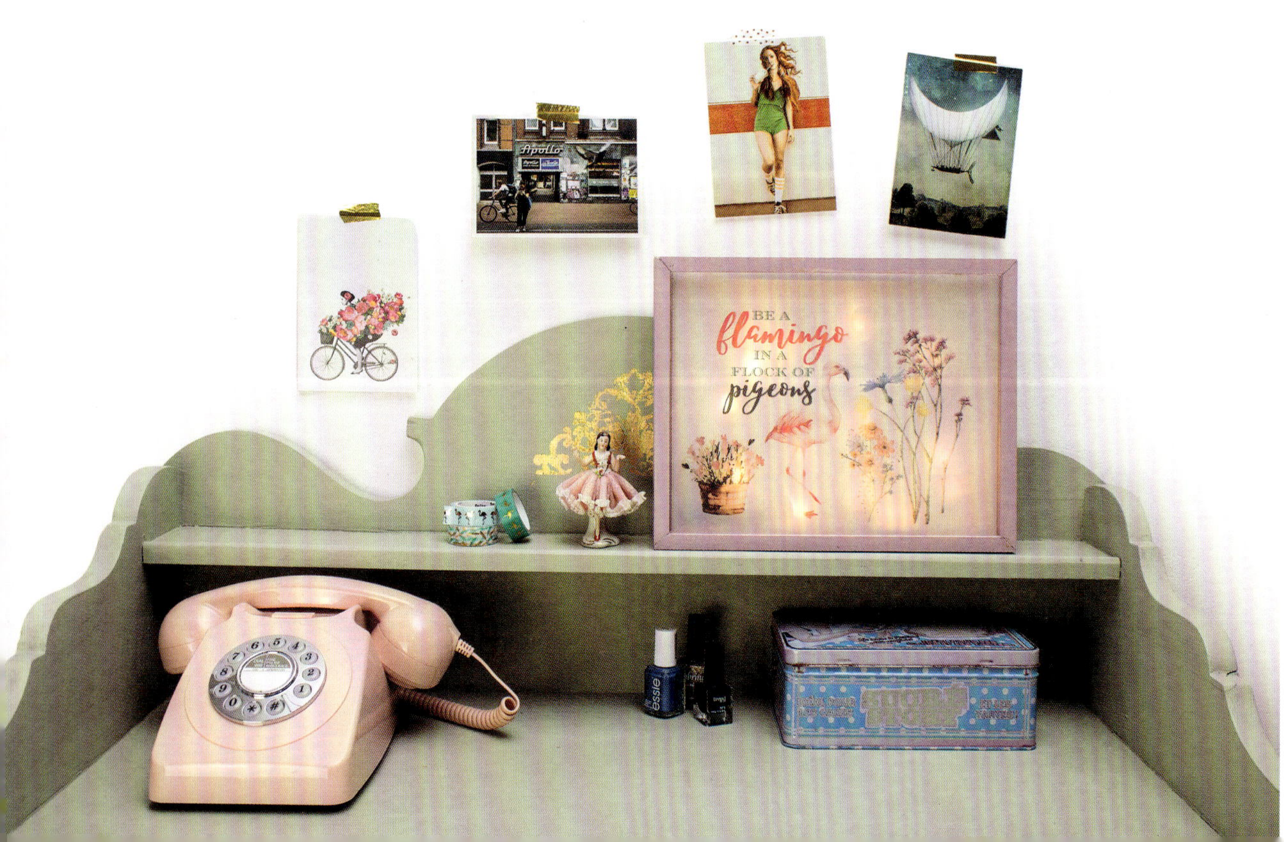
Apollo
BE A
flamingo
IN A
FLOCK OF
pigeons
essie

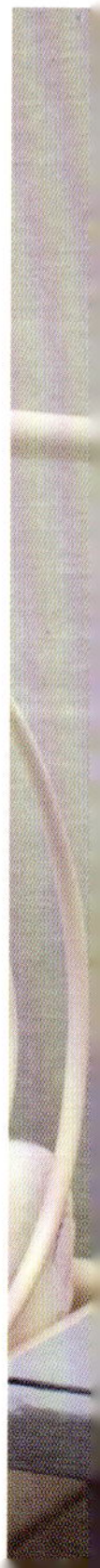

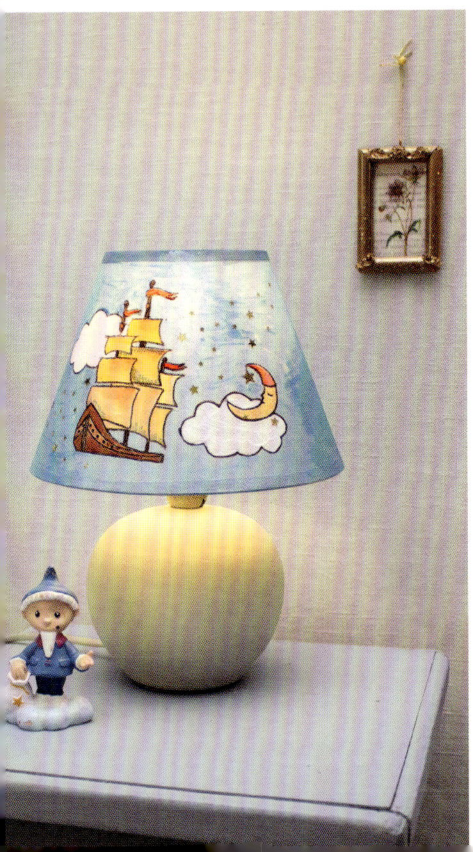

Leuchtende Ideen fürs Kinderzimmer

Auf Wolke sieben

Mit ihrem indirekten Licht sorgt die Wolkenlampe für eine kuschelige Atmosphäre. An der Kinderzimmerwand bleibt sie für viele Jahre eine treue Begleiterin, an der man sich sicher nicht allzu schnell sattsieht.

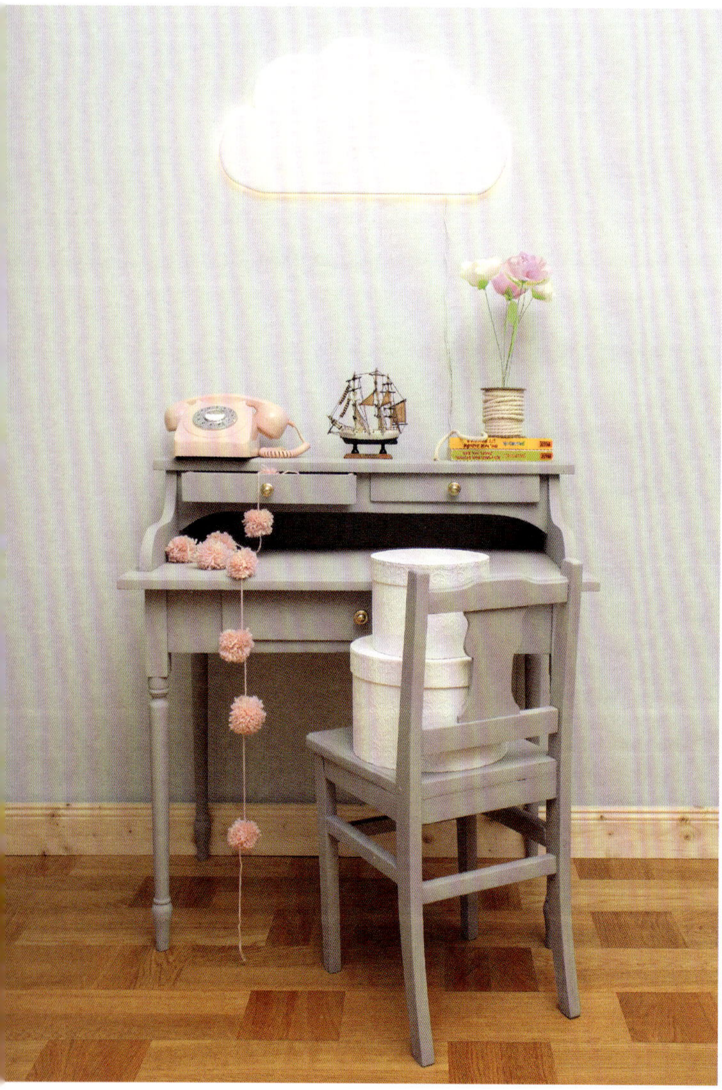

MATERIAL

Sperrholzplatte (Dicke: 3–5 mm), Bleistift, Stichsäge, Schleifmaschine oder Schleifpapier, Bohrer, Schrauben, Schraubenzieher, Bilderaufhänger, Kreidefarbe, Pinsel, selbstklebender LED-Streifen mit Stecker

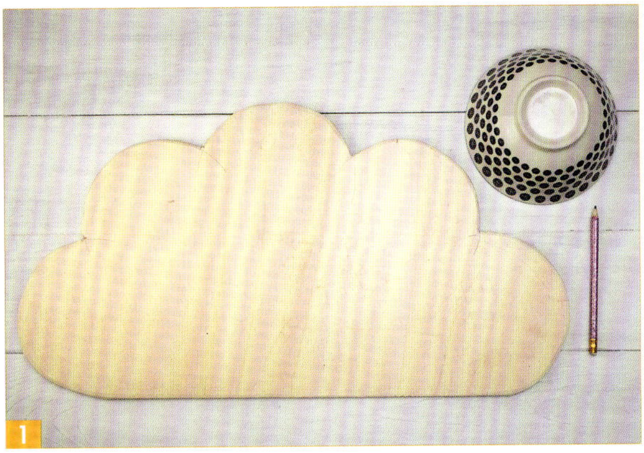

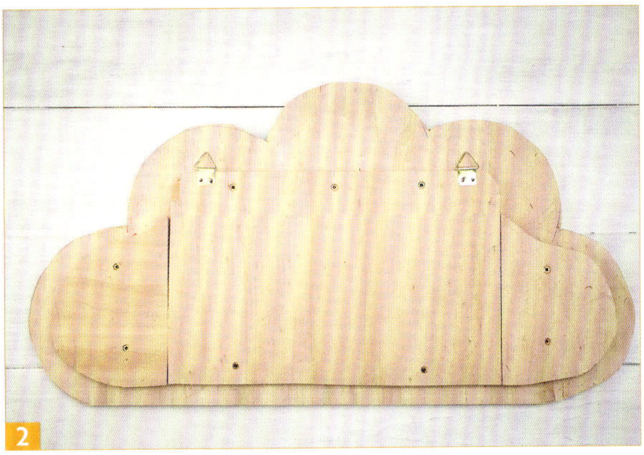

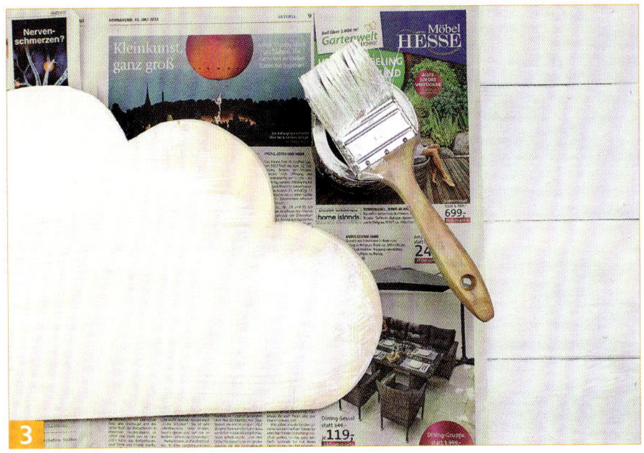

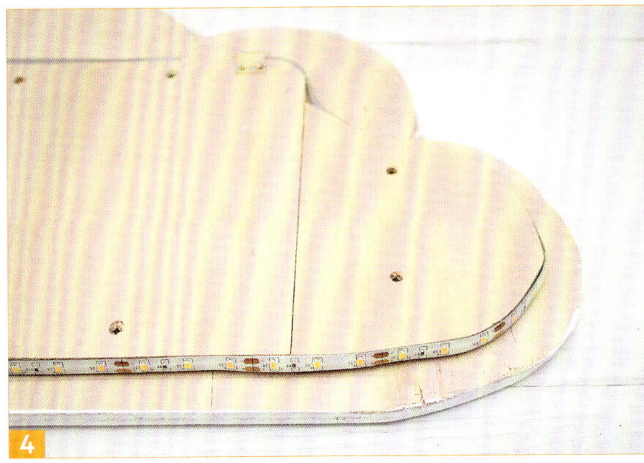

1 Auf Sperrholz die Wolkenform aufzeichnen. Das geht am einfachsten mit einer Schüssel, die als Vorlage für die Rundungen dient. Die Form mit der Stichsäge aussägen. Die Schnittkanten mit einer Schleifmaschine oder mit Schleifpapier von Hand glätten.

2 Ein weiteres Stück Sperrholz so zurechtsägen, dass es etwas kleiner ist als die Wolke und der Umriss weichere Formen hat. Das Holz von hinten festschrauben und mit zwei Bilderaufhängern versehen.

3 Die Wolke von vorne mit Kreidefarbe anmalen.

4 Rund um das dahintergesetzte Holz den LED-Streifen aufkleben.

Lichtspiele im Kleinformat

Diese Leuchtbox ist ein Hingucker für jedes Alter: Denn sie ist so gebaut, dass sich das Motiv schnell austauschen lässt. So kann sich das Kind immer wieder ein neues Motiv aussuchen – gern auch ein selbst gemaltes.

MATERIAL

Holzlatte, Handkreissäge, Nutleiste, dünne Holzleiste, Gehrungslade, Laubsäge, Bohrer, Schrauben, Schraubenzieher, Holzleim, Möbelfarbe, Pinsel, Spiegelkarton, Handtacker, batteriebetriebene Lichterkette, Klebefilm, stabile durchsichtige Folie, Schere, Transparentpapier

Tipp

Wer wenig Zeit oder Muße hat, selbst einen Holzkasten zu bauen, kann auch einfach einen tiefen Bilderrahmen umfunktionieren. Damit bei kleineren Kindern nichts passiert, ist es aber ratsam, das Glas durch eine stabile durchsichtige Folie zu ersetzen.

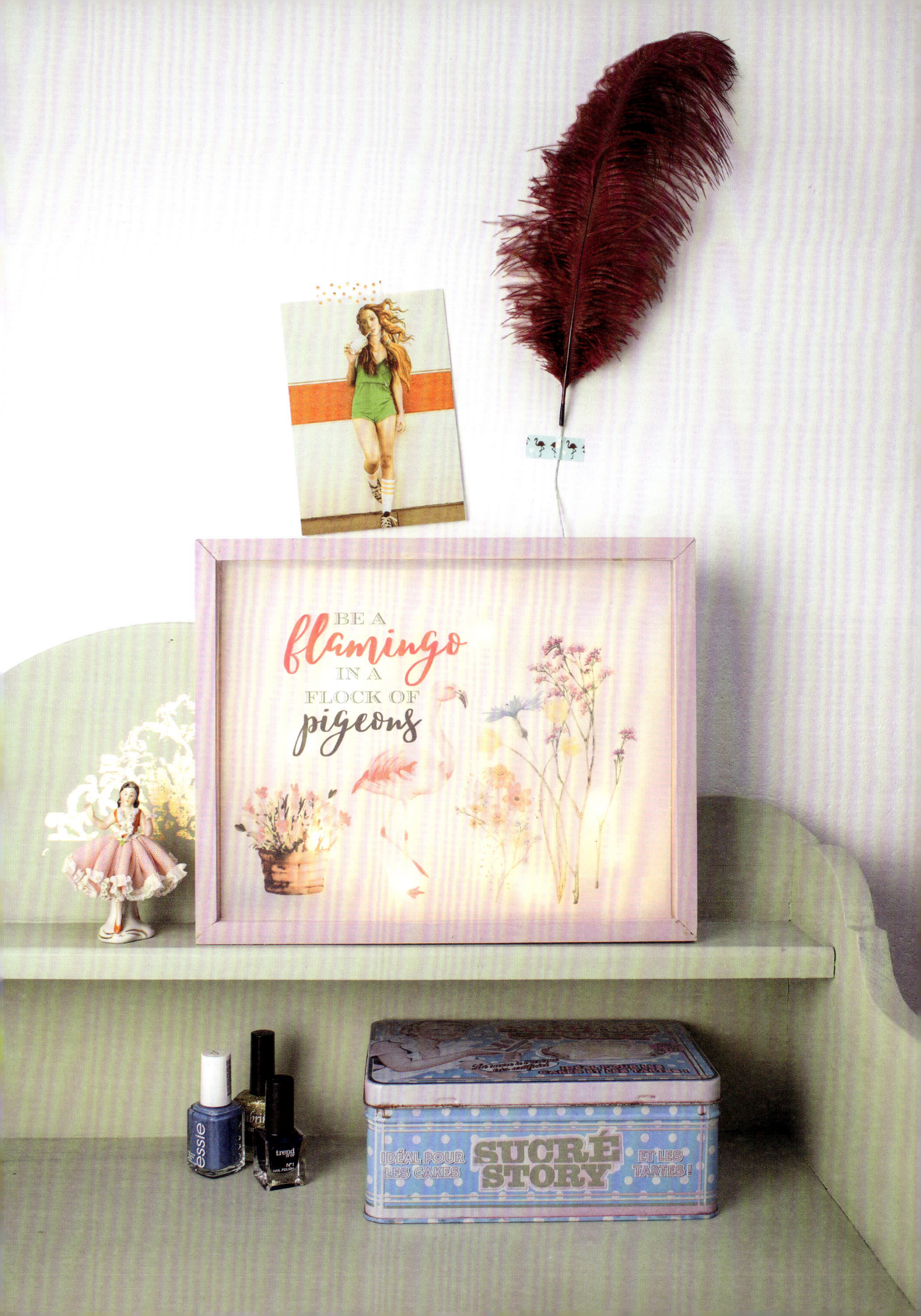
BE A
flamingo
IN A
FLOCK OF
pigeons
IDÉAL POUR
LES CAKES
SUCRÉ
STORY
ET LES
TARTES !
essie
trend

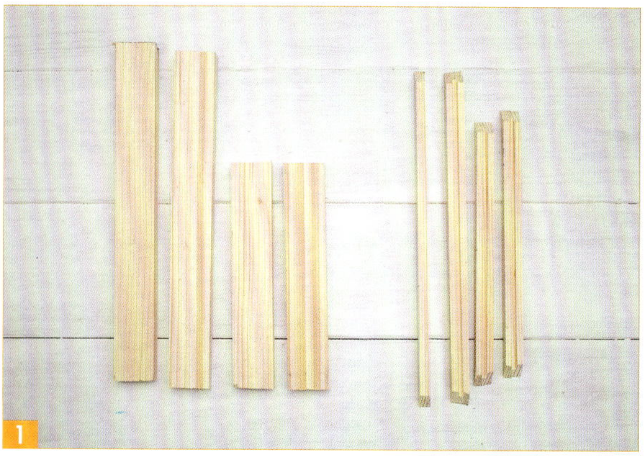

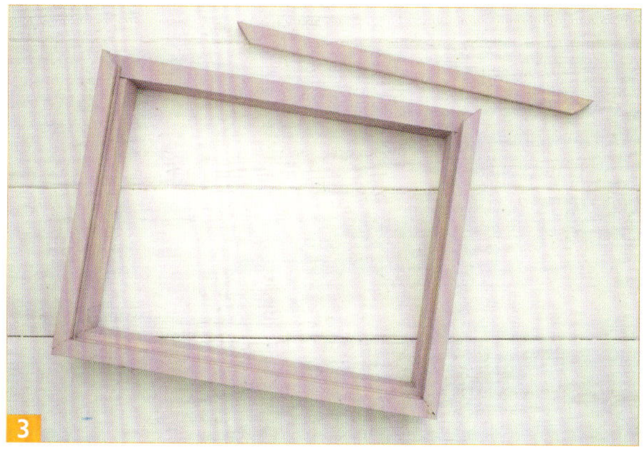

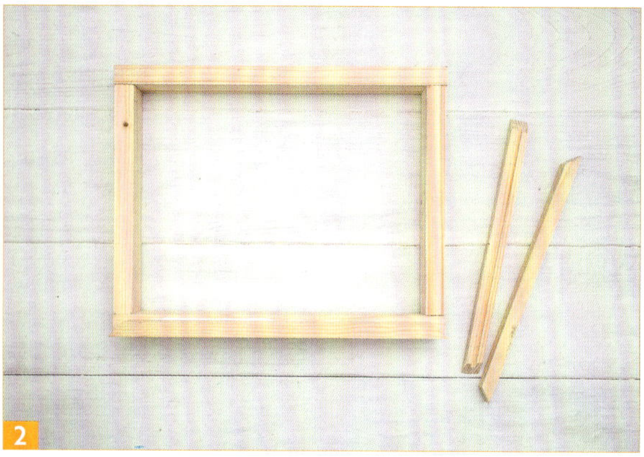

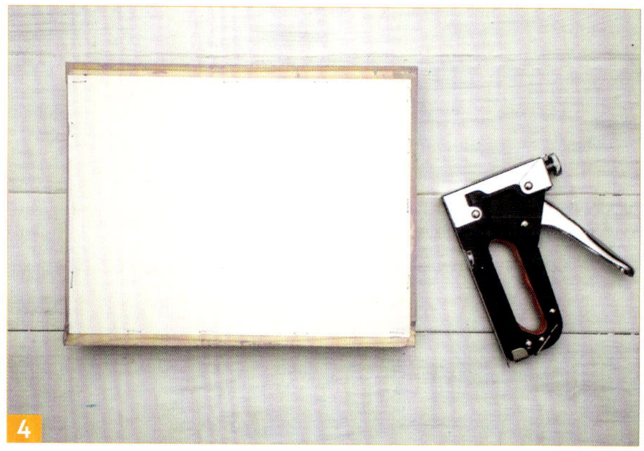

1 Aus der Holzlatte zwei kürzere und zwei längere Stücke zurechtsägen – sie sollen später als Rahmen dienen. Mit den so festgelegten Außenmaßen die Länge der Nutleisten und der dünnen Holzleiste bestimmen. Aus der Nutleiste mit der Gehrungslade zwei kurze Stücke und ein langes Stück zurechtsägen. Aus der dünnen Holzleiste noch ein langes Stück zurechtsägen.

2 Die Holzlattenteile zu einem Rahmen zusammenschrauben. Auf der Vorderseite mit Holzleim die drei Nutleisten links, unten und rechts festkleben.

3 Den so entstandenen Rahmen und die dünne Holzleiste anmalen.

4 Aus Spiegelkarton eine Rückwand zuschneiden und von hinten am Rahmen festtackern.

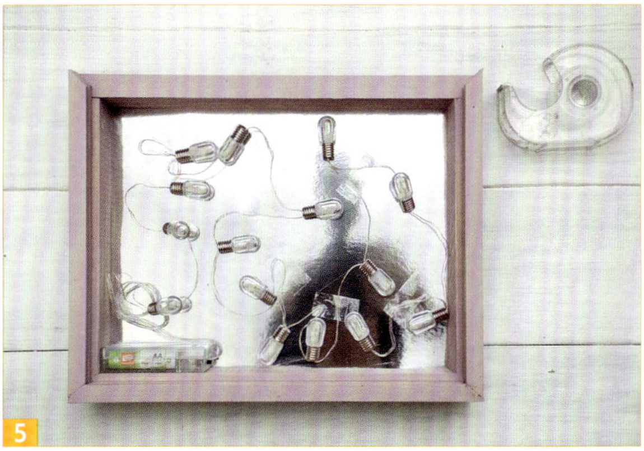

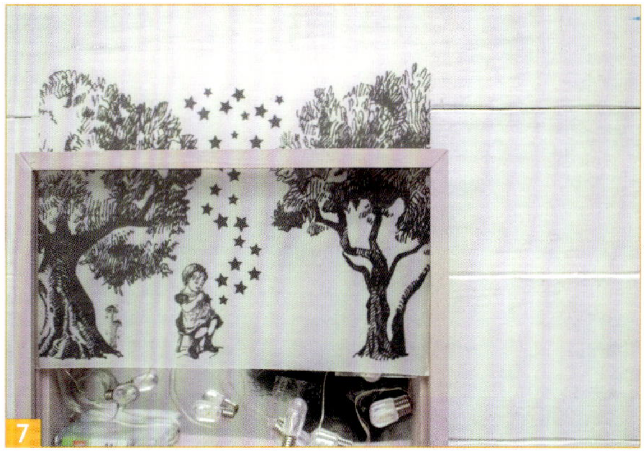

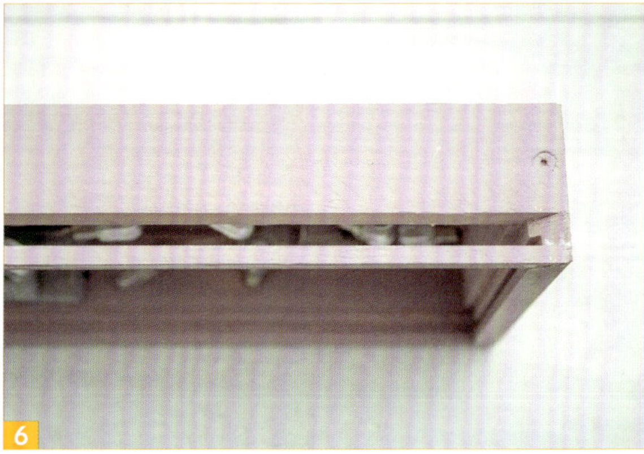

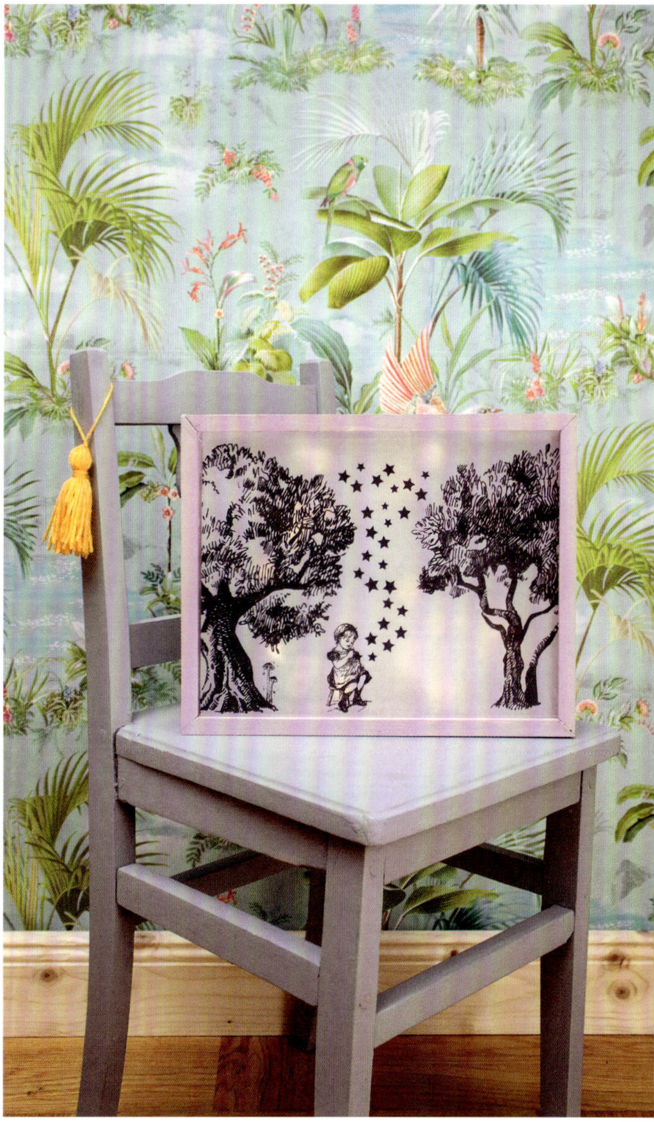

5 Die Lichterkette – am einfachsten eine mit Zeitschaltuhr – mit Klebefilm am Spiegelkarton befestigen.

6 Die Holzleiste oben festleimen.

7 Aus der durchsichtigen Folie zwei Rechtecke so zurechtschneiden, dass sie sich bündig in die Nut des Rahmens schieben lassen. Dazwischen kommt ein Transparentpapier, das sich nach Belieben bedrucken oder bemalen lässt.

Zauberhafter Sternenglanz

Erst beim genauen Hinsehen offenbart diese Hängeleuchte ihren ganzen Reiz: Denn sie besteht größtenteils aus vielen kleinen Sternen. Daneben bringen bunte Pompoms aus Seidenpapier eine gute Portion Verspieltheit ins Kinderreich.

MATERIAL

Lampenring, Seidenband, Schere, Heißkleber, Motivstanzer, Spiegelkarton, Faden, Klebefilm, Textil-Lampenkabel mit Fassung und Schraubring, Nadel, Seidenpapier

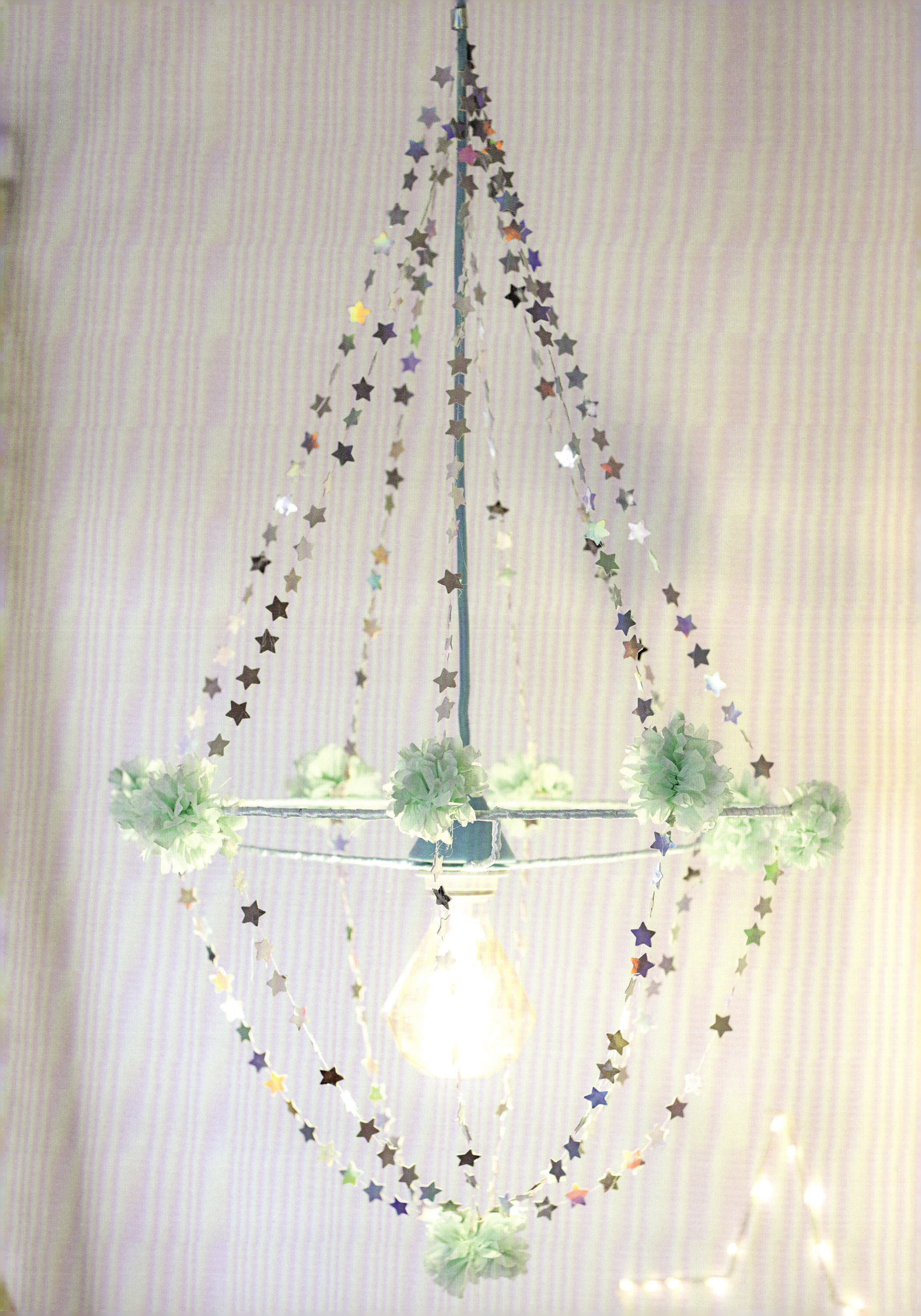

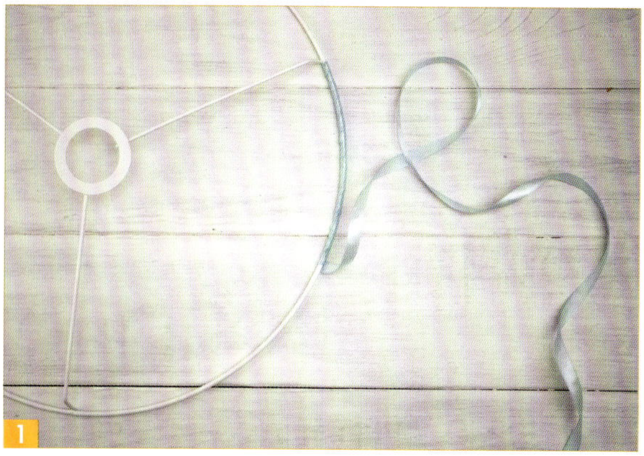

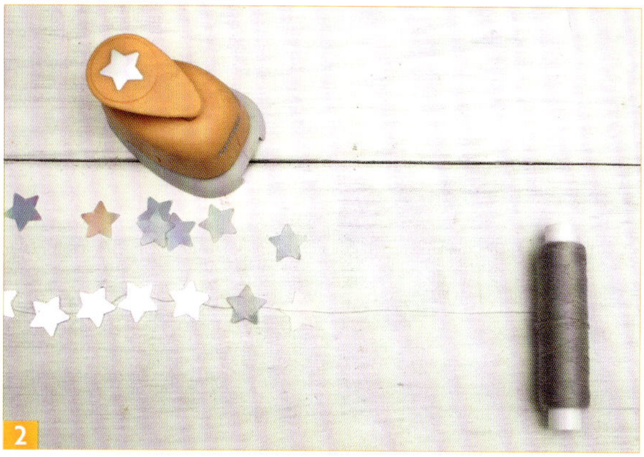

1 Den Lampenring fest mit Seidenband umwickeln und das Band immer wieder mit Heißkleber fixieren, damit es nicht verrutscht.

2 Aus Spiegelkarton viele kleine Sterne ausstanzen und diese zu einer Kette verbinden: dafür ein Stück Faden rechts und links mit Klebefilm auf der Arbeitsfläche fixieren, sodass der Teil dazwischen straff liegt. Dann immer einen Stern unter den gestrafften Faden schieben, etwas Heißkleber daraufgeben und dann einen zweiten Stern darauflegen, sodass der Faden sich zwischen den zwei Sternen befindet. Auf diese Weise vier lange Sternenketten fertigen.

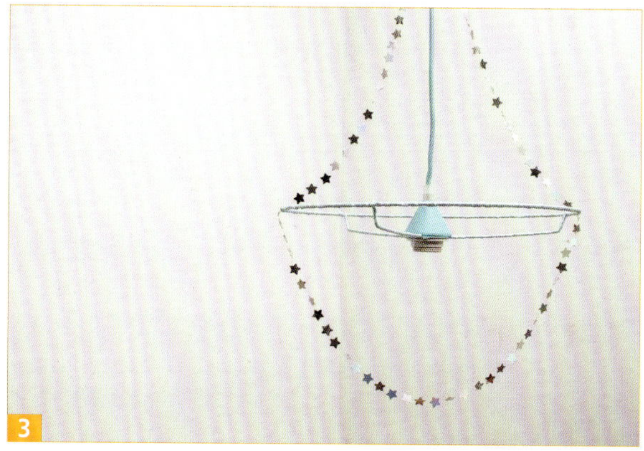

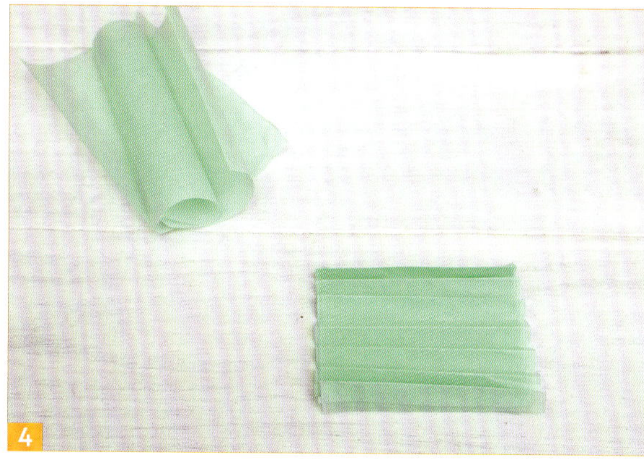

3 Den Lampenring am Kabel befestigen und an der Decke aufhängen. Mit einer Nadel vorsichtig und oberflächlich die erste Sternenkette am Textilkabel befestigen, diese nach unten führen, einmal um den Lampenring schlingen und unter der Fassung durch wieder nach oben führen. Auf diese Weise alle vier Sternenketten oben am Kabel und zweimal am Lampenring befestigen. Alle Ketten gleichmäßig ausrichten und dabei die Fadenenden gegebenenfalls noch einmal etwas straffen, dann die Enden am Textilkabel mit Heißkleber fixieren.

4 Für die Pompomps Rechtecke (Maße: ca. 8 x 12 cm) aus Seidenpapier zuschneiden. Immer drei Rechtecke übereinanderlegen und ziehharmonikaartig falten.

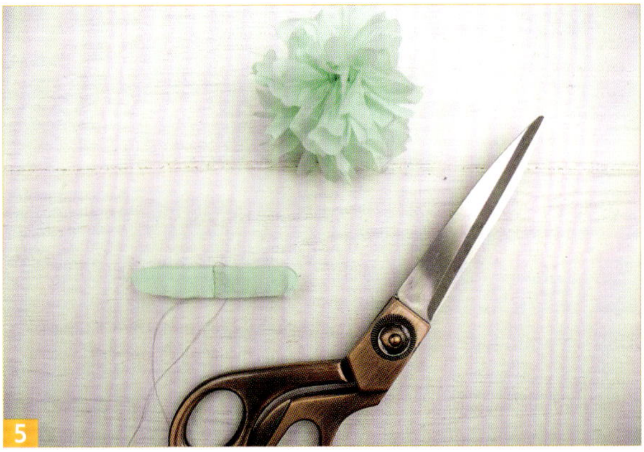

5

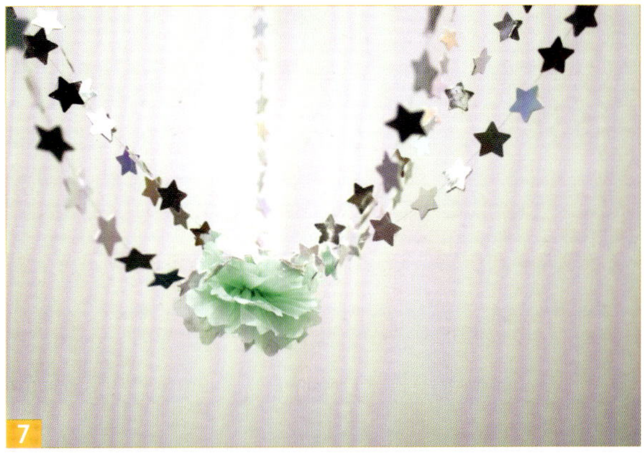

7

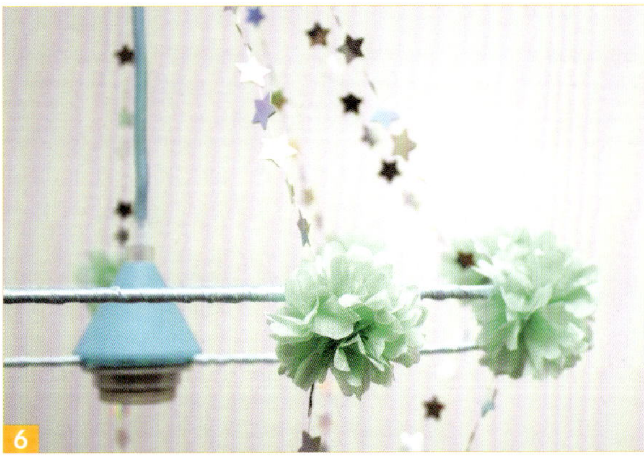

6

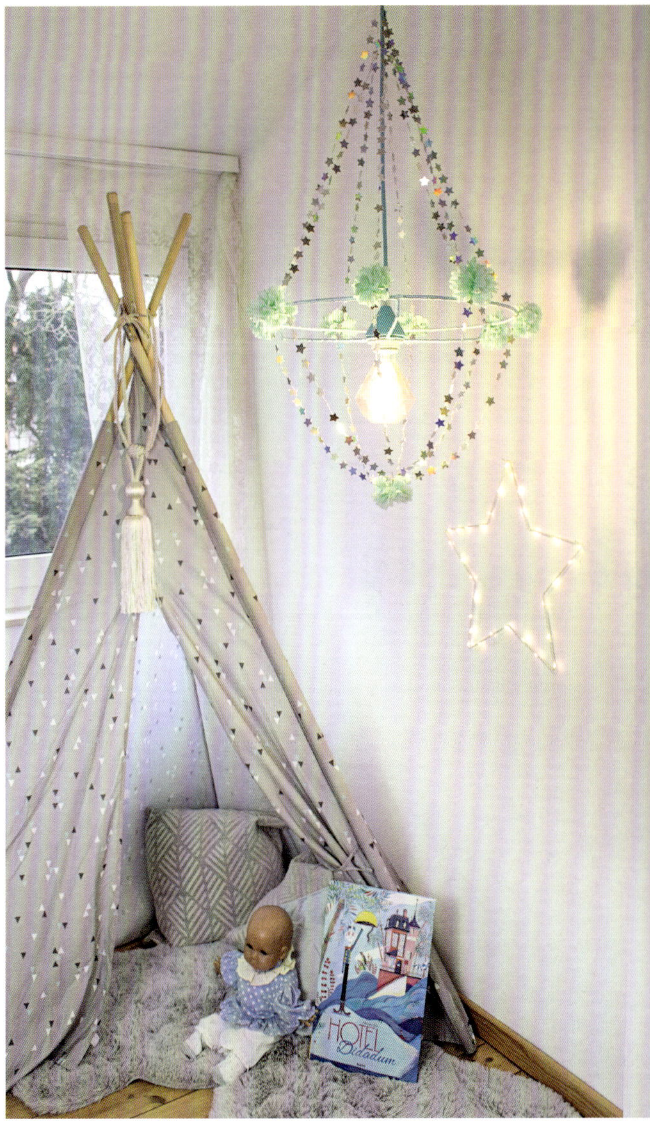

5 Den Streifen, der aus dem gefalteten Seidenpapier entsteht, von beiden Seiten mittig leicht einschneiden. Fest mit Faden zusammenbinden und die Enden rund schneiden. Dann die einzelnen Lagen zum Pompom auffalten. Neun solcher Pompoms basteln, dabei die Fäden lang lassen.

6 Acht Pompoms fest an den Lampenring binden und die Fadenenden abschneiden.

7 Die vier übereinanderhängenden Sternenketten an einer Stelle zusammenbinden. Dann den letzten Pompom daran befestigen.

Mit Kurs aufs Traumland

Ob es nun ein Schiff ist, das durch den Nachthimmel segelt, oder ein ganz anderes Motiv: Eine individuell gestaltete Nachttischlampe taucht die vorgelesene Gute-Nacht-Geschichte in einen behaglichen Lichtschein und geleitet müde Sprösslinge sicher in den Schlaf.

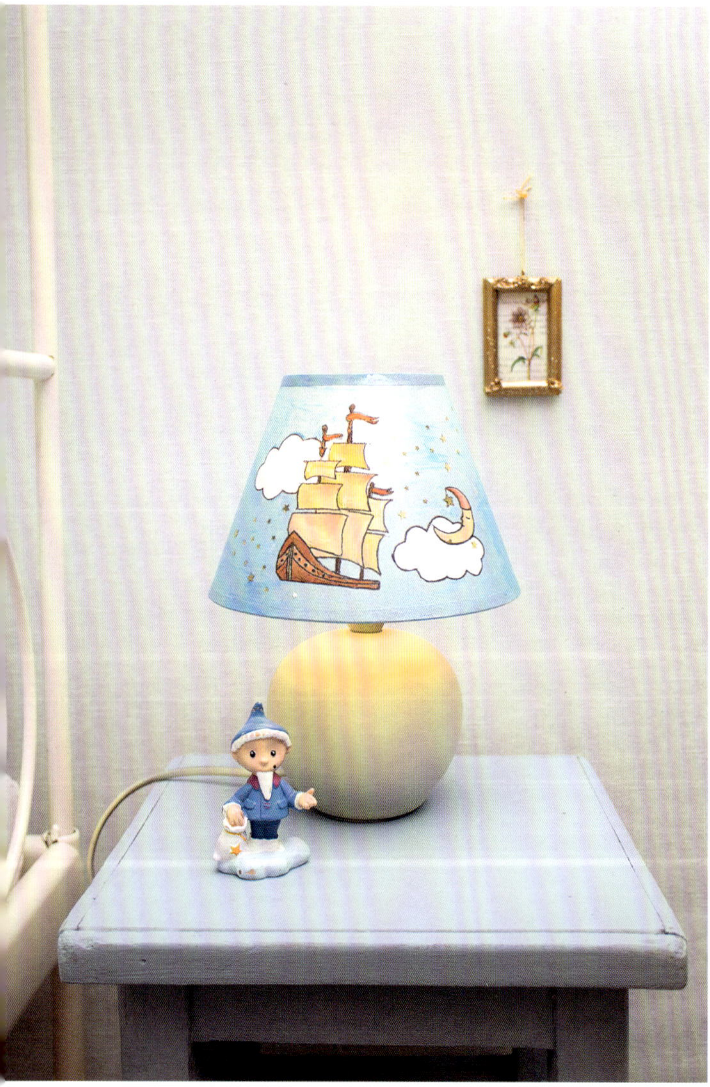

MATERIAL

Lampenschirm, Lampe, Malerkrepp, Textilmarker, Acrylfarbe, Pinsel, Multikleber, Stern-Konfetti

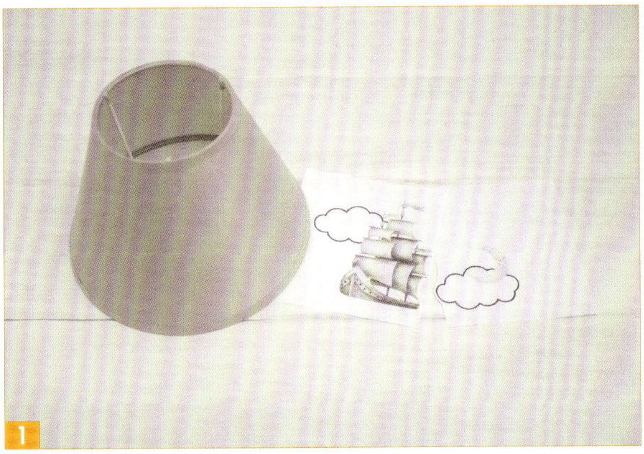

1

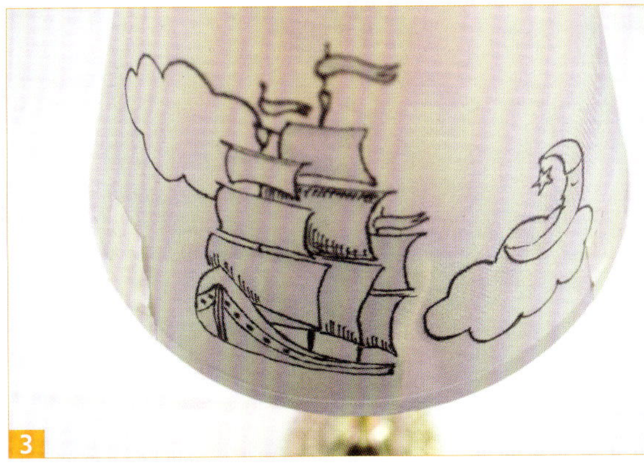

3

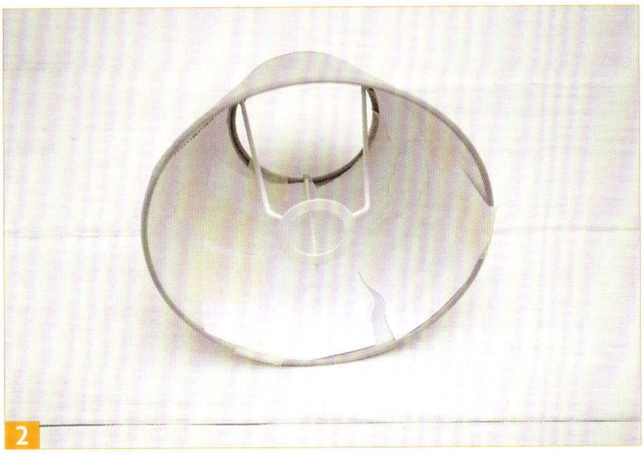

2

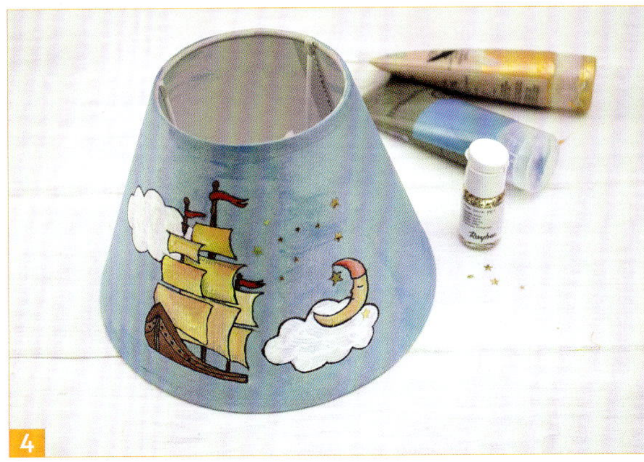

4

1 Eine Vorlage erstellen, entweder von Hand oder mithilfe eines Grafikprogramms (z.B. Canva).

2 Die Vorlage mit Malerkrepp von innen in den Lampenschirm kleben.

3 Die Lampe zusammensetzen und das Licht anschalten, sodass die Konturen der Vorlage außen auf dem Lampenschirm sichtbar werden. Die Umrisse des Motivs mit einem Textilmarker nachzeichnen.

4 Den Lampenschirm mit Acrylfarben anmalen und gut trocknen lassen. Zum Schluss mit dem Multikleber Stern-Konfetti aufkleben.

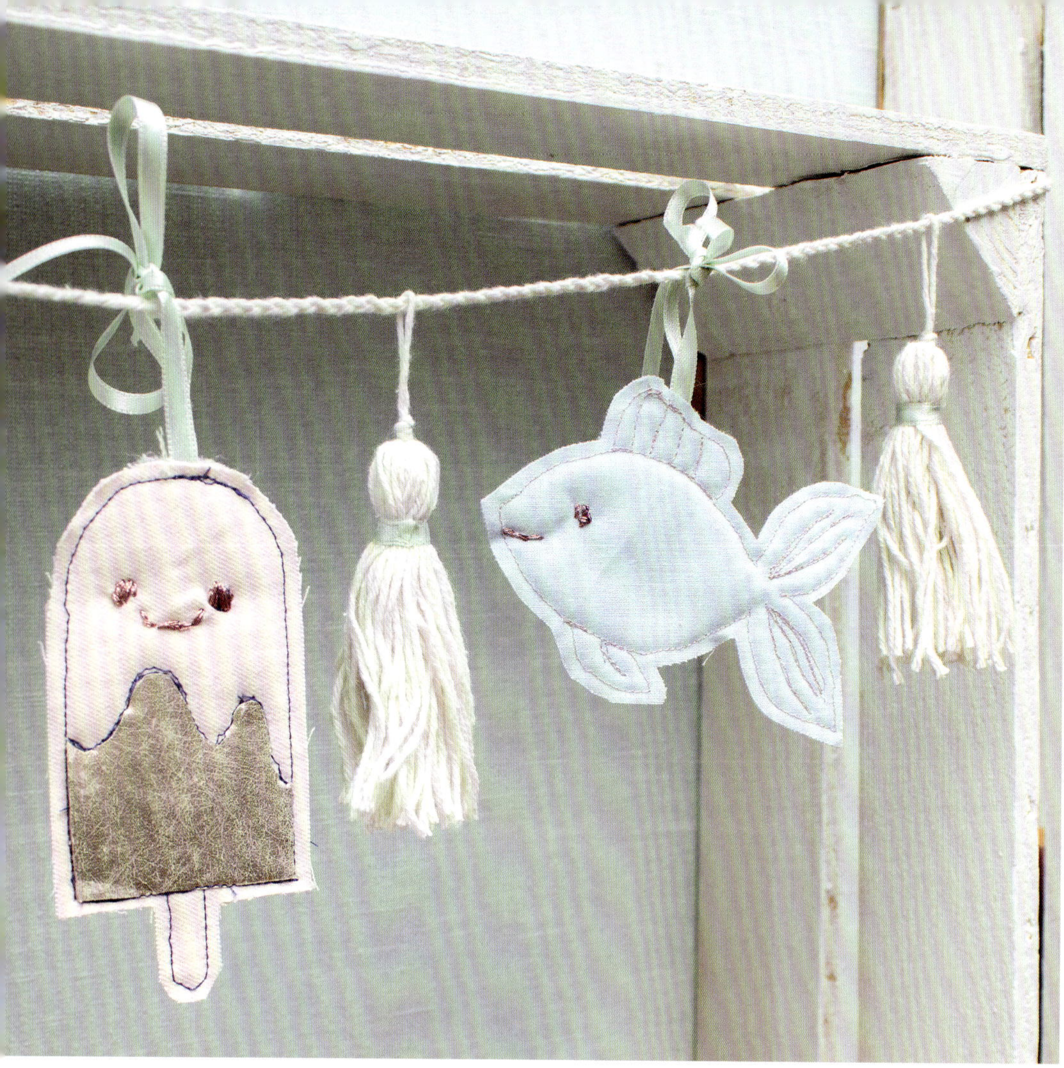
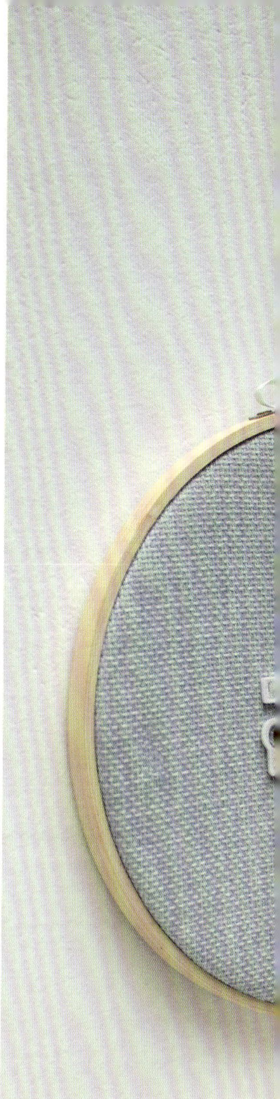
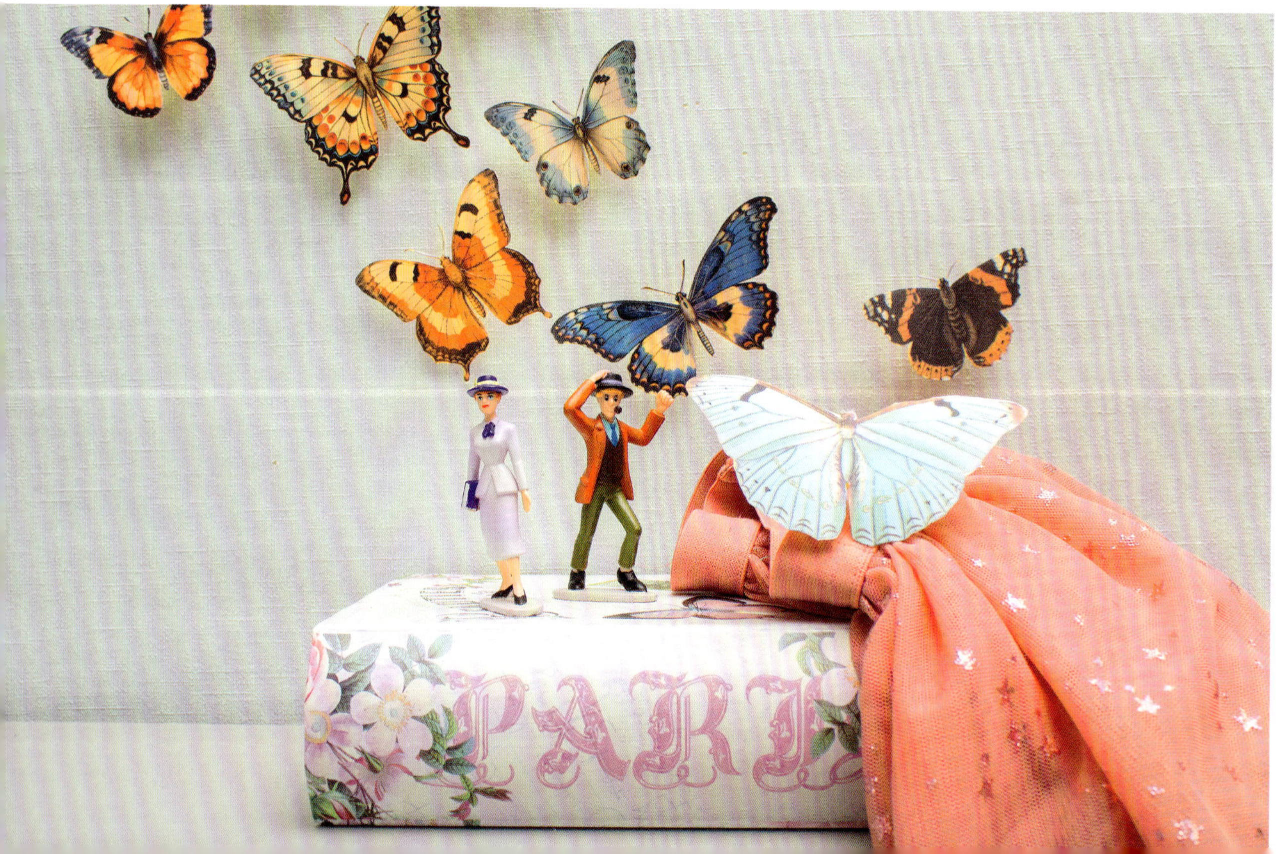
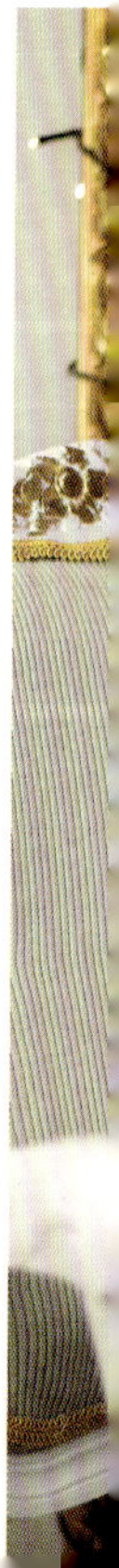

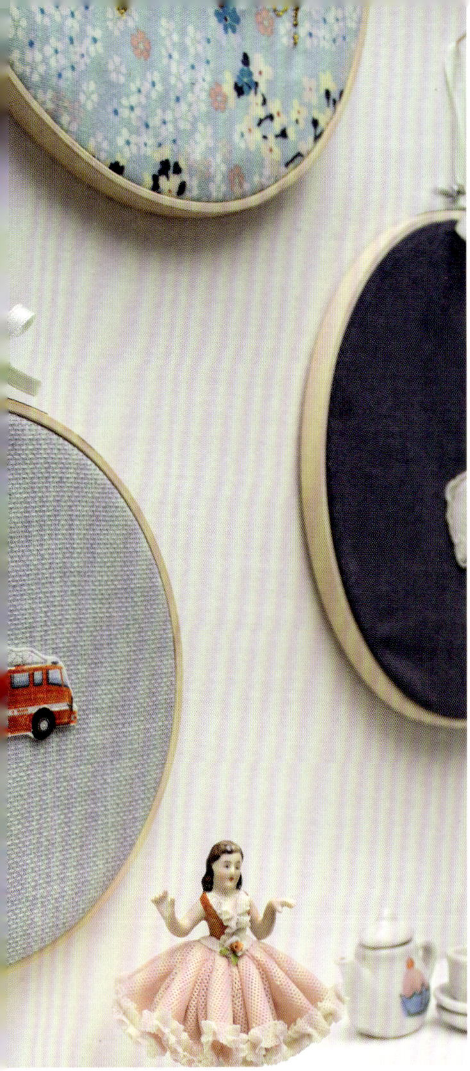

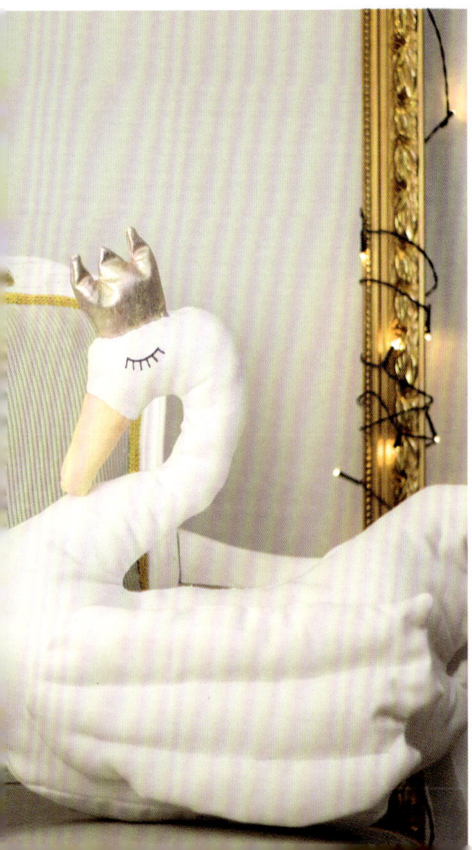

Dekoratives und Schönes fürs Kinderzimmer

Schöne Aussicht

Hallo, du! Fliegen kann dieser Heißluftballon leider nicht. Dafür hübscht er mit seiner verspielten Optik zuverlässig die Wand auf und ermöglicht es dem Kind, sich selbst besser kennenzulernen.

MATERIAL

Sperrholzplatte (Dicke: 3 mm),
Stichsäge, Bohrer, runder Spiegel,
starkes doppelseitiges Klebeband, Heißkleber,
Seil, Schnur, Stoffreste, Schere
Optional: Splitterschutzfolie

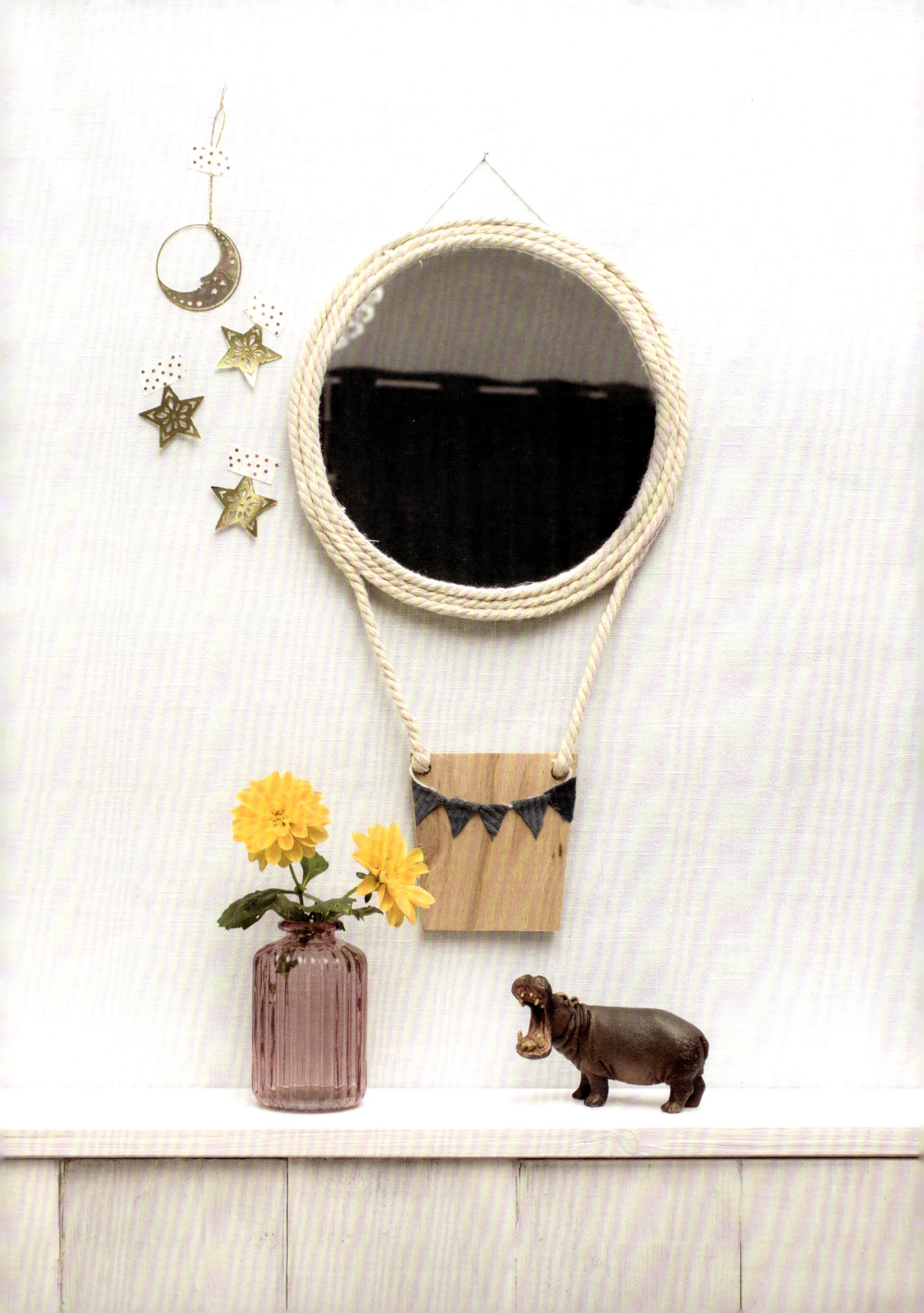

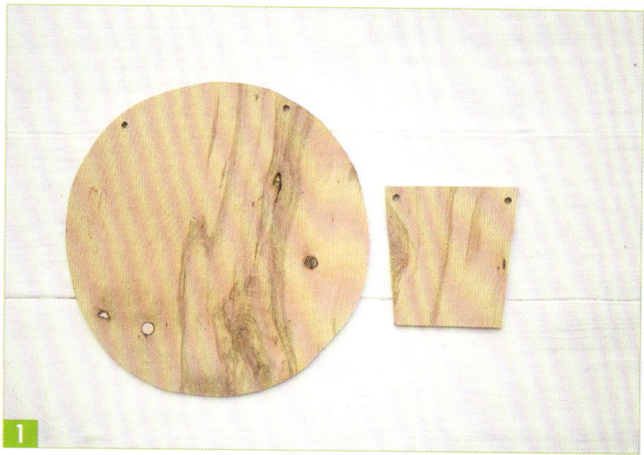

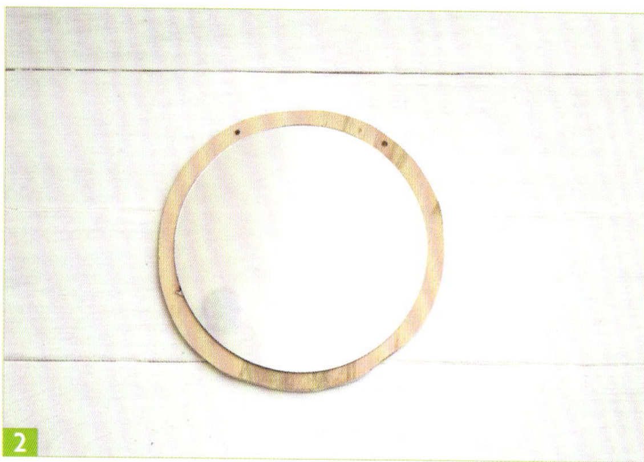

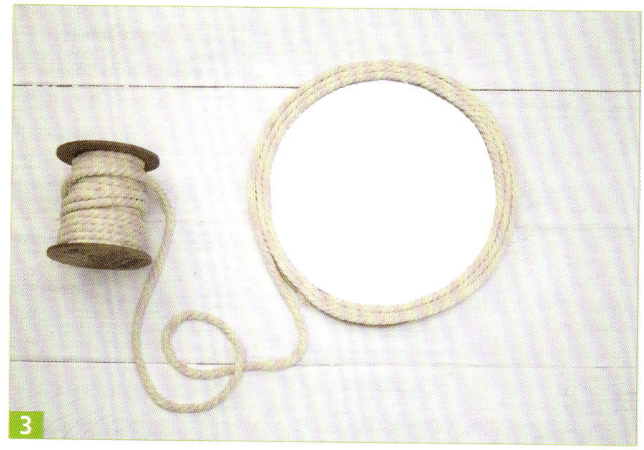

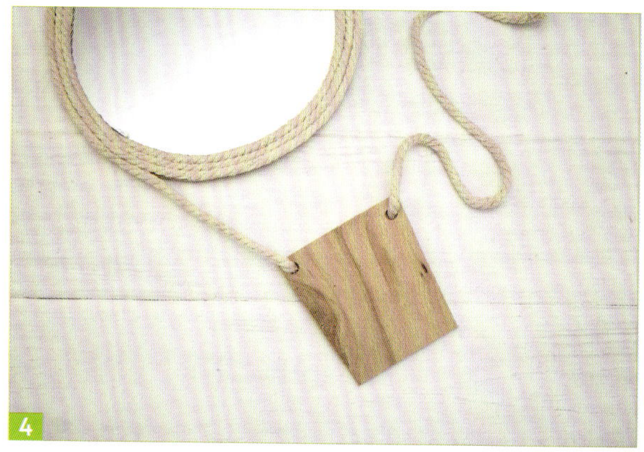

1 Aus Sperrholz eine Scheibe mit einem etwas größeren Durchmesser als der Spiegel aussägen. Oben zwei Löcher für die Aufhängung hineinbohren. Für den Korb des Heißluftballons ein trapezförmiges Holzstück aussägen und in die oberen Ecken jeweils ein Loch bohren.

2 Bei kleineren Kindern ist es sinnvoll, die Rückseite des Spiegels mit einer Splitterschutzfolie zu versehen – sollte er wirklich einmal herunterfallen und zerbrechen, splittert er nicht. Den Spiegel mit doppelseitigem Klebeband auf das Sperrholz kleben.

3 Das Seil mit Heißkleber um den Spiegel herumlegen.

4 Das Seilende durch das Holzstück, das den Korb darstellt, führen, dann wieder nach oben ziehen und festkleben.

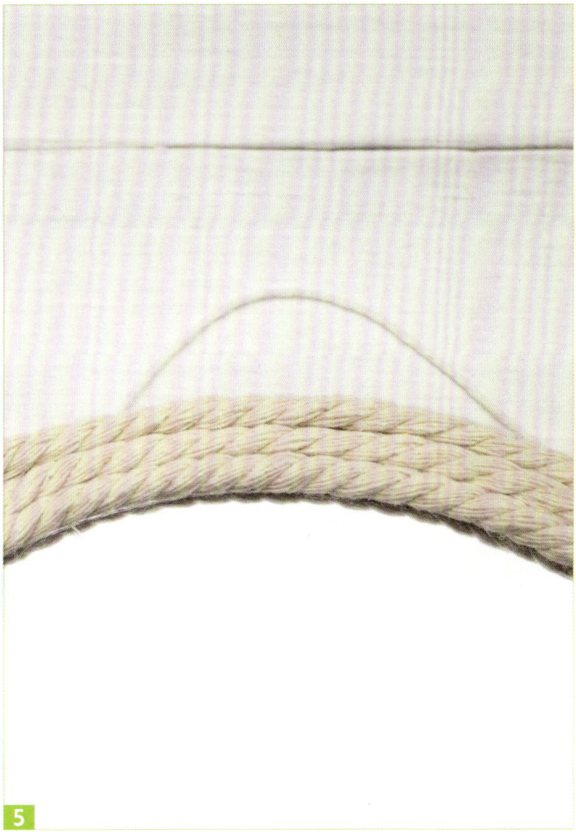

5

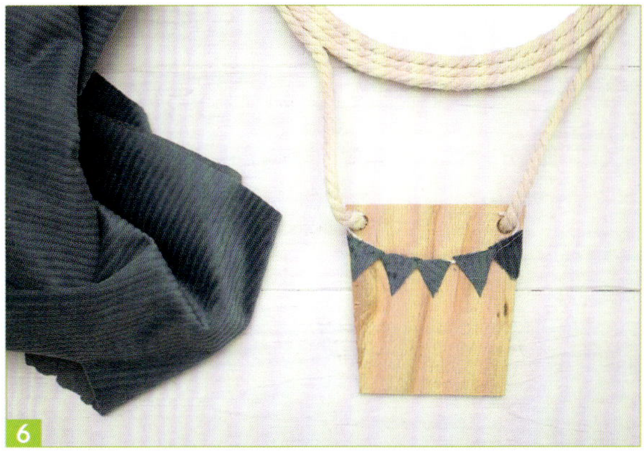

6

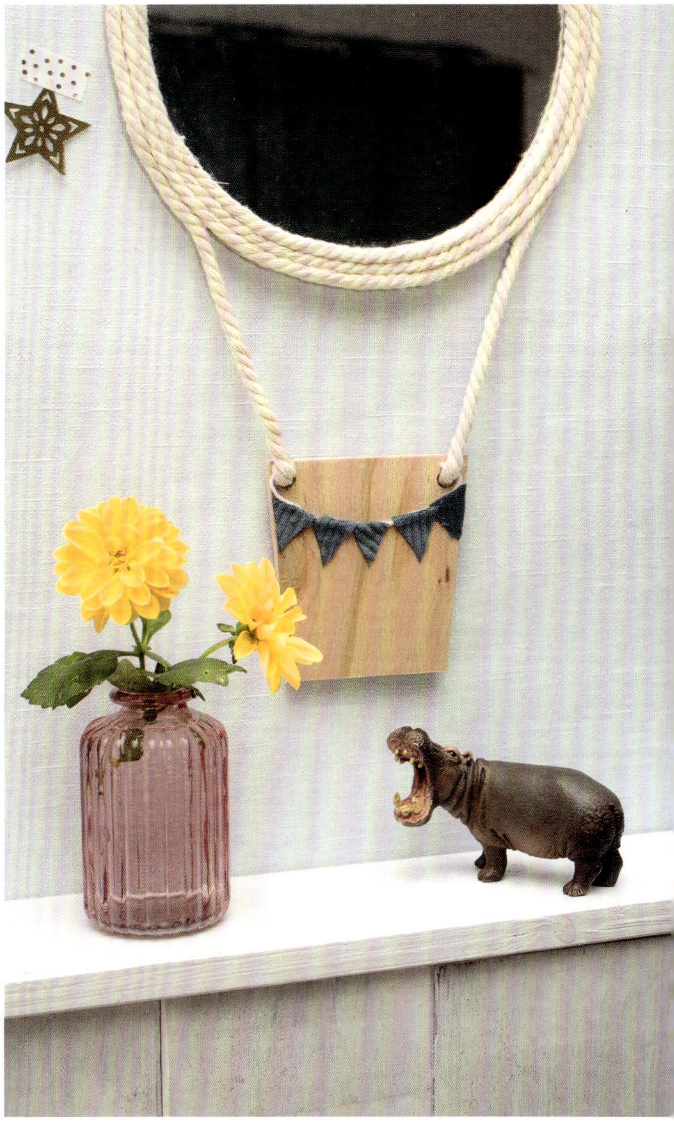

5 Von der Rückseite des Spiegels ein Stück Schnur durch die vorgebohrten Löcher fädeln, dicke Knoten in die Enden machen und diese zwischen dem Seil verstecken.

6 Zuletzt den Korb des Heißluftballons verzieren, etwa mit kleinen Wimpeln aus Stoffresten.

Kosmische Zeiten

Einmal ins Weltall und zurück? Kein Problem! Zumindest gedanklich können kleine Astronauten und Astronautinnen beim Anblick dieser Uhr die Rakete startklar machen und einmal kurz zum Mond reisen.

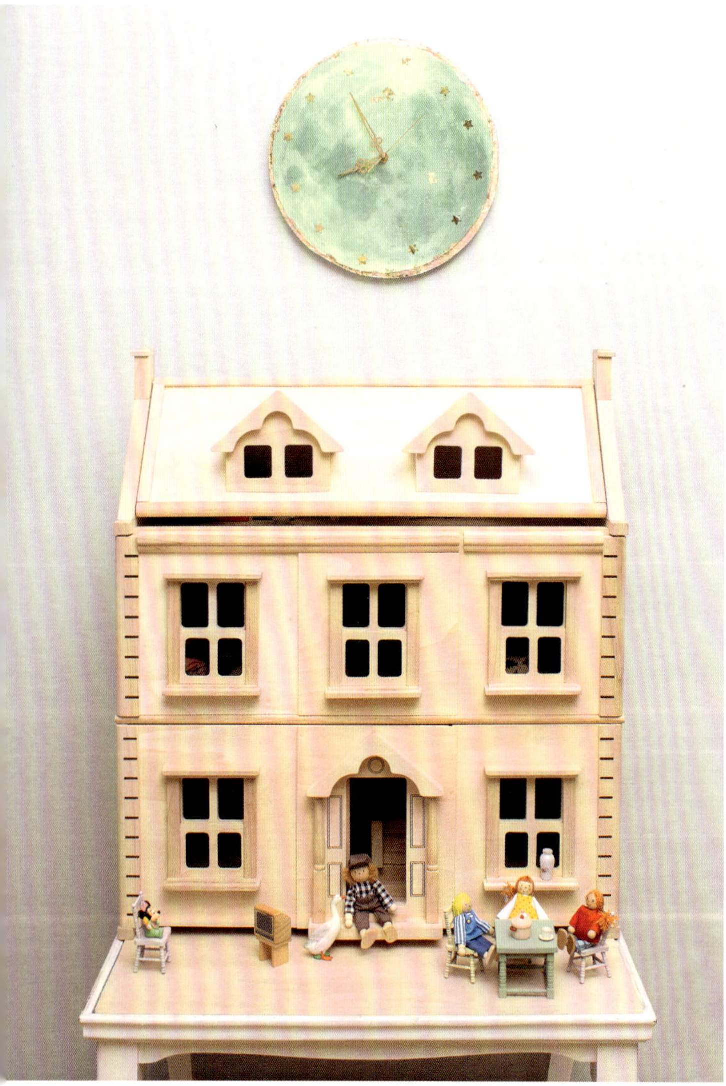

MATERIAL

MDF-Platte (Dicke: 3 mm), Bleistift, Stichsäge, selbstklebender Leuchtmond, Bohrer, Deko-Blattgold, Anlegemilch, Spiegelkarton, Sternen-Motivstanzer, Multikleber, Uhrwerk mit Zeigern und Aufhängung

Optional: Lackmarker

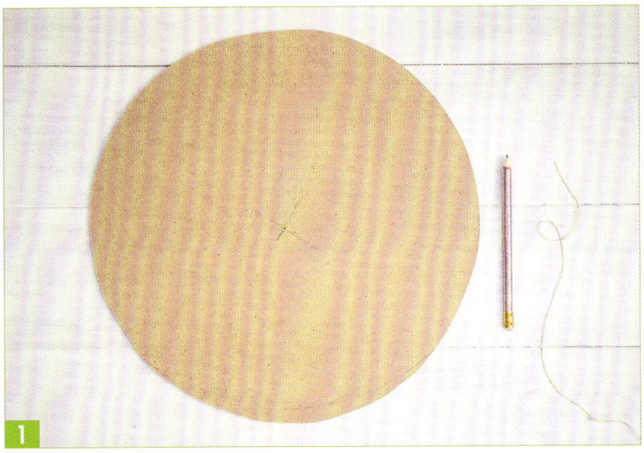

1

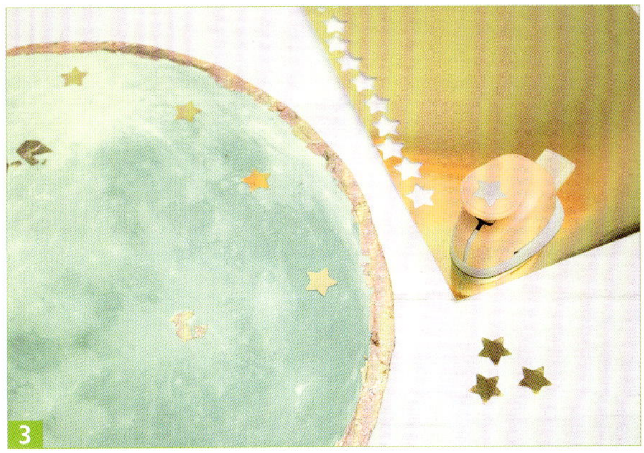

3

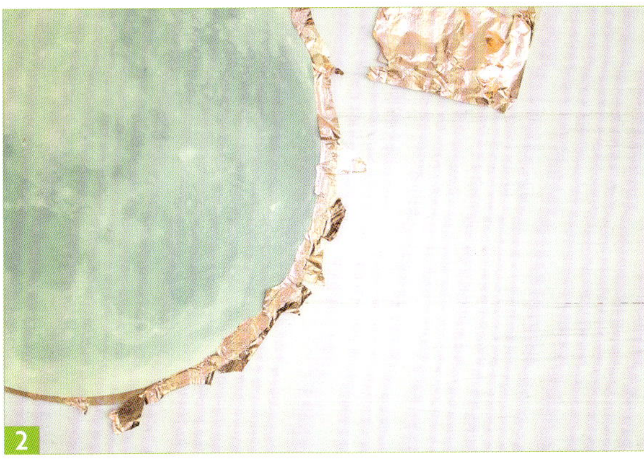

2

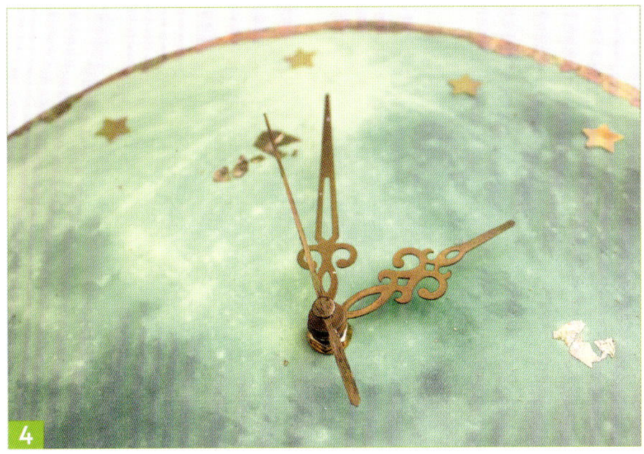

4

1 Einen Kreis mit einem etwas größeren Durchmesser als der Leuchtmond auf die MDF-Platte aufzeichnen. Das funktioniert gut mit einem großen runden Gegenstand als Hilfsmittel oder einem Bleistift an einer Schnur, der am Kreismittelpunkt mit einer Schraube befestigt wird. Den Kreis aussägen.

2 Den selbstklebenden Leuchtmond auf das Holz kleben. Ein passendes Loch für die Achse des Uhrwerks in die Mitte bohren. Die Ränder rund um den Mond mit Deko-Blattgold bekleben.

3 Aus Spiegelkarton zwölf Sterne ausstanzen und anstelle von Zahlen mit Multikleber auf den Leuchtmond kleben.

4 Das Uhrwerk einsetzen und von vorne die Zeiger aufstecken. Wer mag, kann die Zeiger passend zur Uhr gestalten: dafür die Zeiger einfach mit einem Lackmarker in der gewünschten Farbe anmalen.

Saisonal dekoriert

Im Frühling verschönern vielleicht Blumen oder Schmetterlinge den Raum, im Winter eine Schneeflocke, eine Christbaumkugel und ein Schlittschuh: So ist das Kinderzimmer mit der Girlande stets passend zur Jahreszeit geschmückt. Und bei Bedarf lässt sie sich immer wieder um weitere Motive ergänzen.

MATERIAL

Stoffreste, Schere,
doppelseitiges Bügelvlies, Bügeleisen,
Volumenvlies, Seidenband, Nähmaschine,
Stickgarn, Nadel, Karton, Schnur

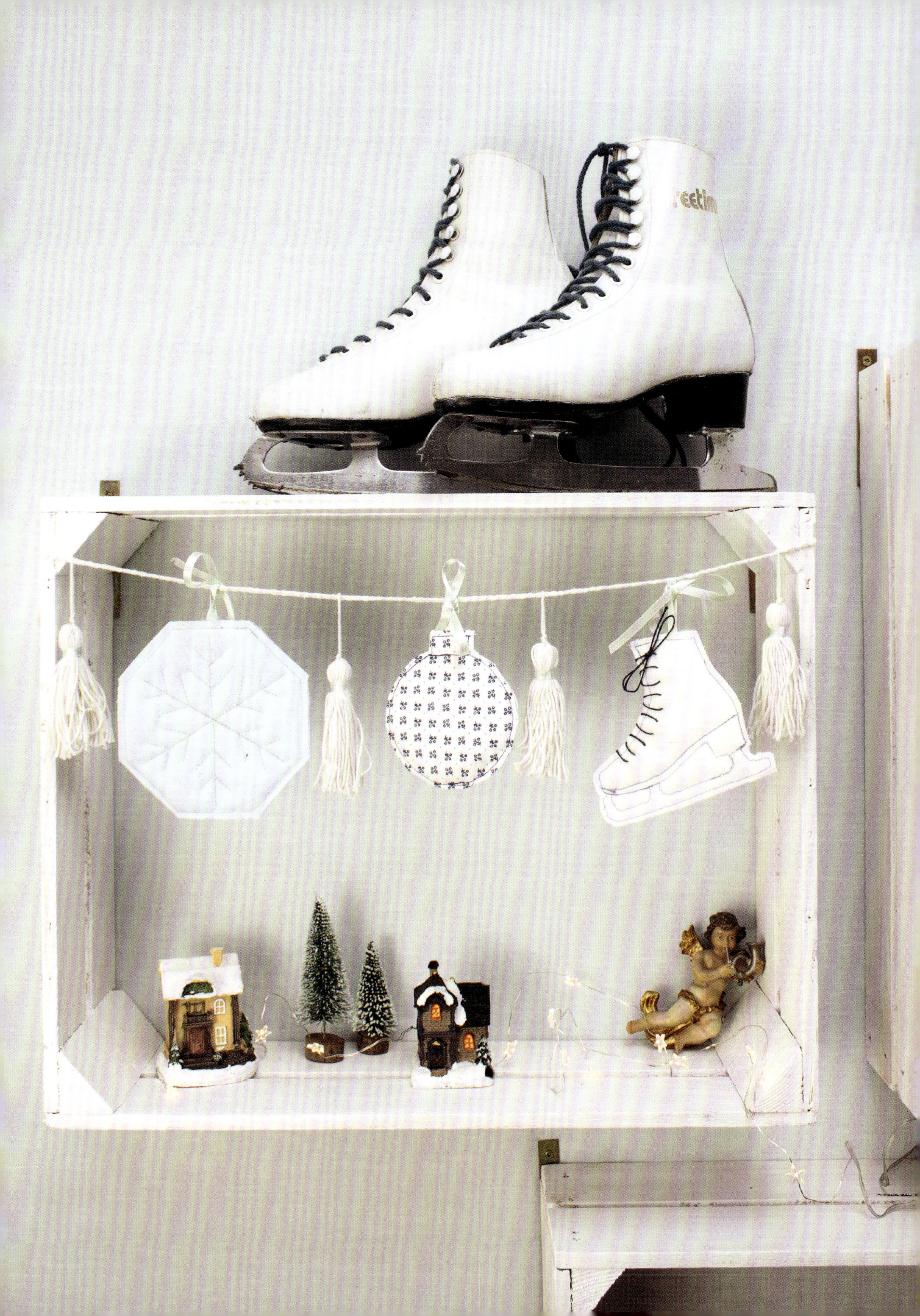

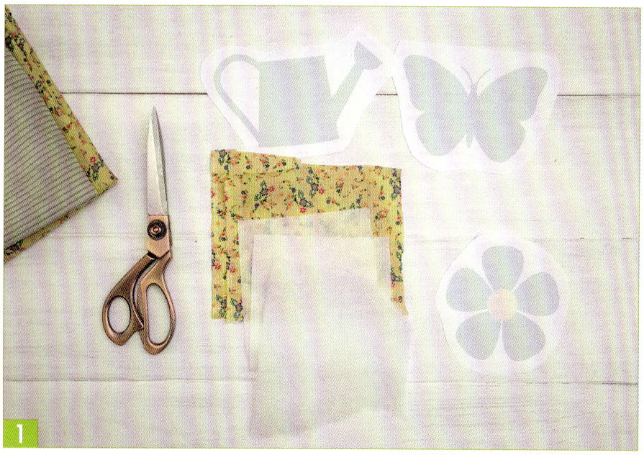

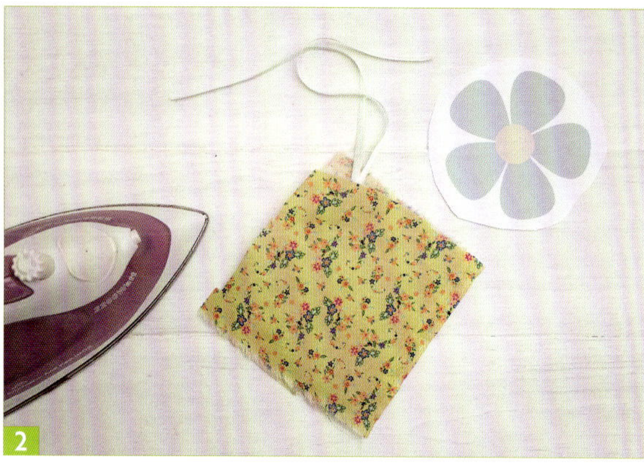

1 Mit einem Grafikprogramm (z.B. Canva) drei bis vier Motive für Frühling, Sommer, Herbst und Winter ausdrucken. Für jedes Motiv zwei Lagen Stoff, zwei Lagen doppelseitiges Bügelvlies und eine Lage Volumenvlies bereitlegen.

2 Die fünf Lagen durch Bügeln miteinander verbinden: Unten liegt Stoff mit der linken Seite nach oben, dann kommt eine Lage Bügelvlies, eine Lage Volumenvlies, eine Lage Bügelvlies, dann wieder Stoff. Zwischen eine der Lagen zusätzlich zwei Stücke Seidenband von jeweils 25 Zentimetern einlegen.

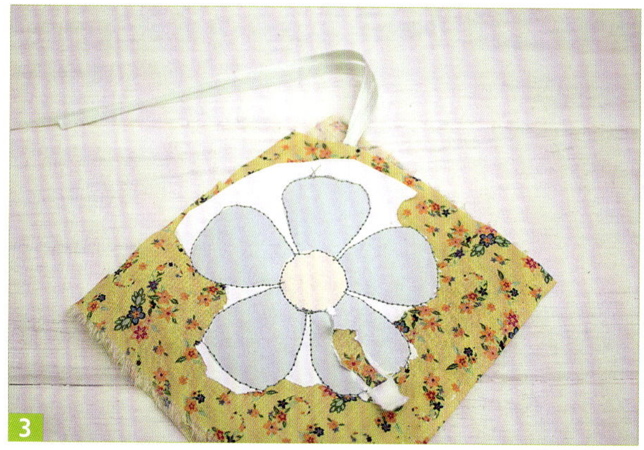

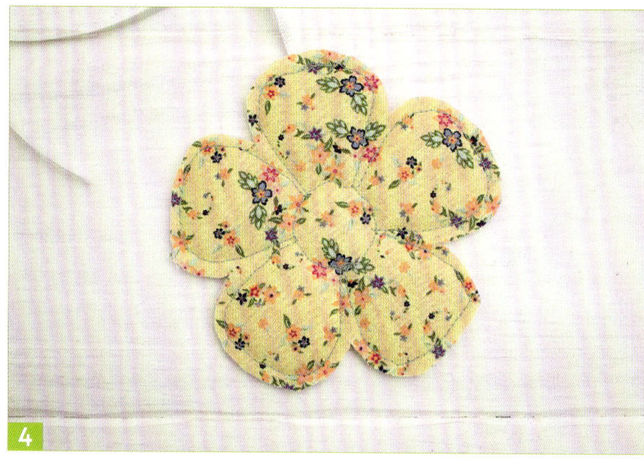

3 Das ausgedruckte Motiv auflegen und mit der Nähmaschine entlang der Konturen nähen. Die Vorlage vorsichtig abreißen. Das geht besonders gut, wenn die Stichlänge nicht zu groß ist.

4 Mit etwas Abstand zur Naht die finale Form ausschneiden.

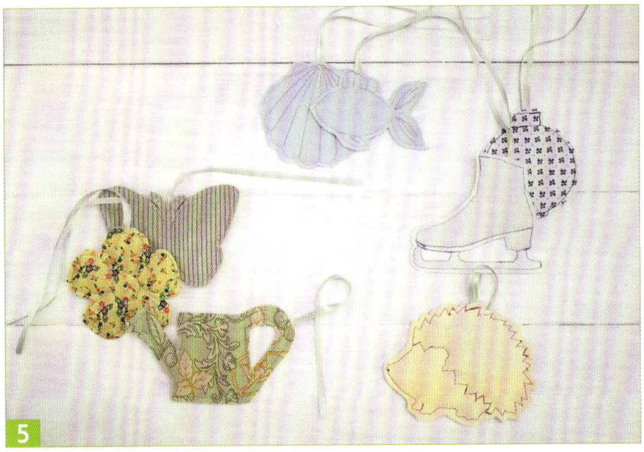

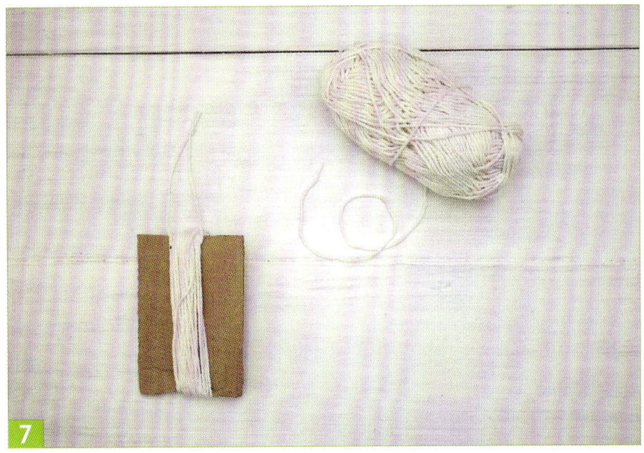

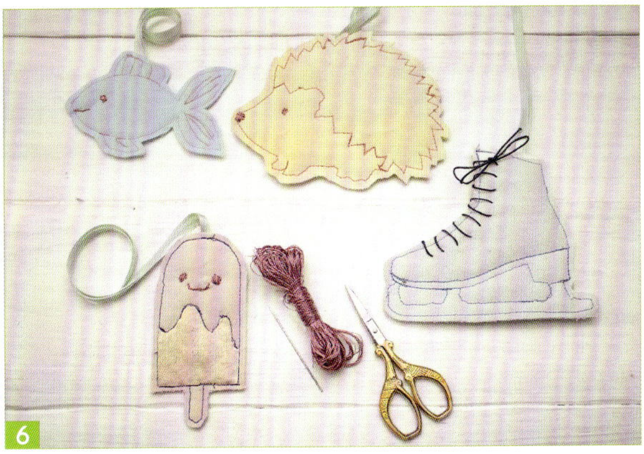

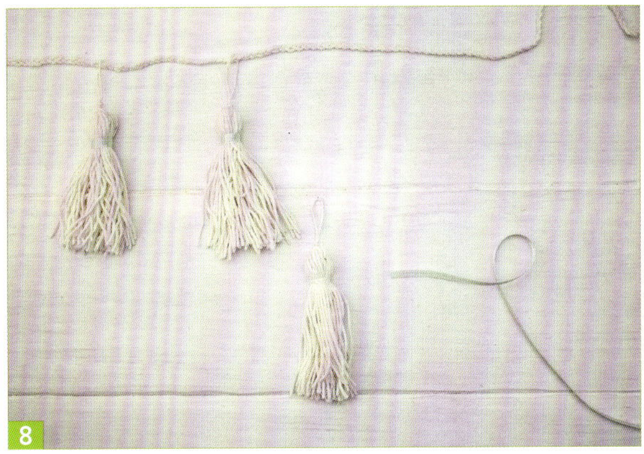

5 Auf diese Weise für jede Jahreszeit drei bis vier Motive fertigen: etwa eine Blume, einen Schmetterling und eine Gießkanne für den Frühling, einen Fisch, eine Muschel und ein Eis für den Sommer, einen Igel, Pilze und ein Ahornblatt für den Herbst und einen Schlittschuh, eine Christbaumkugel und eine Schneeflocke für den Winter.

6 Wo es sich anbietet, die Motive mit Details verzieren: etwa Augen aufsticken, manche Partien mit einer zusätzlichen Lage Stoff versehen (wie hier beim Eis zu sehen) oder mit Schnur (wie beim Schlittschuh).

7 Für die Quasten ein kleines Rechteck aus Karton ausschneiden, das als Wickelhilfe dient. Die Schnur viele Male um das Rechteck wickeln. Oben ein Stück Schnur durchfädeln und verknoten. Die entstandene Schlaufe so verschieben, dass der Knoten unter den aufgewickelten Schnurlagen liegt. Den Karton herausziehen. Einen weiteren Knoten oberhalb der Schnüre binden und mit einem Stück Seidenband den Kopf der Quaste abbinden.

8 Drei lange Stücke Schnur flechten und die Quasten und Motivanhänger einfädeln beziehungsweise daran festbinden.

Goldige Piepmätze

Einfacher Aluminiumdraht eignet sich gut, um ein beliebiges Motiv daraus zu formen – etwa ein solches Vogelpaar: An einem Dekoring befestigt und mit bunten Quasten und Pompoms verziert, zaubert es Fröhlichkeit ins Kinderzimmer.

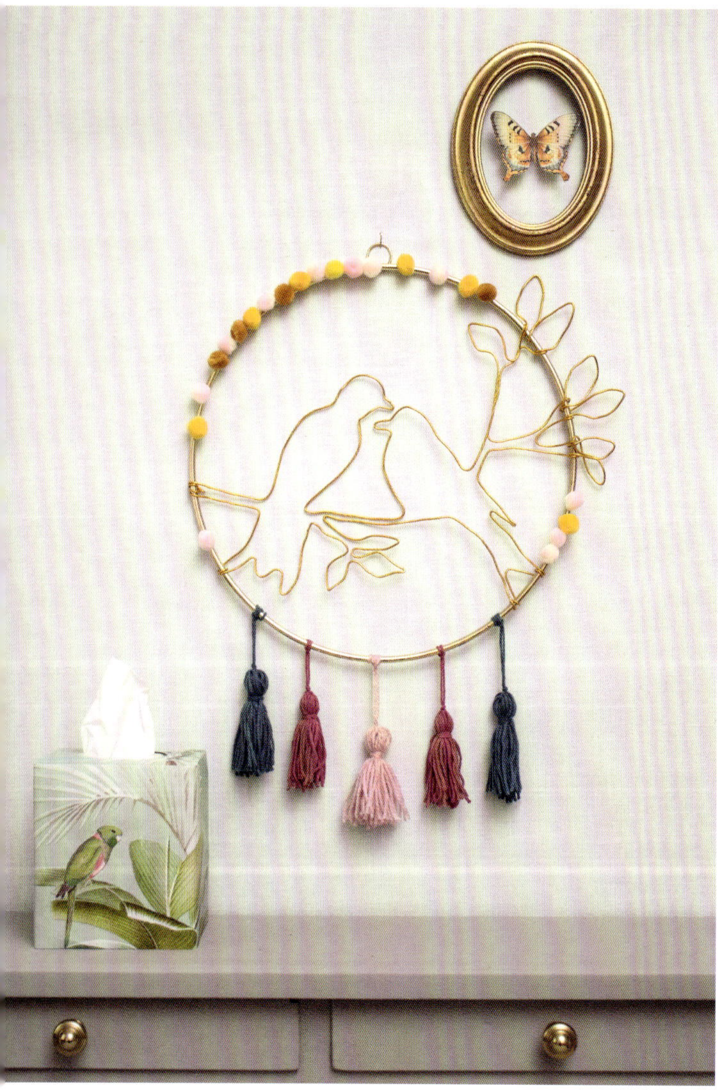

MATERIAL

Dekoring,
Aluminiumdraht,
Klebefilm, Quasten,
Heißkleber, Pompoms

Tipp

Wem die Version mit Aluminiumdraht zu kühl ist, der kann auch eine etwas kuscheligere Alternative wählen und den Draht vor dem Wickeln in einen Strickschlauch schieben oder – noch einfacher – direkt einen Strickschlauch mit Drahtkern nehmen.

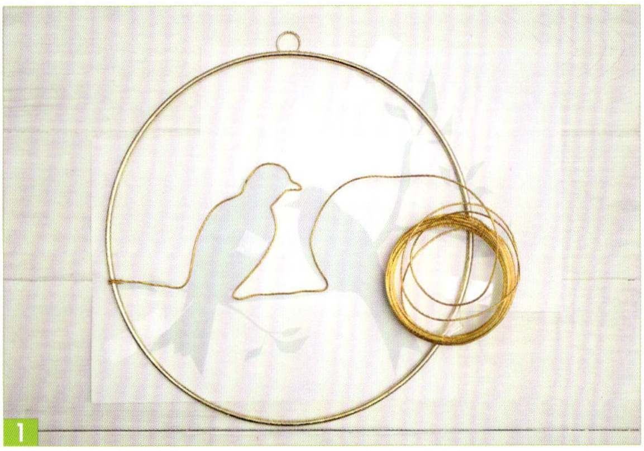

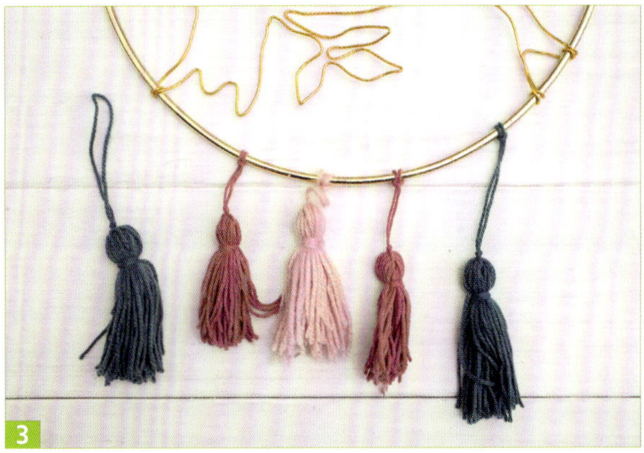

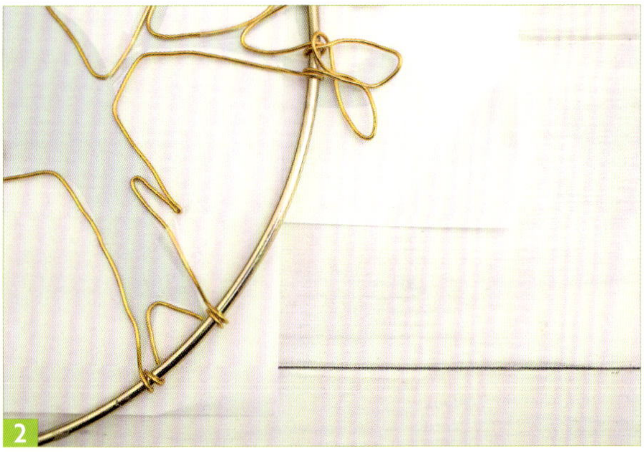

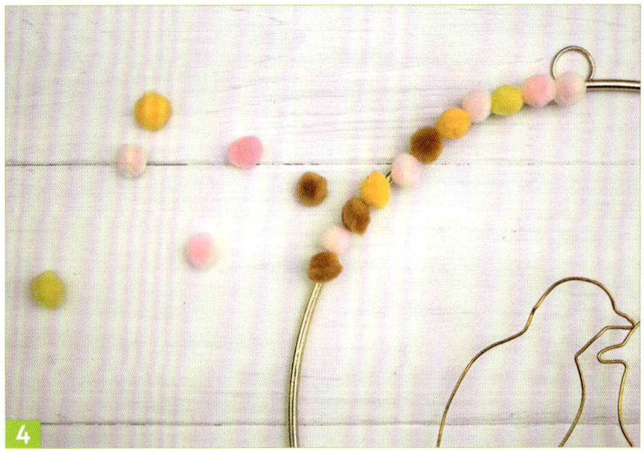

1 Eine Vorlage aufzeichnen oder mithilfe eines Grafikprogramms (z.B. Canva) erstellen und aufzeichnen. Damit das Motiv gut im Ring hält, darauf achten, dass die Vorlage mehrere Berührungspunkte mit dem Ring hat. Den Ring mit Klebefilm auf die Vorlage kleben. Die Umrisse des Motivs mit Aluminiumdraht nachformen.

2 Den Draht zwischendurch immer wieder mit Klebefilm an der Vorlage befestigen, sodass er nicht verrutscht. Wo sich Motiv und Ring berühren, den Draht einmal fest darumwickeln und dann weiter den Umriss nachformen.

3 Mehrere Quasten an den Ring knüpfen. Wer mag, wickelt die Quasten und Pompons selbst.

4 Mit Heißkleber kleine Pompoms an den Ring kleben.

Trio für die Wand

In einen Stickrahmen eingefasst kommen ein Schriftzug, ein Name oder ein Bügelbild besonders gut zur Geltung. Und wenn es dann doch einmal etwas anderes sein soll, sind die Rahmen im Handumdrehen umdekoriert.

MATERIAL

Dünner Stoff, Kugelschreiber, Schere, mehrere Stickrahmen, Stickgarn, Nadel, Seidenband, Bügelbilder, Bügeleisen

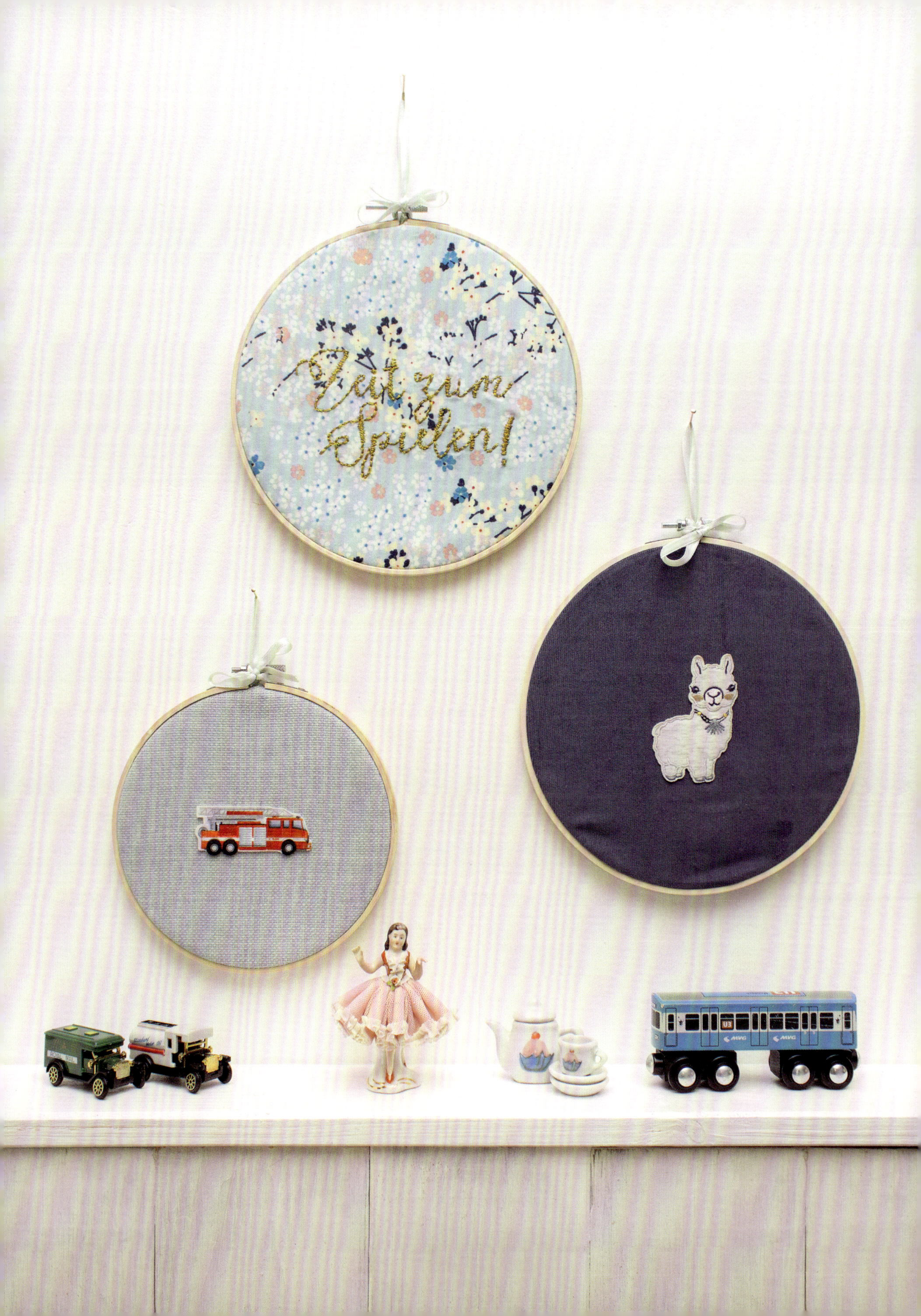
Zeit zum Spielen!

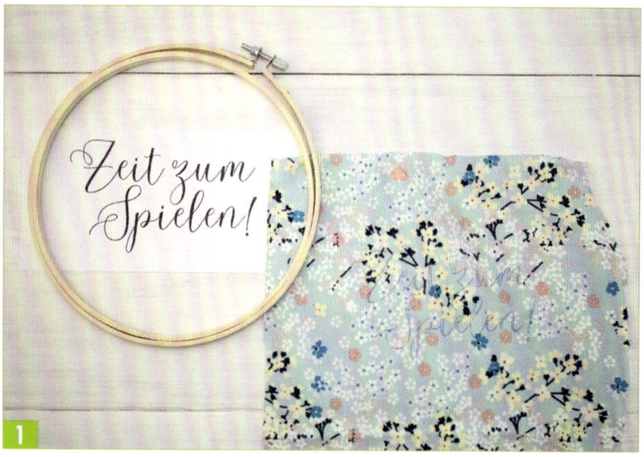

1

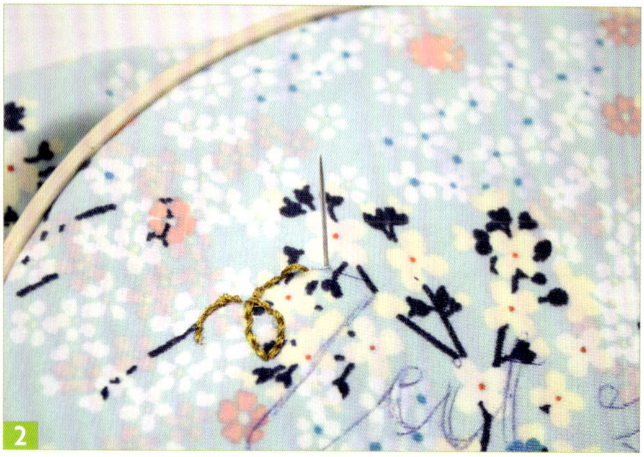

2

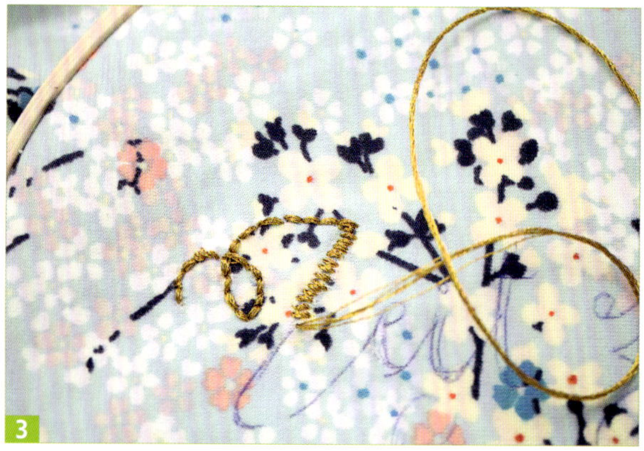

3

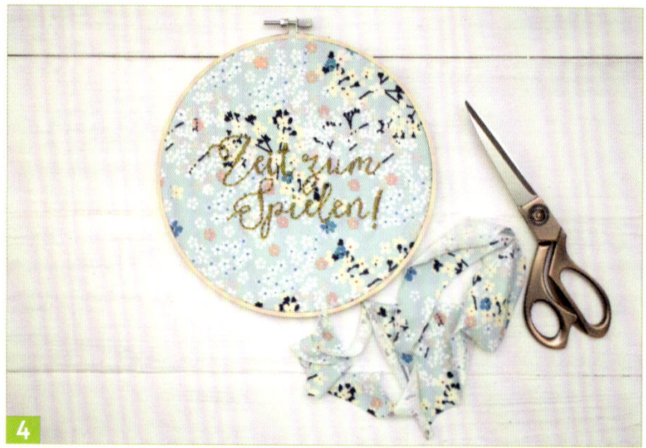

4

1 In einem Textverarbeitungsprogramm einen Schriftzug oder den Namen des Kindes erstellen, wenn der Rahmen als Kinderzimmer-Türschild gedacht ist. Ausdrucken, hinter den Stoff legen und mit Kugelschreiber durchpausen.

2 Den Stoff in den Stickrahmen einspannen und die Schrift nachsticken. Für feine Linien bietet sich ein Rückstich an: dafür die Nadel von vorne durch den Stoff stechen, hinter dem Stoff entlang ein Stück weiter führen, durch den Stoff stechen, die Nadel ein Stück zurück führen und wieder durch die erste Einstichstelle stechen.

3 Für breitere Schriftbestandteile einen Plattstich nutzen: dafür das Garn immer von einer Seite auf die andere führen, sodass sich die Fläche füllt. Den Schriftzug möglichst in einem sticken, am Ende t-Striche und i-Punkte ergänzen.

4 Die offenen Garnenden auf der Rückseite verknoten. Den Stoff noch einmal fester spannen, sodass er straff im Rahmen sitzt. Den überstehenden Stoff rundum abschneiden.

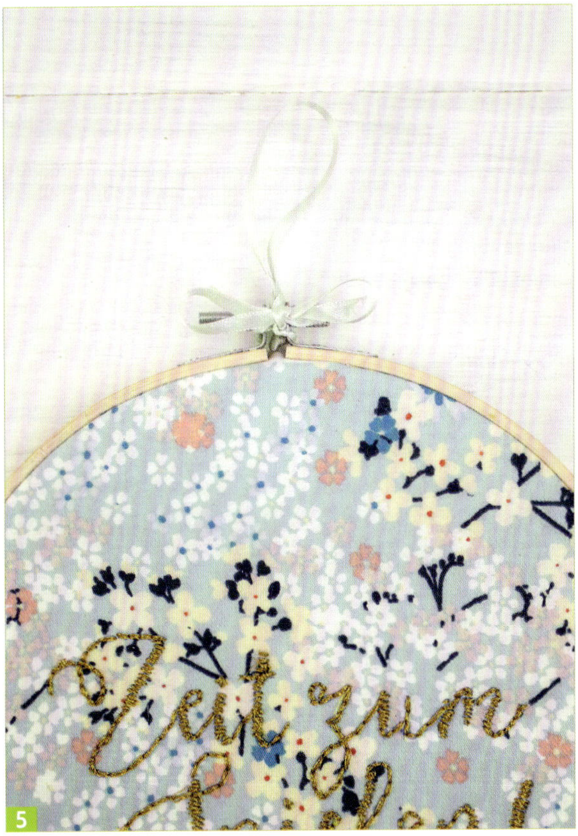

5

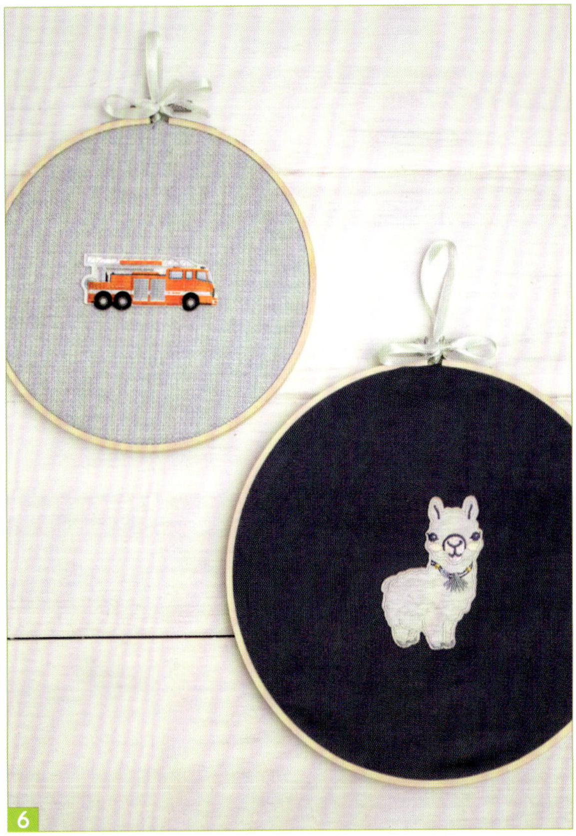

6

5 Als Aufhängung ein Stück Seidenband am Rahmen befestigen.

6 Wer mag, ergänzt den ersten Stickrahmen mit dem Schriftzug um weitere: dafür einfach Bügelbilder auf Stoff aufbügeln, den Stoff in einen Stickrahmen spannen, rundum den überschüssigen Stoff abschneiden und oben am Stickrahmen ein Stück Seidenband festknoten.

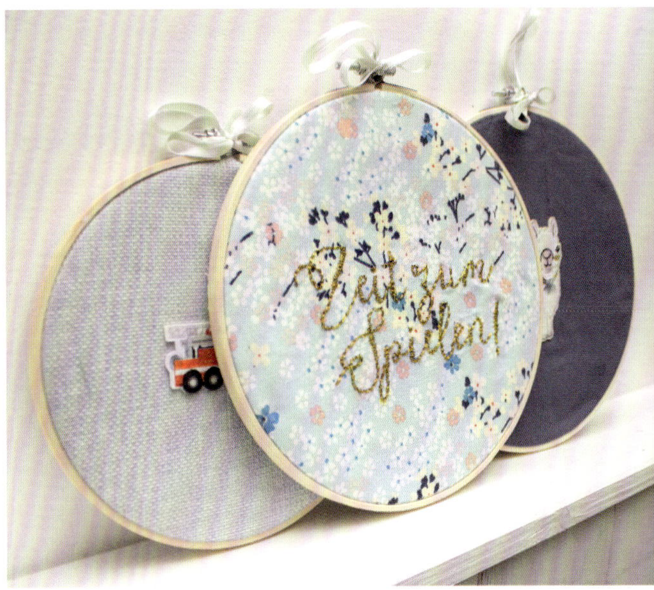

Königliches Kuscheltier

Der majestätische Schwan verzaubert mit seiner Schönheit jedes Kinderreich. Und natürlich kommt er gerne mit in die Kuschelecke oder leistet kleinen Prinzen und Prinzessinnen Gesellschaft beim Einschlafen.

MATERIAL

Weißen, orangefarbenen und goldfarbenen Stoff, Schere, Nähmaschine, Füllwatte, Nadel, Textilmarker

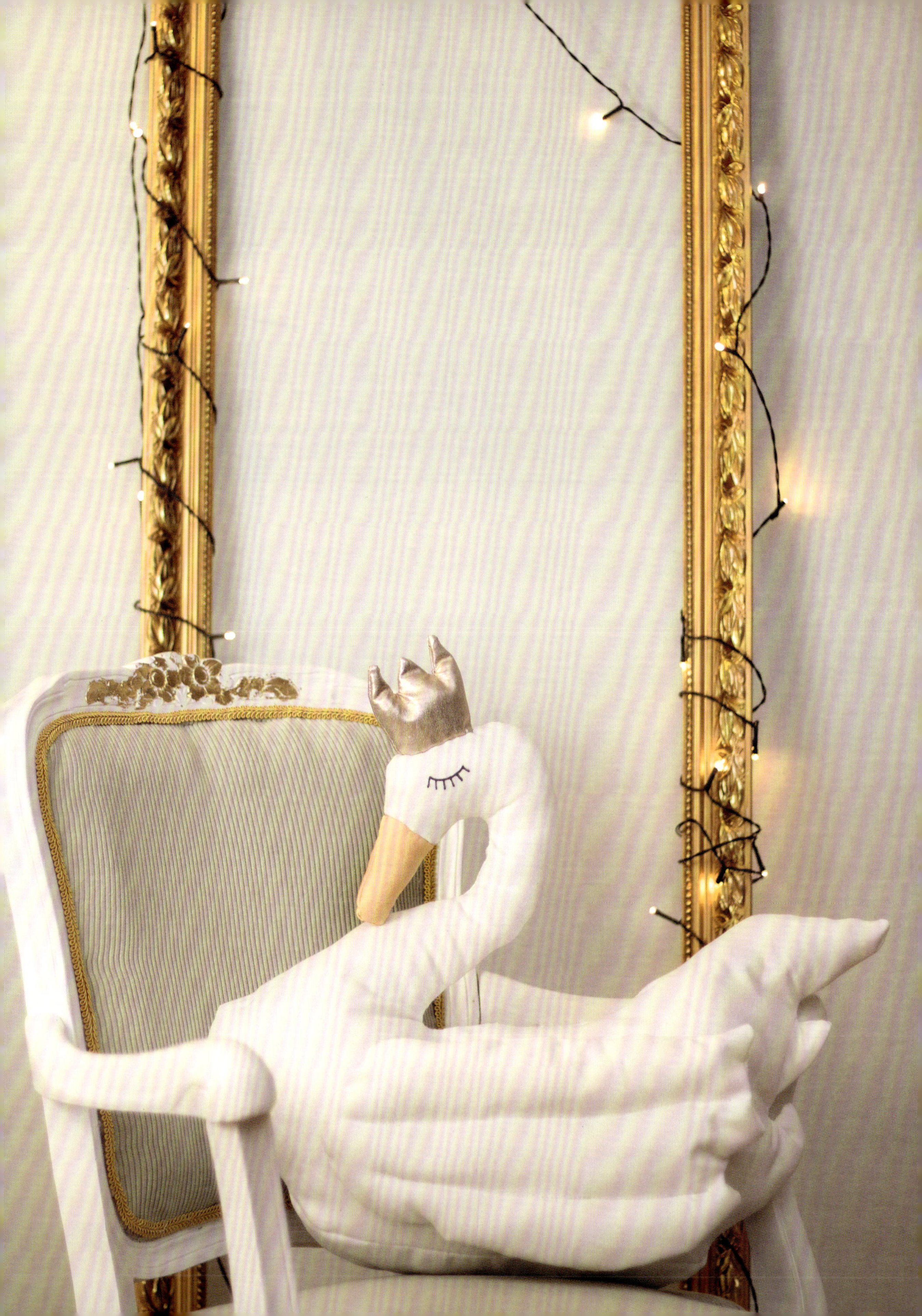

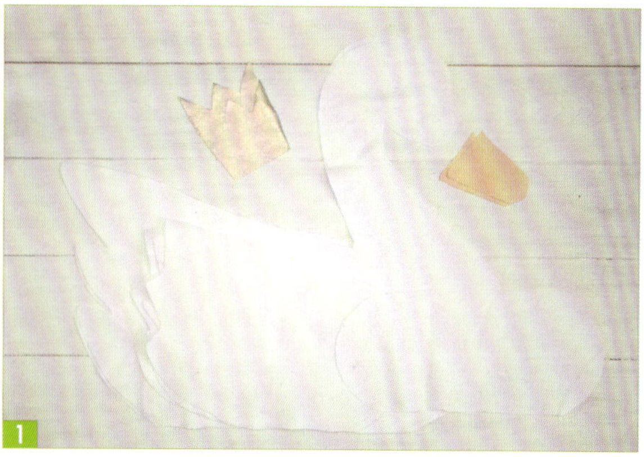

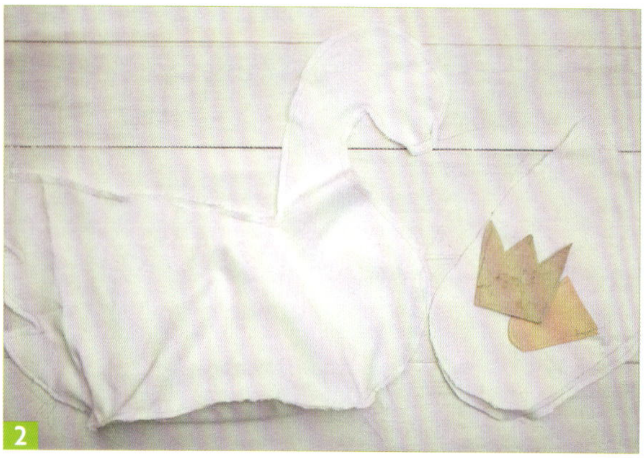

1 Die Teile für den Schwan frei Hand auf den Stoff auszeichnen und ausschneiden: zwei Stoffstücke für den Körper mitsamt Hals, zwei Stoffstücke für den Schnabel, zwei Stoffstücke für die Krone, vier Stoffstücke für die Flügel und ein ovales Stück Stoff für den Bauch.

2 Die beiden Teile für den Körper und das Stoffoval zusammennähen, dabei am Rücken des Schwans eine Wendeöffnung lassen. Die Teile für Schnabel, Krone und zwei Flügel jeweils rechts auf rechts legen und zusammennähen, dabei Wendeöffnungen lassen.

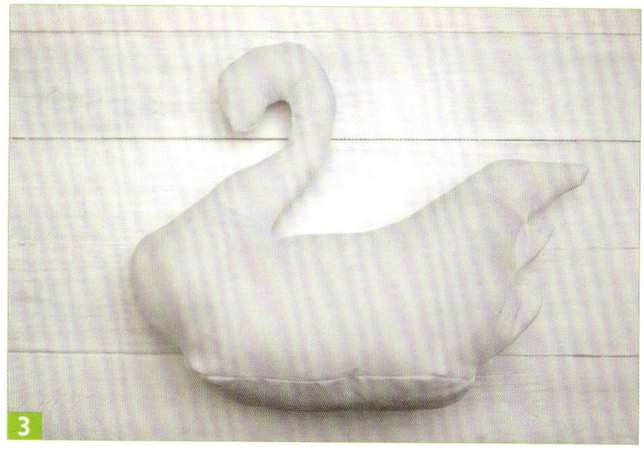

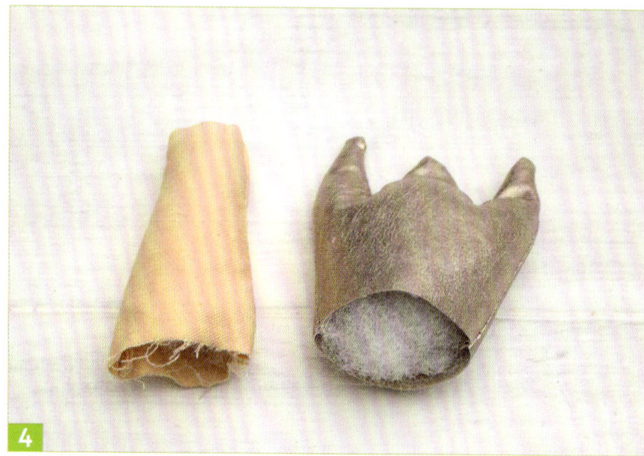

3 Den Schwanenkörper wenden und mit Füllwatte ausstopfen. Die Wendeöffnung mit einer unsichtbaren Naht schließen.

4 Den Schnabel und die Krone wenden und mit Füllwatte stopfen.

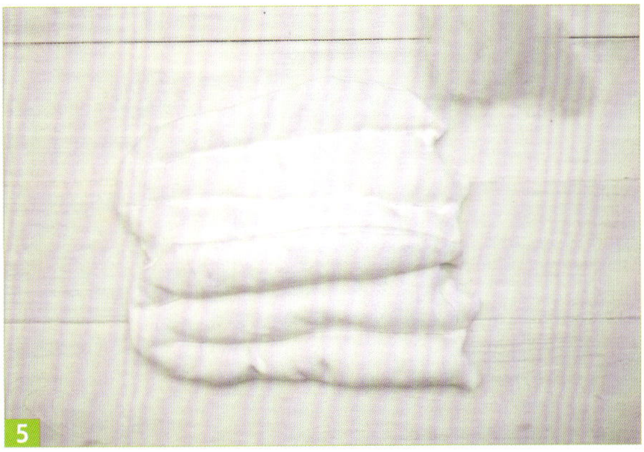
5

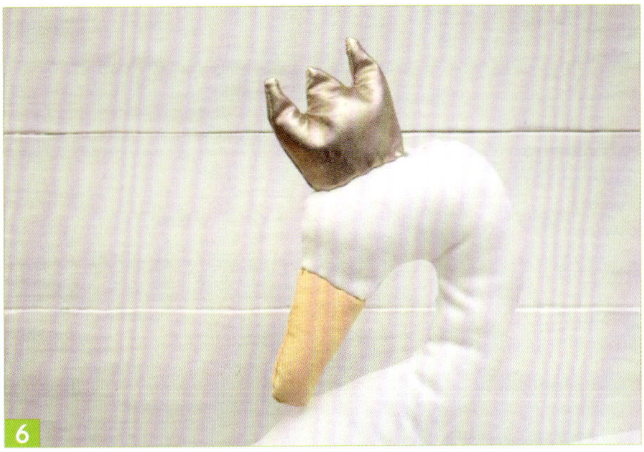
6

5 Etwas Füllwatte in die Flügel stopfen und eine waagrechte Naht darübersetzen. Wieder etwas Füllwatte in den Flügel geben, eine zweite Naht darüber nähen, den oberen Teil des Flügels mit Füllwatte stopfen und die Wendeöffnung mit einer unsichtbaren Naht schließen.

6 Die Krone und den Schnabel jeweils mit einer unsichtbaren Naht am Kopf des Schwans annähen.

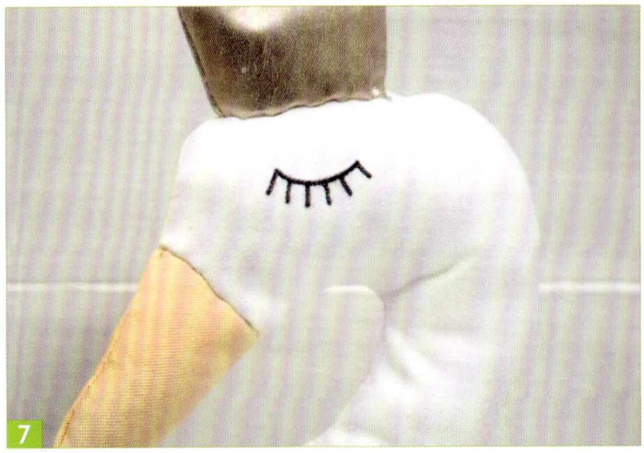
7

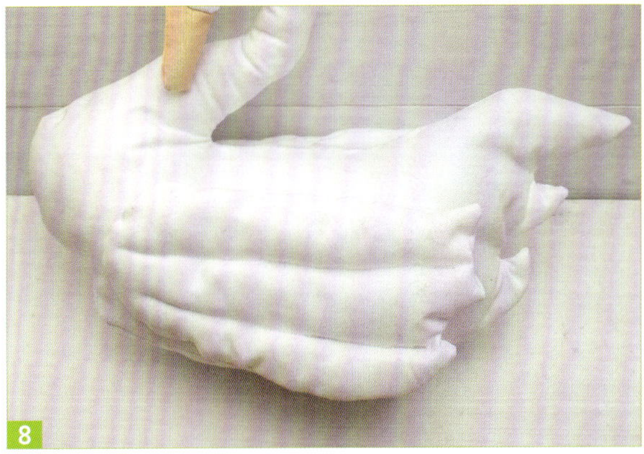
8

7 Mit einem Textilmarker auf beiden Seiten des Kopfs Augen aufmalen.

8 Zuletzt die Flügel mit einigen Stichen am Schwanenkörper festnähen.

Für selbst gemalte Kunstwerke

Kinderbilder entstehen oft innerhalb von wenigen Minuten, aber wohin dann damit? Mit einem Wechselrahmen lässt sich ein Kunstwerk im Nu aufhängen und wieder ersetzen, wenn das nächste fertig ist.

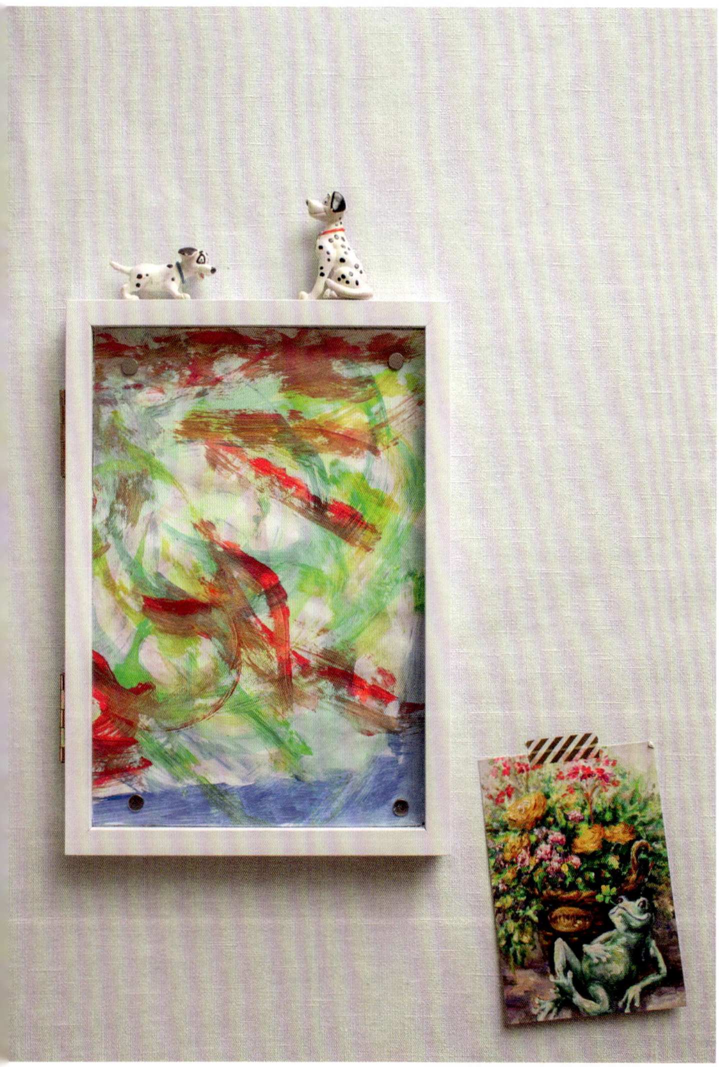

MATERIAL

2 identische Bilderrahmen aus Holzwerkstoff, Cuttermesser, 2 Scharniere, kleine Schrauben, Schraubenzieher, Zange, Heißkleber, selbstklebende Bastelfolie, 8 starke Scheibenmagnete, 8 schwache selbstklebende Magnetplättchen

Tipp

Wer Lust hat, baut gleich mehrere solcher Wechselrahmen und vereint sie zu einer kleinen Bilderwand. Darauf achten, dass sowohl Rahmen für Hoch- als auch für Querformate dabei sind.

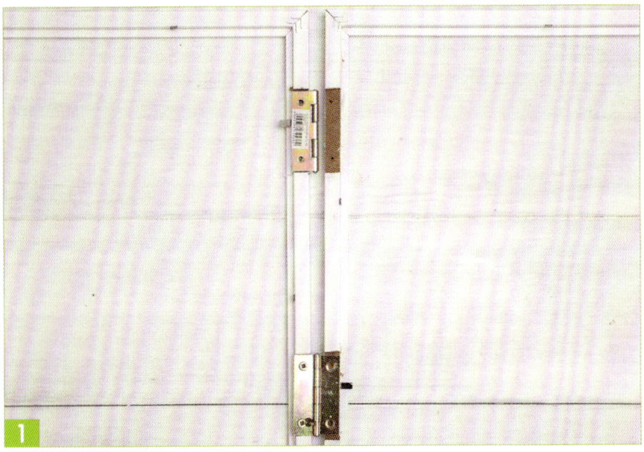

1

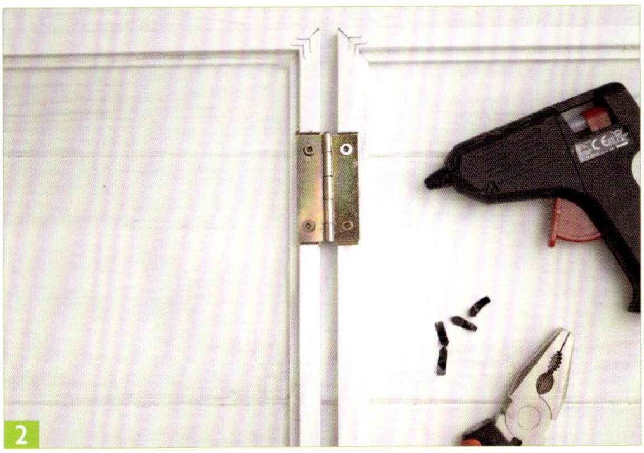

2

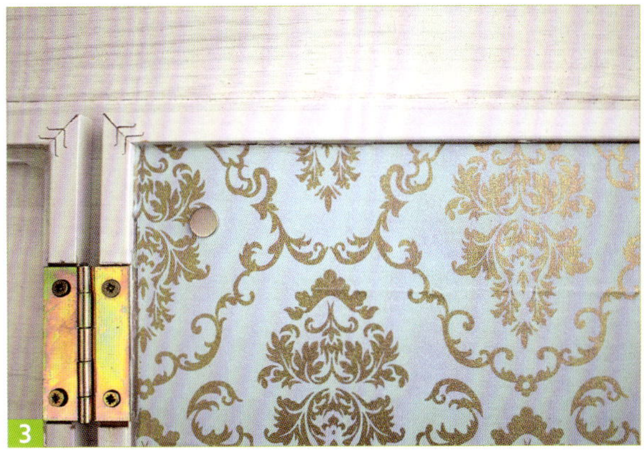

3

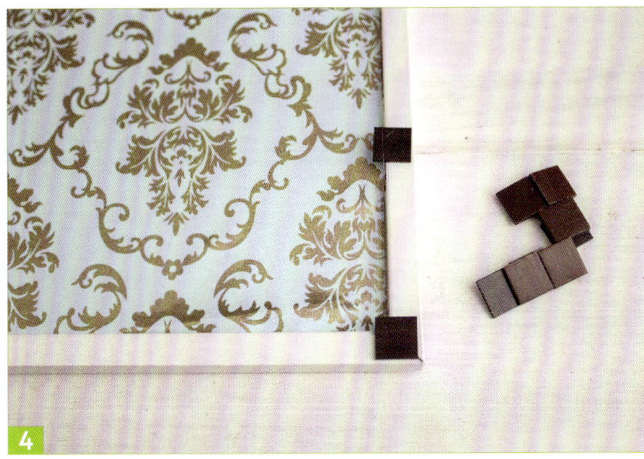

4

1 Aus beiden Bilderrahmen das Glas und die Rückwände herausnehmen. Dort, wo die Scharniere sitzen sollen, mit dem Cutter in beide Rahmen eine kleine Vertiefung hineinschneiden. Die Scharniere festschrauben.

2 Mit der Zange die Metallstäbchen herausziehen, die normalerweise die Rückwand halten. In den vorderen Rahmen mit Heißkleber das Glas einkleben.

3 Eine Rückwand mit Bastelfolie bekleben. Auf der Rückseite der Rückwand mit Heißkleber vier Scheibenmagnete befestigen. Die vier dazugehörigen Scheibenmagnete auf der Vorderseite nicht festkleben – sie dienen später dazu, das Kinderbild zu halten und müssen sich daher bei Bedarf kurz abnehmen lassen.

4 Auf beide Rahmen jeweils vier Magnetplättchen kleben, die die beiden Rahmen zusammenhalten.

Schwebender Schwarm

Fast sieht es so aus, als würden die Schmetterlinge jeden Moment davonfliegen – aber erst einmal bleiben sie sitzen und verschönern die Wand. Wer Lust hat, kann mit der Anleitung weitere Wandkunstwerke schaffen: etwa mit Vögeln, Flugzeugen, Autos oder anderen aktuellen Lieblingsthemen des Kinds.

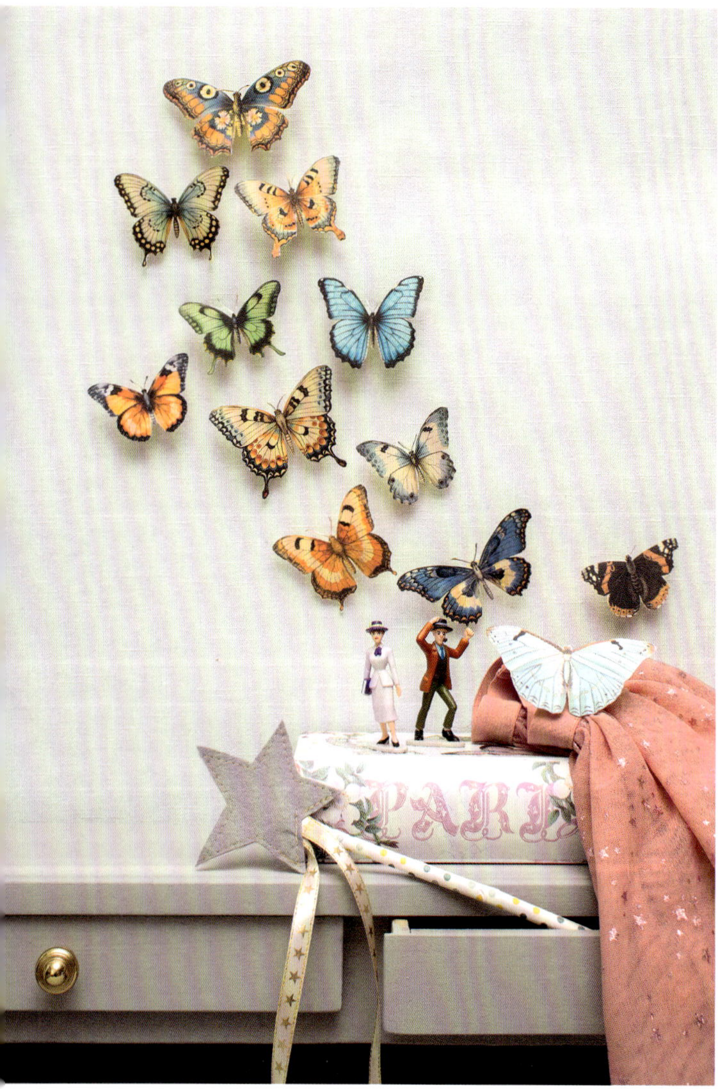

MATERIAL

Tonpapier,
Bleistift oder Buntstifte,
Schere, Flüssigkleber,
Heißkleber,
doppelseitige Klebepunkte

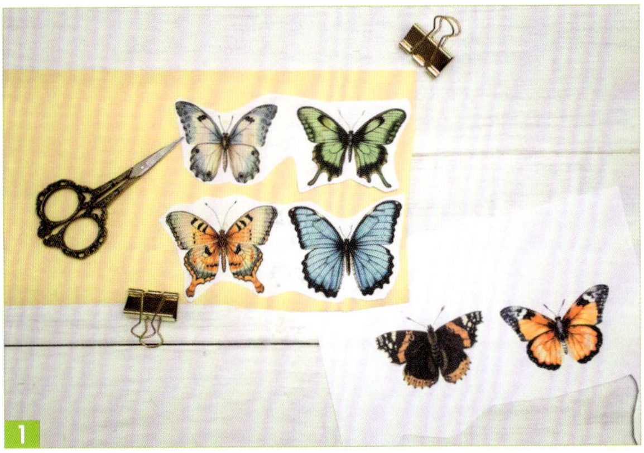

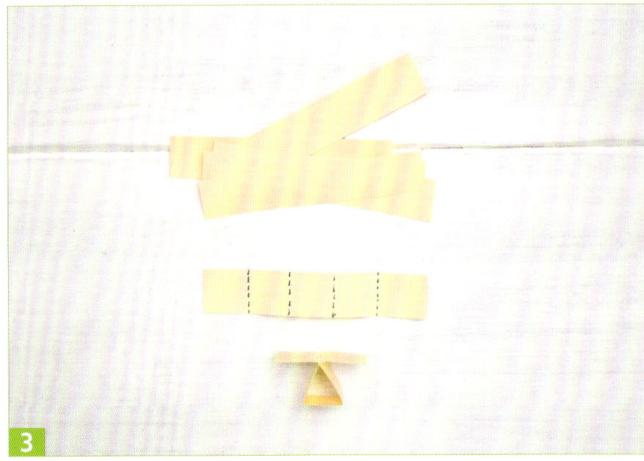

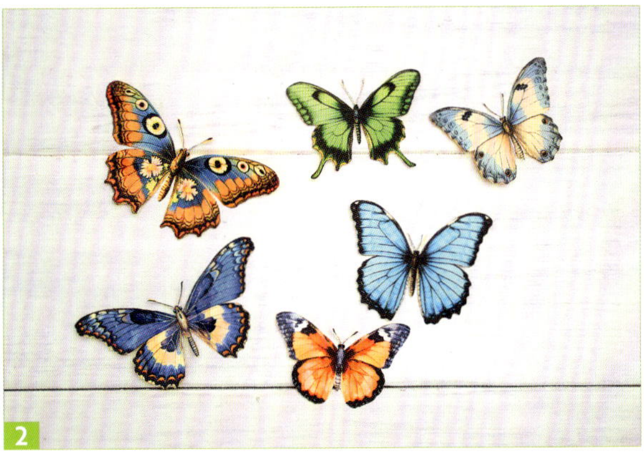

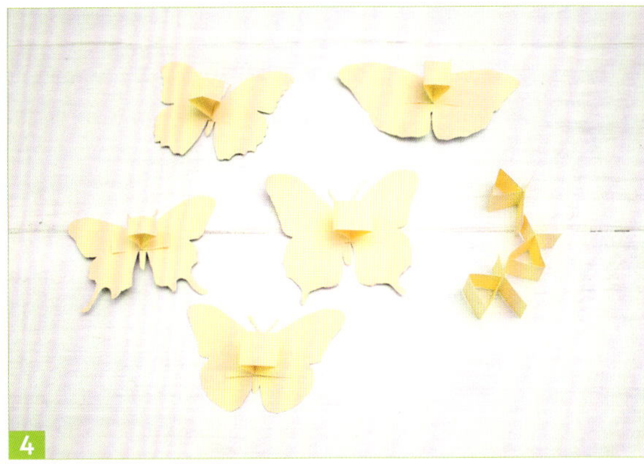

1 Schmetterlinge auf Papier zeichnen oder mit einem Grafikprogramm (z.B. Canva) erstellen und ausdrucken. Grob ausschneiden und mit Flüssigkleber auf Tonpapier kleben.

2 Die Schmetterlinge exakt ausschneiden.

3 Für jeden Schmetterling einen Streifen aus Tonpapier zurechtschneiden. Diesen in fünf Teile unterteilen und so falten, dass unten ein Dreieck entsteht. Mit Heißkleber fixieren.

4 Die Dreiecke mit Heißkleber auf die Rückseite der Schmetterlinge kleben und diese dann mit doppelseitigen Klebepunkten direkt an der Wand im Kinderzimmer befestigen.

Ein Himmel aus Stoff

Ob zum Schlafen, Verstecken, Lesen oder Kuscheln: Über dem Bett oder in einer Ecke des Zimmers aufgehängt, schenkt der Baldachin einen Ort der Geborgenheit. Wer es sich leicht machen will, fertigt ihn aus ausrangierten Vorhängen.

MATERIAL

Metallring, Stoff oder 3 Fertigvorhänge, Stift, Schere, Maßband, Nähmaschine, Bügeleisen, Kordel, Gummiband

Tipp

Wem der Stoffhimmel allein zu schlicht ist, der kann ihn auf vielfältige Weise verschönern: etwa mit einer Spitzenborte an den Stoffkanten, mit Glitzersternen zum Aufbügeln oder einer Pompomgirlande. Besonders gemütlich wird es zudem mit einer Lichterkette im Inneren.

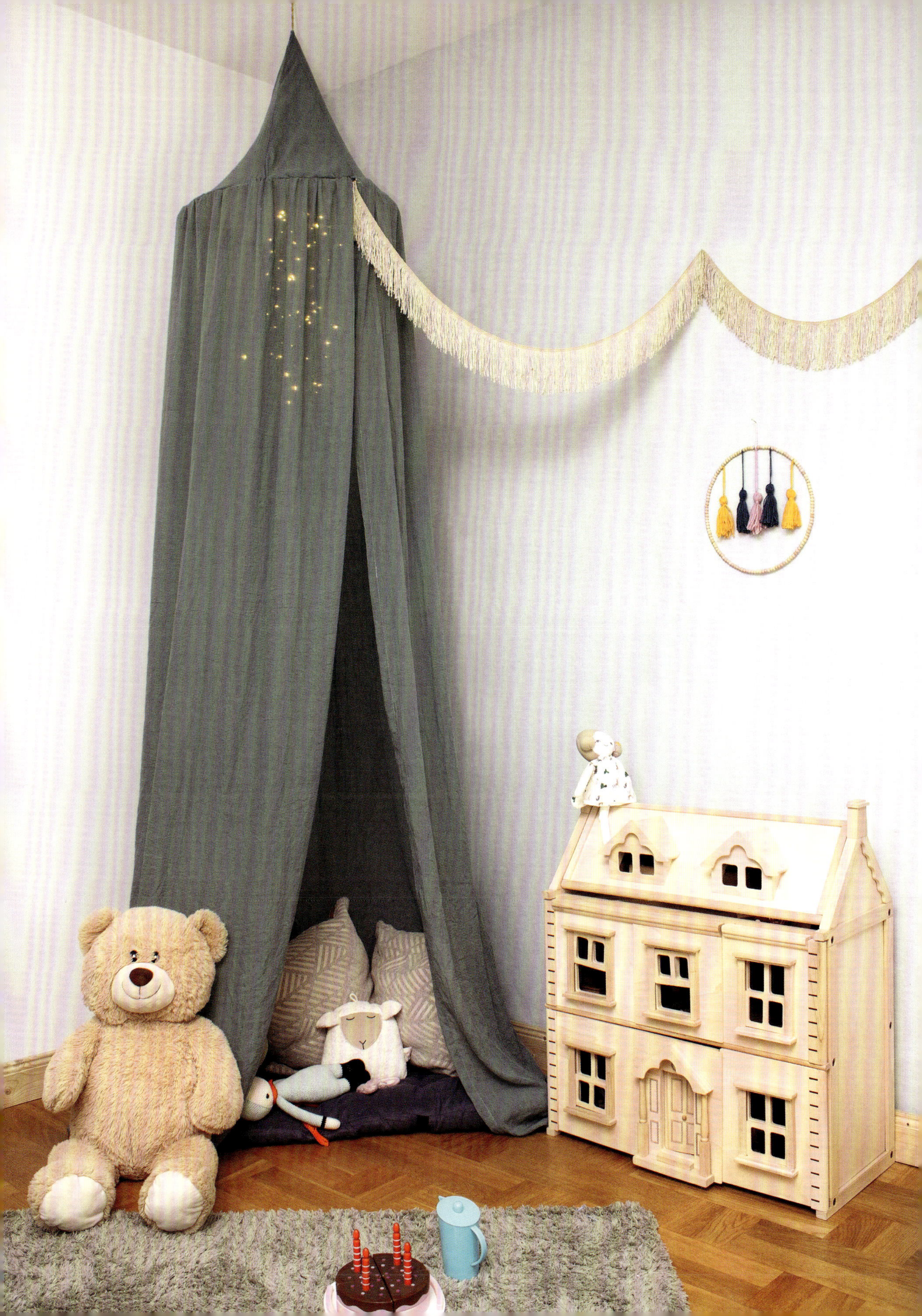

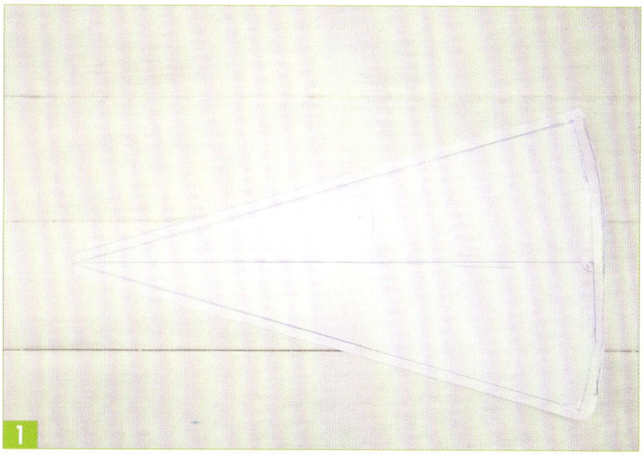

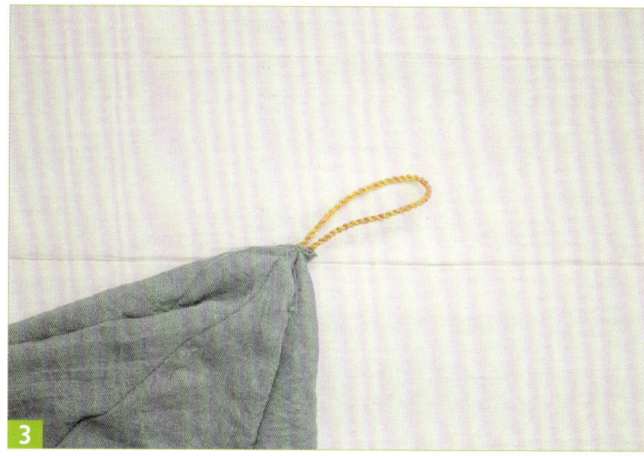

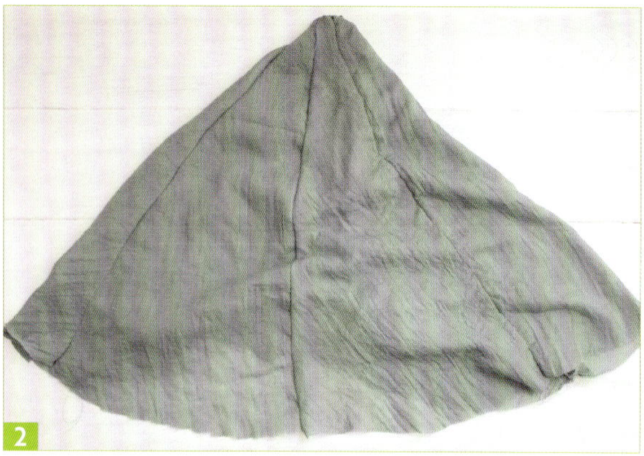

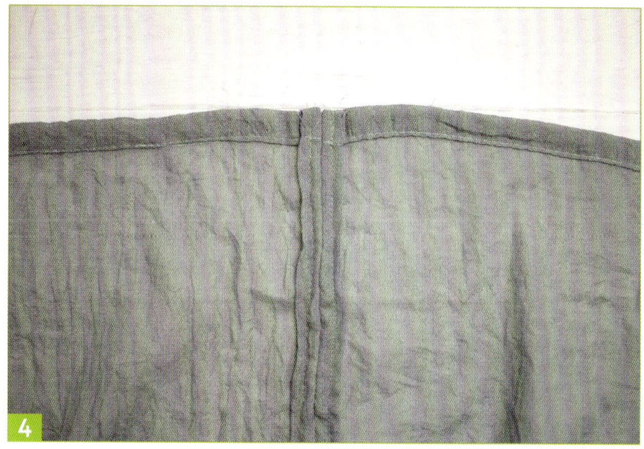

1 Zunächst die Kuppel des Baldachins vorbereiten: dafür ein Dreieck mit gebogener Basis als Schablone aufzeichnen. Um die Länge der Basis zu ermitteln, den Umfang des Metallrings ausmessen oder errechnen (Durchmesser des Rings hier: 50 cm, Umfang: 50 x π ergibt 157 cm). Den Umfang durch sechs teilen (hier: ca. 27 cm). Die Länge der Schenkel frei festlegen – je länger die Schenkel, desto höher und spitzer später die Kuppel. Hier beträgt die Länge 50 cm. Rundum einen Zentimeter Nahtzugabe zugeben. Mithilfe der Schablone sechs Dreiecke aus Stoff zuschneiden.

2 Die Dreiecke an den langen Kanten aneinandernähen, dabei an der Spitze eine kleine Öffnung lassen.

3 Eine Kordel einlegen und festnähen.

4 Für den unteren Teil des Baldachins zwei gleich große Stoffstreifen in der gewünschten Länge zuschneiden. Die Breite der beiden Streifen sollte zusammengerechnet mindestens das 1,5-Fache des Ringumfangs betragen, damit sich der Stoff später etwas raffen lässt. Als Nahtzugabe zwei Zentimeter wählen. Die beiden Streifen zusammennähen. Die offenen Kanten versäubern: dafür die Nahtzugaben auseinanderbügeln, nach innen falten, bügeln und annähen. Die offenen Stoffkanten unten und an den Seiten ebenfalls einschlagen und absteppen. Bei Fertigvorhängen entfällt der letzte Schritt, sodass man nur zwei Vorhänge aneinandernähen und die Naht versäubern muss.

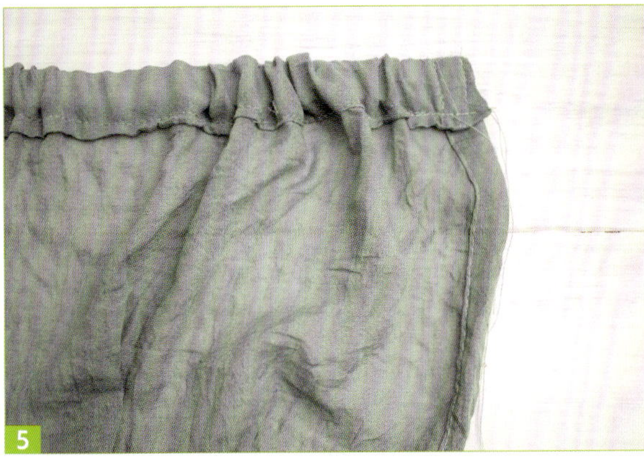

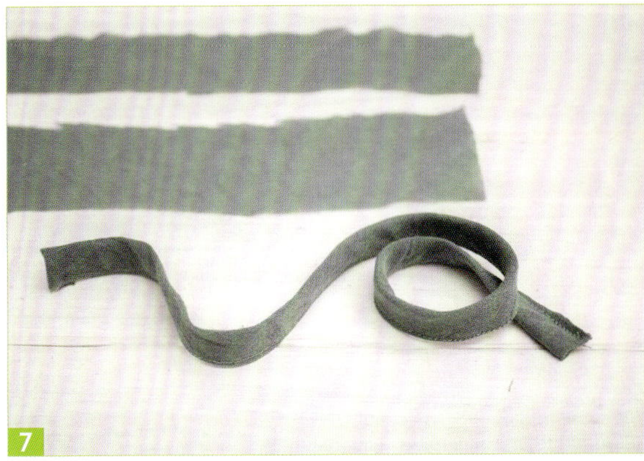

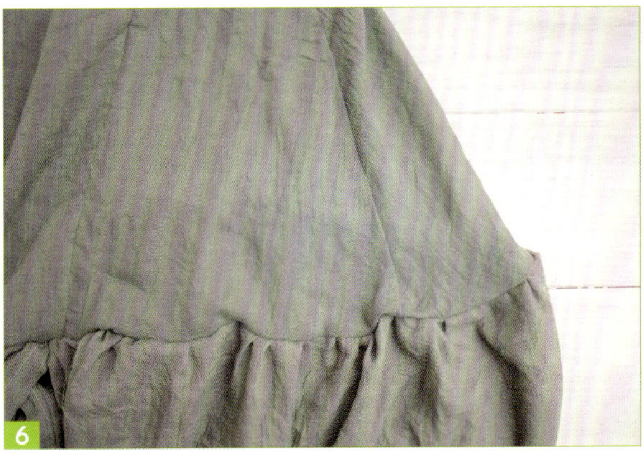

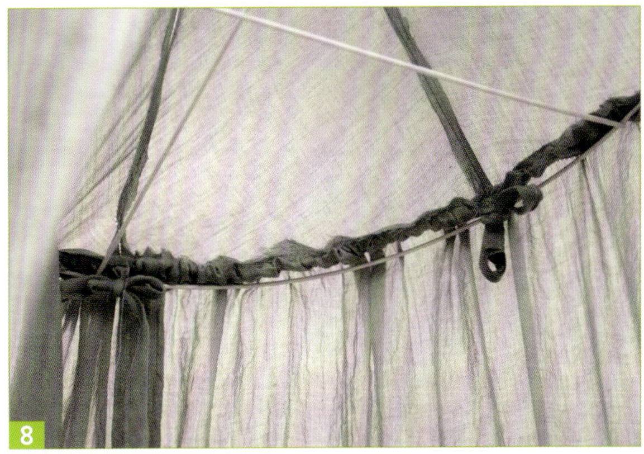

5 Die obere Kante umschlagen und annähen, sodass ein Tunnel entsteht. Ein Gummiband durchziehen und den Stoff auf die Länge des Metallring-Umfangs raffen.

6 Die Stoffkuppel an den oberen Teil des Baldachins annähen.

7 Um den Stoff am Metallring zu befestigen, acht bis zehn Bänder nähen: dafür Stoffstreifen zuschneiden, die kurzen Seiten umschlagen und festnähen. Die Längskanten nach innen umschlagen, dann den Stoff nochmal nach innen falten und so festnähen.

8 Die Bänder am Baldachinstoff festnähen, den Baldachin aufhängen und den Ring mithilfe der Bänder im Inneren festbinden.

Für Superhelden, Ritter und kleine Hoheiten

Was wollen wir heute sein? Die meisten Kinder lieben es, sich zu verkleiden. Da ist es eine gute Idee, zumindest einige Basics im Sortiment zu haben: etwa eine Superheldenmaske, eine Krone und ein wandelbares Kostüm.

MATERIAL

Filzbögen, Stift, Schere, Nähmaschine, Seidenband, Stoff, Bügelvlies, Bügeleisen, Nähnadel, Nähgarn, Pailletten, ausrangiertes Shirt, aufbügelbares Klettband, Textilkleber

Tipp

Neben den hier gezeigten Basics darf gerne Abgelegtes und Aussortiertes in die Verkleidungskiste wandern, etwa alte Brillengestelle, Haarreife oder Hüte. So entsteht nach und nach ein buntes Sammelsurium, aus dem sich die Kinder nach Lust und Laune bedienen können.

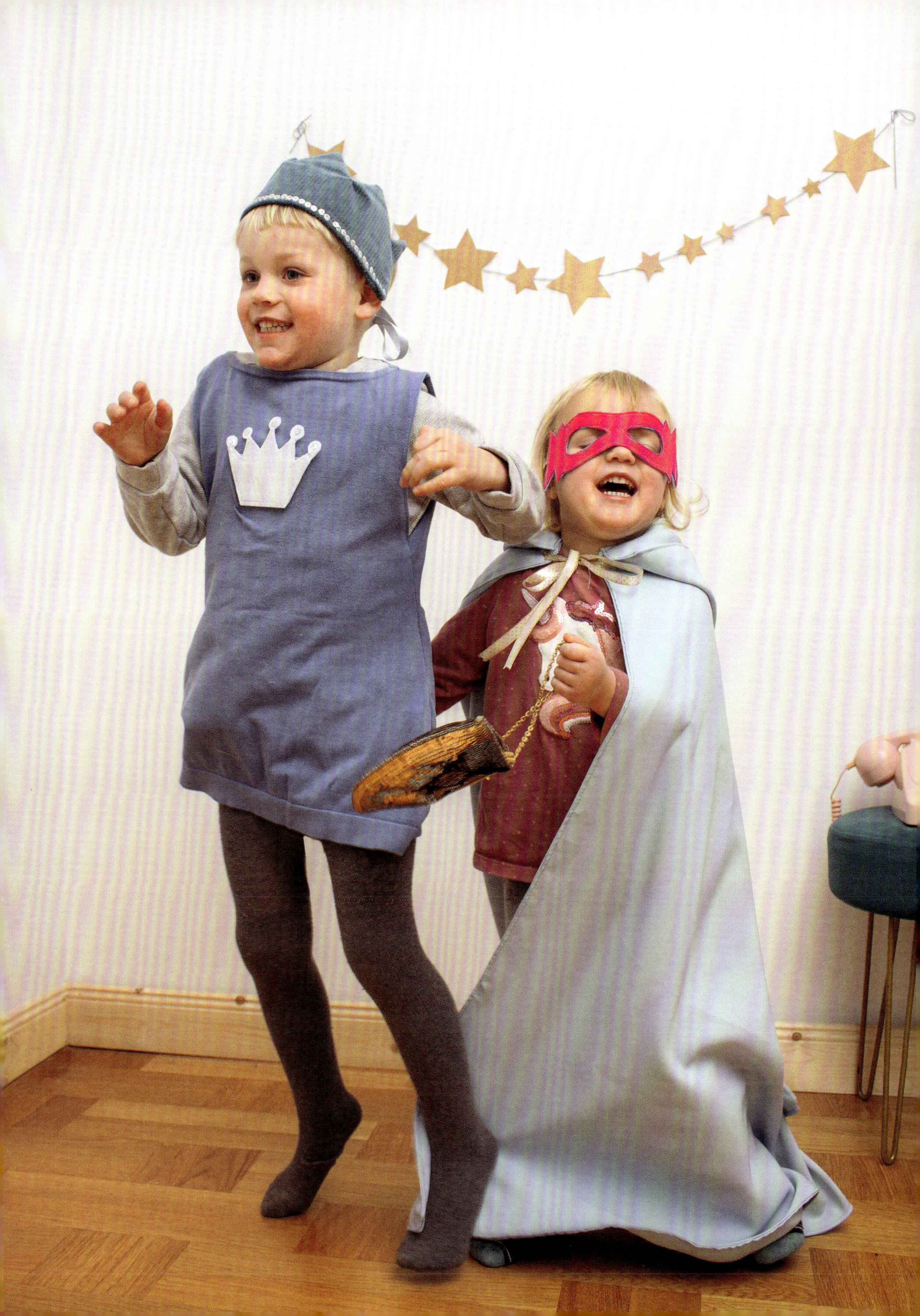

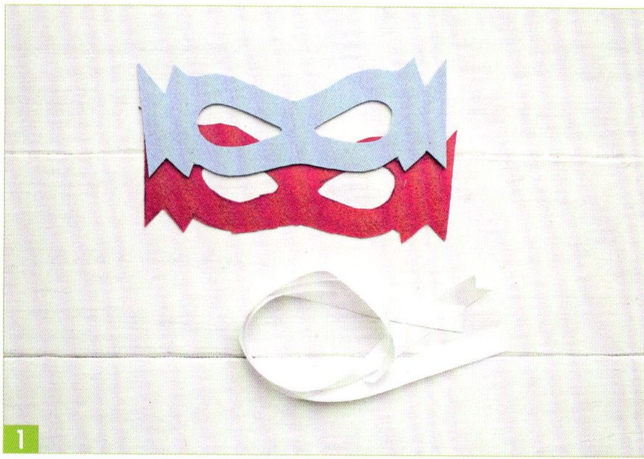

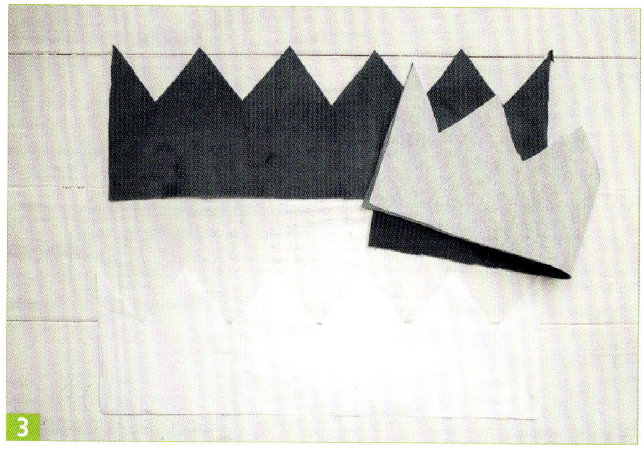

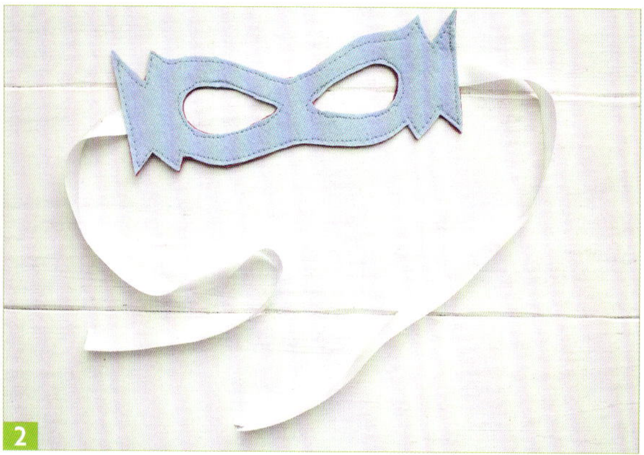

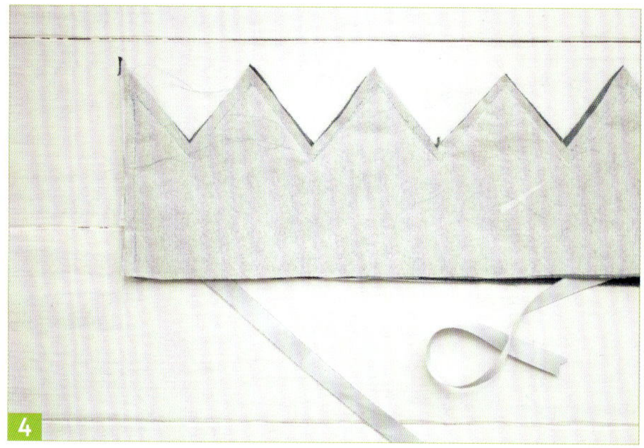

1 Für eine Superheldenmaske die gewünschte Maskenform auf zwei Filzbögen aufzeichnen und ausschneiden.

2 Beide Teile aufeinanderlegen und zusammennähen, dabei rechts und links ein 20 bis 25 Zentimeter langes Stück Seidenband einlegen.

3 Für die Krone eine Schablone auf Papier zeichnen, dabei rundum bereits eine Nahtzugabe von einem Zentimeter mit einrechnen. Mithilfe der Schablone zwei Stücke Stoff und zwei Stücke Bügelvlies zuschneiden. Die Stoffstücke mit Vlies verstärken.

4 Rechts auf rechts legen, an den Seiten und oben zunähen, dabei zwei Stücke Seidenband von 20 bis 25 Zentimetern Länge mit einnähen.

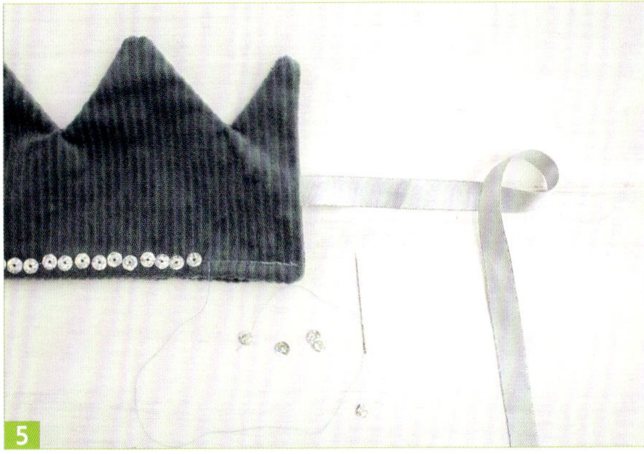

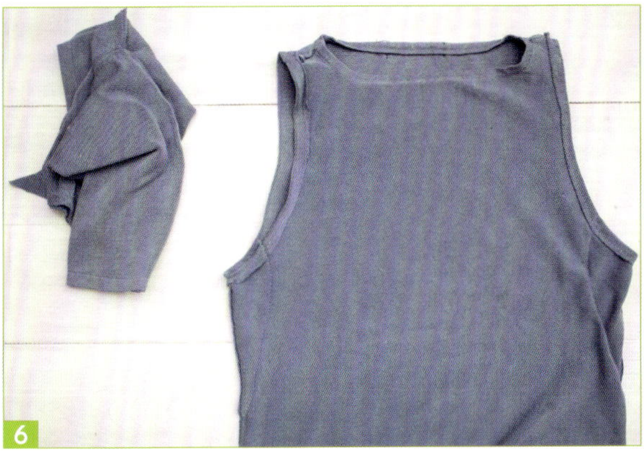

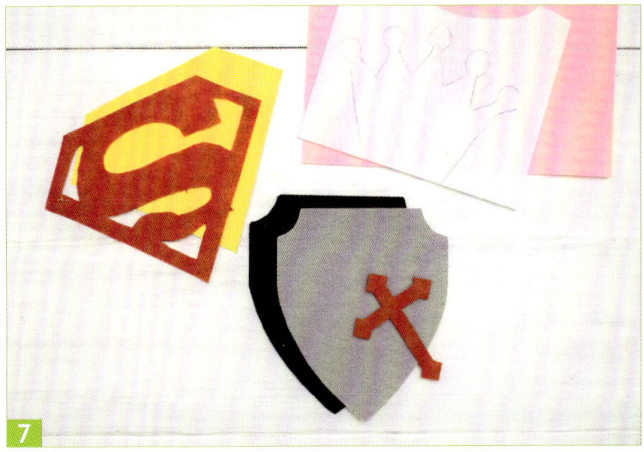

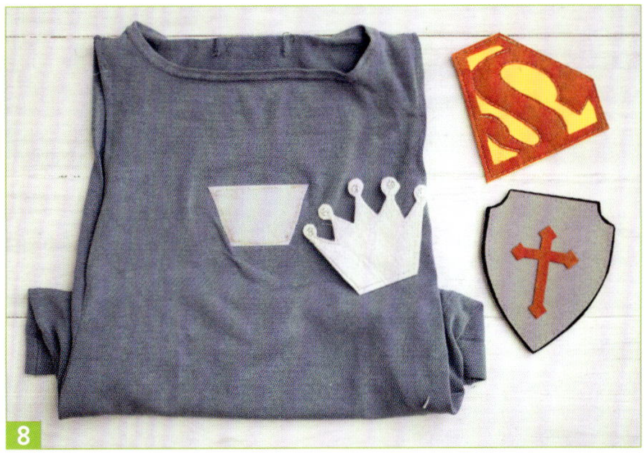

5 Die Krone wenden, den Stoff an der unteren Kante einschlagen und festnähen. Die Naht mit Pailletten kaschieren.

6 Für das wandelbare Oberteil ein altes Shirt von Mama oder Papa nehmen: die Ärmel abschneiden, die offenen Kanten nach innen schlagen und festnähen. Wenn das Shirt sehr groß ist, die Seiten abnähen.

7 Aus Filzbögen mehrere Motive ausschneiden, etwa ein Superman-Symbol für einen Superhelden, ein Wappen für einen Ritter und eine Krone für einen König oder eine Prinzessin.

8 Bei jedem Motiv einmal rundherum parallel zur Kante nähen. Kleine Details wie Pailletten oder das Kreuz auf dem Wappen annähen oder mit Textilkleber aufkleben. Das kleinste Motiv nehmen und ein Stück Klettband auf der Rückseite aufbügeln. Zwei weitere Stücke Klettband von derselben Form und Größe zuschneiden und auf die Rückseite der anderen Motive aufbügeln. Das Gegenstück auf das Shirt aufbügeln und sicherheitshalber zusätzlich festnähen.

Für vielseitige Verwandlungen

Ohne ihren Umhang wären Superhelden, Hexen, Zauberer oder Ritter nur halb so eindrucksvoll. Daher darf er beim Verkleiden natürlich nicht fehlen! Wer will, nutzt dafür einen alten Vorhang oder einen ausrangierten Bettdeckenbezug.

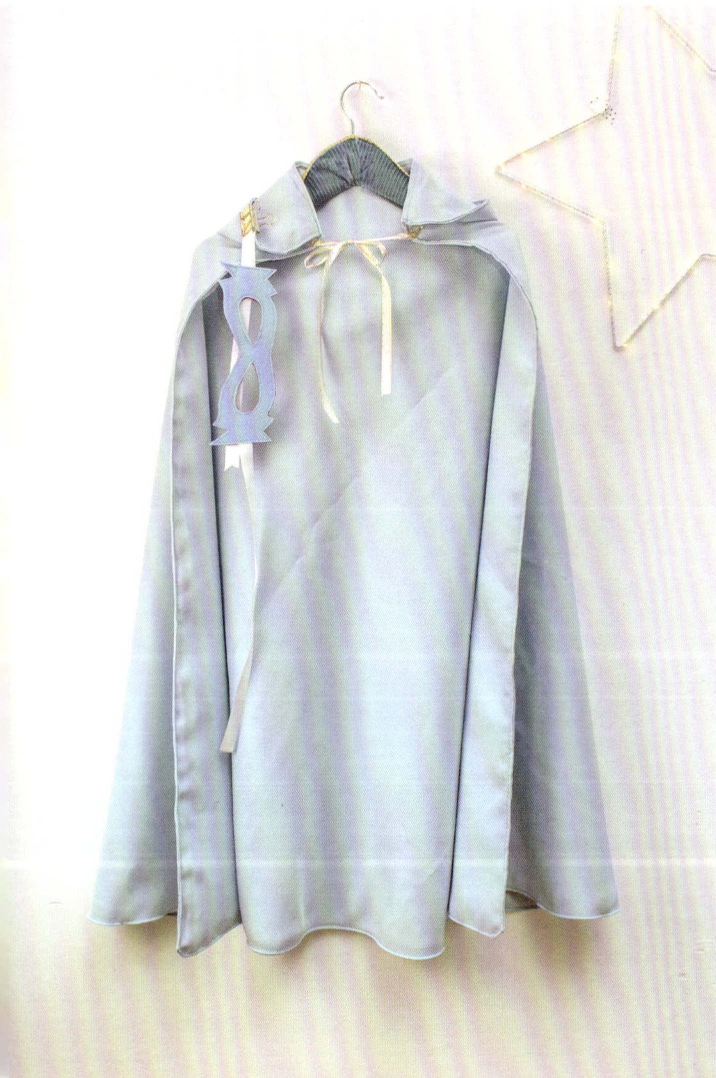

MATERIAL

Stoff,
Schere,
Nähmaschine,
Seidenband

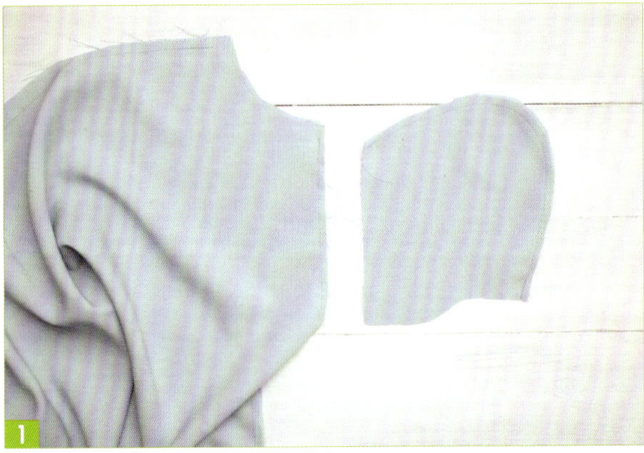

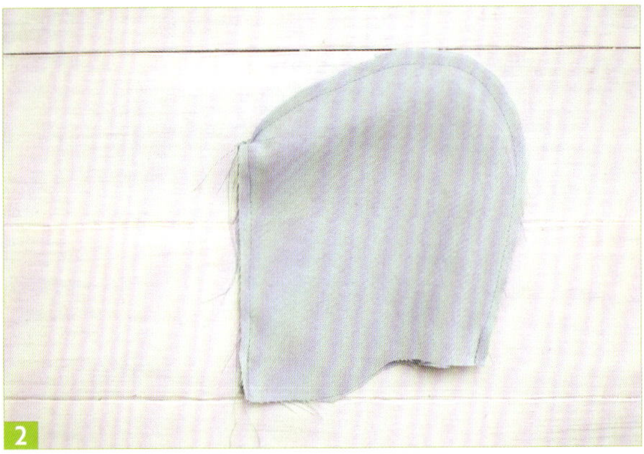

1 Zuerst alle Teile zuschneiden. Für die Kapuze am besten ein Kleidungsstück des Kinds mit Kapuze als Vorlage nehmen, rundum einen Zentimeter Nahtzugabe dazugeben und vier Kapuzenteile zuschneiden. Jeweils zwei Teile rechts auf rechts an der runden Seite zusammennähen. Für den Umhang die Vorlage (siehe Seite 124) nutzen. Ausgehend von einem quadratischen Stück Stoff die Form des Umhangs (bei der Vorlage in Hellblau eingezeichnet) zuschneiden. Der kleine runde Ausschnitt ist der Halsausschnitt, er hat die Länge der Kapuzenunterseite. Zwei solcher Formen zuschneiden, aufeinanderlegen, rundum zusammennähen und dabei den Halsausschnitt als Wendeöffnung offen lassen.

2 Eines der bereits genähten Kapuzenteile wenden und in das zweite Kapuzenteil einlegen. An der geraden Kante zusammennähen.

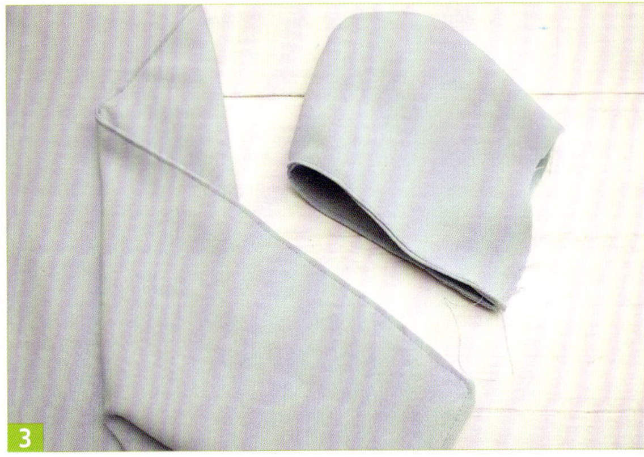

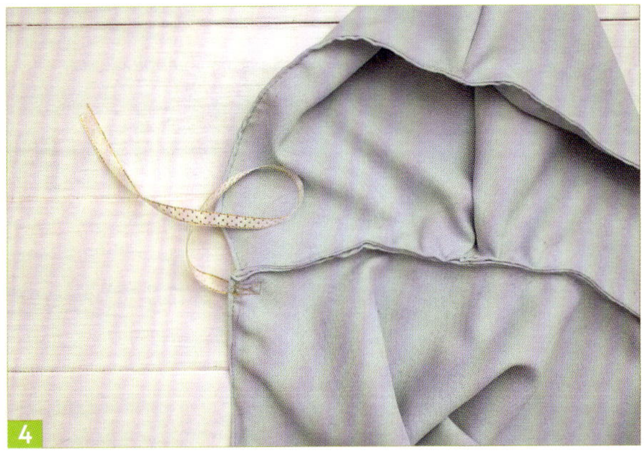

3 Die Kapuze wenden und die gerade Kante absteppen. Den Umhang ebenfalls wenden und rundum absteppen.

4 Die noch offenen Kanten beim Umhang und der Kapuze nach innen schlagen und zunähen. Die Kapuze am Umhang festnähen. Zwei Seidenbänder annähen, mit denen sich das Cape später zubinden lässt.

Vorlage

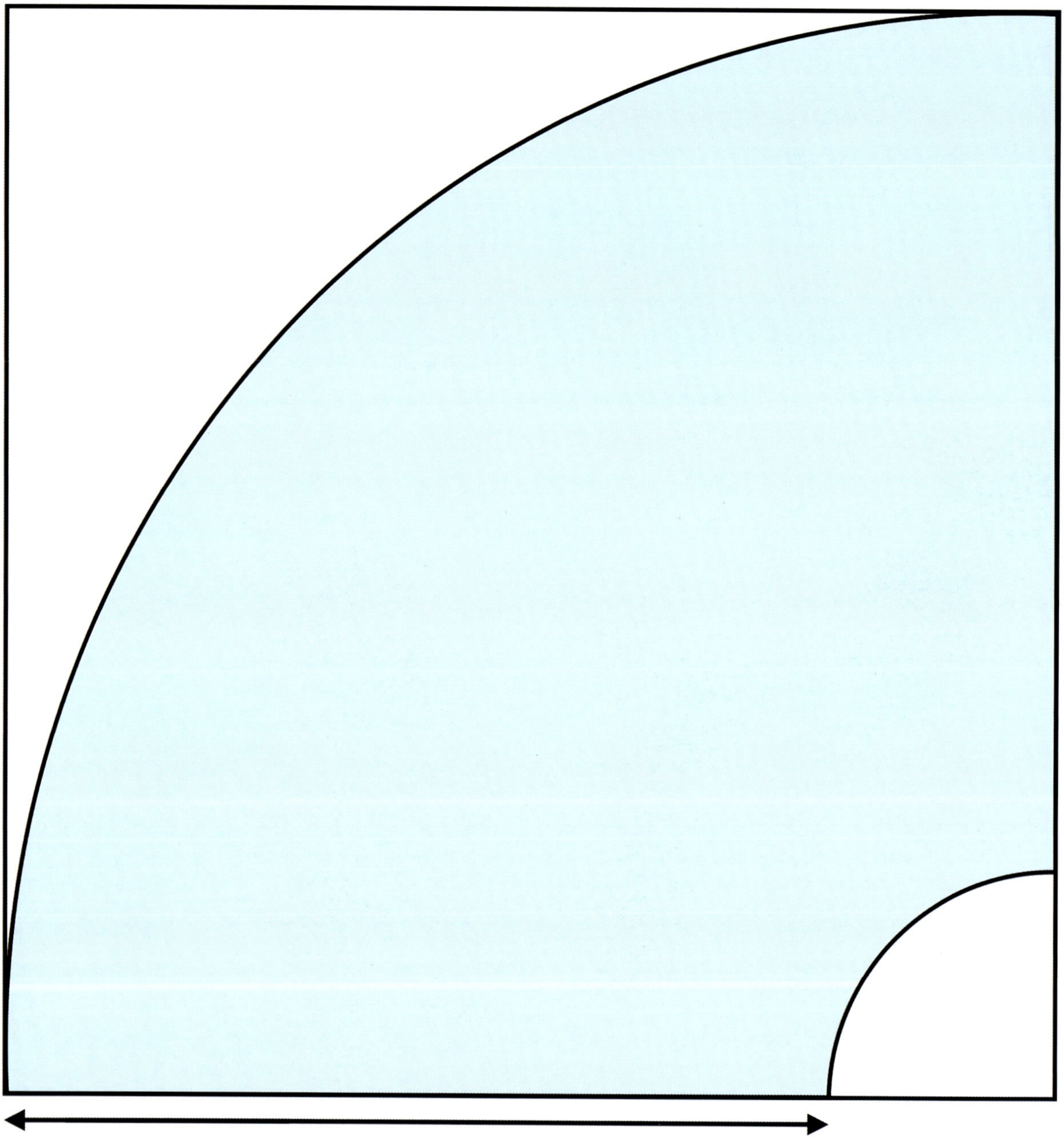

Länge für ein bodenlanges Cape: Schulterhöhe des Kinds

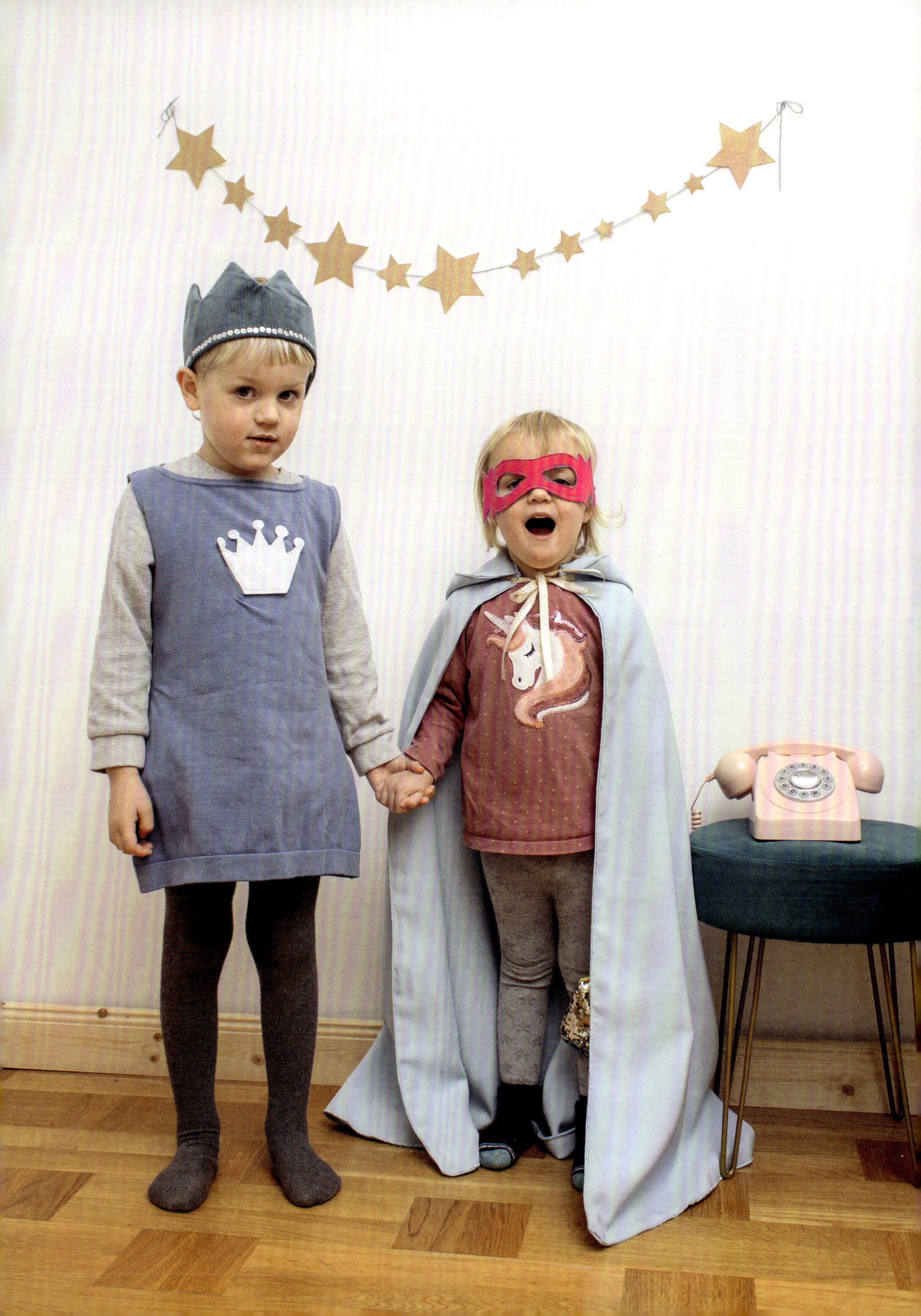

Über die Autorin

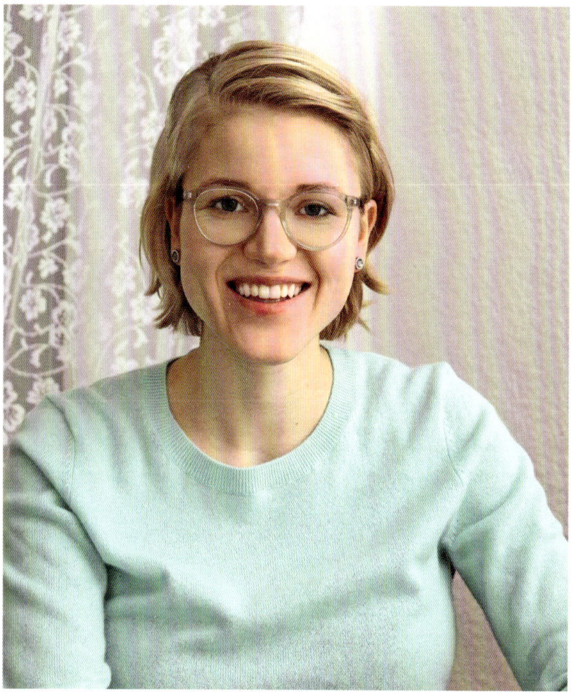

Helene Kilb absolvierte 2016 erfolgreich ihr Journalistik-Studium an der Katholischen Universität Eichstätt-Ingolstadt. Anschließend hat sie bei den Zeitschriften „Landleben“ und „Traumwohnen“ in München gearbeitet. Seit 2019 ist sie freie Redakteurin und Texterin für verschiedene Magazine und Online-Portale.

Ebenfalls erhältlich ...

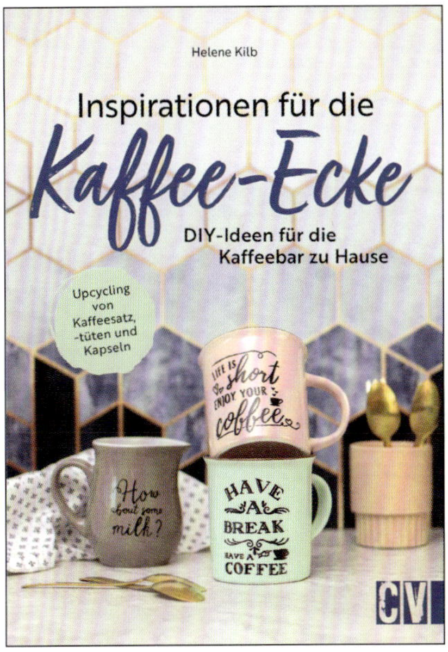

ISBN 978-3-8388-3874-8

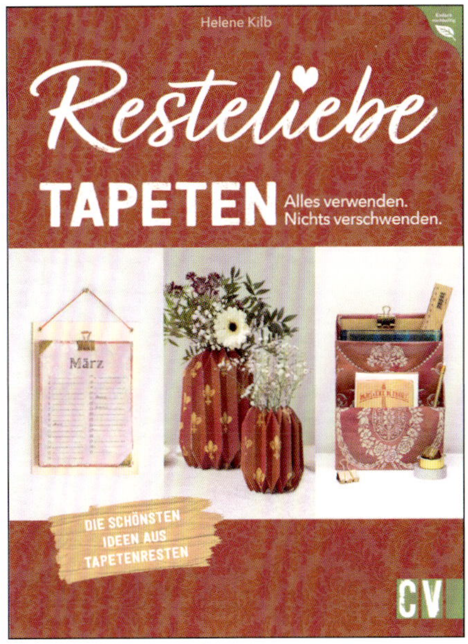

ISBN 978-3-8388-3841-0

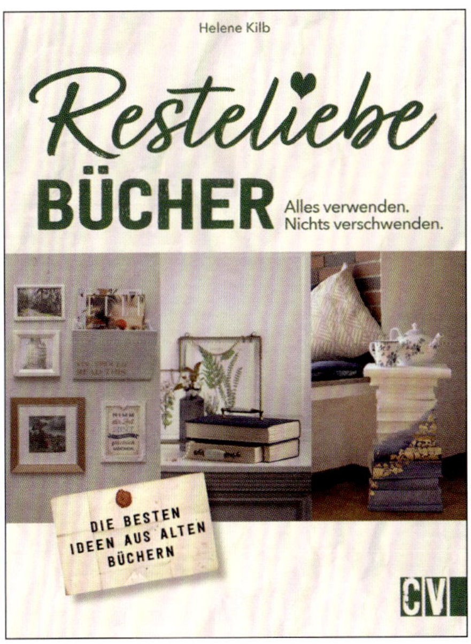

ISBN 978-3-8388-3802-1

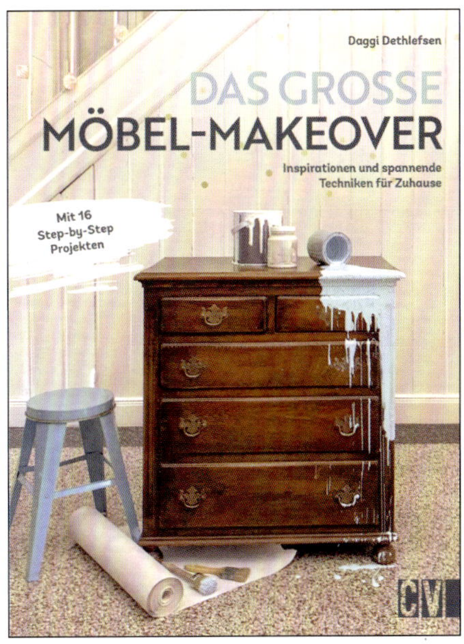

ISBN 978-3-8388-3836-6

www.christophorus-verlag.de

Impressum

Autorin: Helene Kilb
Fotos & Styling: Helene Kilb
Produktmanagement: Svenja Wiglinghaus, Katharina Hohner
Lektorat: Sigrun Borstelmann
Korrektorat: Mareike Weber
Umschlaggestaltung: Mathias Frisch
Layout & Satz: Elke Mader
Repro: LUDWIG:media
Herstellung: Vanessa Brunner
Printed in Türkyie by Elma Basim

★★★★★

Sind Sie mit diesem Titel zufrieden? Dann würden wir uns über Ihre Weiterempfehlung freuen. Erzählen Sie es im Freundeskreis, berichten Sie Ihrem Buchhändler oder bewerten Sie bei Onlinekauf. Und wenn Sie Kritik, Korrekturen, Aktualisierungen haben, freuen wir uns über Ihre Nachricht an: Christian Verlag, Postfach 40 02 09, D-80702 München oder per E-Mail an lektorat@verlagshaus.de.

Unser komplettes Programm finden Sie unter

www.christophorus-verlag.de

Bildnachweis
Illustrationen: Seite 10–11, 18, 20, 23, 30–31, 34, 37, 40, 44, 46, 51, 53, 57, 58, 60, 64, 70, 73, 76, 77, 80, 90, 92–93, 101, 106, 109, 117, 120: Shutterstock/Flash Vecto; Seite 12, 38, 54, 62, 82, 96: Shutterstock/GoodStudio; Rahmen: Seite 8, 12, 16, 20, 24, 28, 32, 36, 38, 44, 48, 52, 54, 58, 62, 66, 70, 76, 78, 82, 86, 90, 94, 96, 100, 102, 106, 110, 112, 114, 118, 122: Shutterstock/WinWin artlab

Ein besonderer Dank gilt der Firma Rayher (www.rayher.com), die das Buch mit der Bereitstellung von Bastelmaterialien unterstützt hat.

Die Deutsche Nationalbibliothek verzeichnet diese Publikation in der Deutschen Nationalbibliografie; detaillierte bibliografische Daten sind im Internet über https://www.dnb.de/ abrufbar.

Infanteriestraße 11a
80797 München

ISBN 978-3-8411-0272-0

Kreativ-Service

Sie haben Fragen zu unseren Büchern und Materialien? Wir beraten Sie gern rund um alle Kreativthemen. Rufen Sie uns einfach an. Wir interessieren uns auch für Ihre eigenen Ideen und Anregungen. Sie erreichen uns per E-Mail: kreativ-service@c-verlag.de oder unter der Tel.: +49 (0)89-1306 99 577.

Besuchen Sie uns im Internet: www.christophorus-verlag.de & www.selbstgemacht.de